U0930639

《湖北人才发展研究报告(2019)》编委会

湖北人才发展研究报告

HUBEI RENCAI FAZHAN YANJIU BAOGAO

（2019）

主编 ◎ 史金平　周勇涛

華中科技大學出版社
http://www.hustp.com
中国・武汉

图书在版编目(CIP)数据

湖北人才发展研究报告.2019/史金平，周勇涛主编.—武汉:华中科技大学出版社，2019.8
ISBN 978-7-5680-5558-1

Ⅰ.①湖… Ⅱ.①史… ②周… Ⅲ.①人才培养-研究报告-湖北-2019 Ⅳ.①C964.2

中国版本图书馆 CIP 数据核字(2019)第 189306 号

湖北人才发展研究报告(2019) 史金平 周勇涛 主编

Hubei Rencai Fazhan Yanjiu Baogao(2019)

策划编辑：袁 冲
责任编辑：赵巧玲
封面设计：孢 子
责任监印：徐 露
出版发行：华中科技大学出版社(中国·武汉) 电话：(027)81321913
武汉市东湖新技术开发区华工科技园 邮编：430223
录 排：华中科技大学惠友文印中心
印 刷：北京虎彩文化传播有限公司
开 本：710 mm×1000 mm 1/16
印 张：17.5 插页 2
字 数：293 千字
版 次：2019 年 8 月第 1 版第 1 次印刷
定 价：78.00 元

《湖北人才发展研究报告(2019)》编委会

前　言

世界之争，归根结底是人才之争。“人才是第一资源”，是全面建成小康社会、实现中华民族伟大复兴中国梦的重要保障。省委书记蒋超良同志代表中共湖北省第十届委员会向大会做了题为《高举旗帜　牢记嘱托　全面建成小康社会　开启湖北“建成支点、走在前列”新征程》的报告，明确湖北战略发展目标的实现，人才发展是重中之重。

人力资源作为区域经济振兴的核心要素，对经济发展的作用日益凸显。《湖北省国民经济和社会发展第十三个五年规划纲要》明确提出：“坚持服务发展、人才优先、以用为本、创新机制、高端引领、整体开发的方针，创新人才发展体制机制，全面提升人力资源素质，推动人口大省向人力资源强省转变”。同时，《湖北省中长期人才发展规划纲要（2010—2020 年）》提出“服务发展、人才优先、创新机制、激发活力、以用为本、人尽其才、突出重点、整体推进”的人才发展指导方针，提出人才发展的总体目标——到 2020 年，要完成向人才强省的转变，在人才队伍数量、质量上进入全国先进行列，人才创新环境处于中西部领先地位，人才服务全省重大发展战略的水平大幅提高。湖北省经济社会发展和人才发展的战略目标对湖北省的人才战略和政策提出了全新的课题，对这些问题进行全面深入的研究，对湖北省的经济社会发展具有重要的理论和现实作用，同时也对中部其他各省乃至整个国家的人力资源可持续发展具有重要的战略意义。

湖北人才发展战略与政策研究中心由湖北大学与湖北省教育厅共同组建，秉承“服务湖北经济，服务学科建设，服务企业发展，服务人才培养”的发展目标，遵循“前沿理论探索、需求人才培养、政府决策智囊、企业成长咨询”的建设思路，积极引导对湖北省重点关注的人才问题进行研究。本研究中心将前沿理论与实践问题相结合，以科学完善的管理制度为保证，以扎实的理论研究为基础，以服务政府人才建设为导向，以企业成长咨询为目标，组建一支以严谨、创新、务实、在学术上有一定影响力的学者为带头人,一批具有专业学术基础和积极进取精神的年轻骨干为中坚力量的研究团队。在理论上,追踪本领域世界最新的研究成果和研究现状,为湖北省人力资源研究和开发奠定系统的理论基础;在实践中,紧紧围绕湖北省各级政府与企业单位对人才的不同诉求,切实为这些诉求的解决提供科学的决策依据。

2018年,本中心围绕"大学生创新创业"主题,公开发布招标课题,共计十五项,有"湖北省大学生创新创业扶持与激励政策研究""美国高校创新创业教育的发展及其对湖北高校的启示研究""加快推进'百万大学生留汉创业就业计划'研究""民办高校大学生创业团队建设研究""湖北省高校创新创业教育与大学生创业现状调查研究""湖北省高校创业示范基地建设的评价研究""基于'互联网+'大赛视角的湖北创新创业人才培养模式研究""新形势下湖北省大学生征兵工作的对策研究""湖北省高校创业教育和实践现状调查报告""大众创业、万众创新背景下湖北省就业创业工作对策研究""供给侧改革背景下湖北省高校就业创业工作对策研究""'互联网+'背景下创新创业金融人才培养模式研究""促进湖北大学生'互联网+'创新创业发展研究""湖北自由贸易试验区宜昌片区人才体系建设报告""高质量发展背景下大学生创业宏观影响因素研究"。

本中心将着眼于国家及湖北省经济社会发展的需要,积极探索新常态下人才发展的特点,根据国家及湖北省人才发展规划,结合自身研究特色与基础,进一步凝练出人才测评与企业家市场、企业家成长、湖北省人力资源发展政策研究等具有鲜明学术特色的研究方向。密切与湖北省教育厅、人力资源和社会保障厅等职能机构的合作,充分发挥湖北大学的应用学科的优势,力争建设成为全省,乃至全国具有较大学术影响力的人力资源开发研究中心、产学研培训中心、决策服务与信息咨询中心,为湖北省人力资源开发提供全方位的智力支持。

目　　录

湖北省大学生创新创业扶持政策研究

陈薇静　夏　菲　吕　煌　杨青砚

一、引言

创业是新兴产业培育和新经济发展的源动力，催生了一轮又一轮产业和技术革命。联合国教科文组织则明确指出：大学生不仅是求职者，更应是工作岗位的创造者。因此，鼓励大学生创业成为包括我国在内的许多国家的政策取向。

中国共产党第十八次全国代表大会（以下简称“十八大”）以来，习近平总书记提出要最大限度支持和帮助科技人员创新创业，2015 年 5 月 13 日发布了《国务院办公厅关于深化高等学校创新创业教育改革的实施意见》，明确提出创新创业教育改革的总体目标。在国务院文件的指导下，包括教育部在内的多个国家部委对大学生创业问题给予了高度的关注，国内各大高校纷纷响应大众创业万众创新的号召，鼓励和支持大学生创业，高校和大学生已逐渐成为社会创业的新生力量。

然而，创业不是仅凭一腔热忱和政策扶持就能成功，相比其他就业方式，大学生的自主创业面临着更多的困难。《2016 年中国大学生就业报告》显示，毕业半年后自主创业的应届本科毕业生，3 年后超过半数的人退出创业，即便在创业环境较好的省份（如浙江），大学生创业的成功率也只有 5%左右，而毕业时创业，3 年后大学生所创之业仍存活的仅为 1%。大学生创业除了面临缺少资金、经验等困难外，社会政策环境的支持力度、企业主营业务和企业经营事务的关系、创业教育等也是影响年轻创业者的关键因素。湖北省高校众多，有着丰富的教育资源，每年毕业生基数也较大，如何制定湖北省大学生创新创业扶持政策，助力大学生成功创业，助力湖北经济发展是我们面临的一大课题。

二、大学生创业政策的理论框架

政策利益相关者包括政策制定者、政策受众以及其他间接利益相关者。其中大学生创业政策的受众又可区分为大学生、融资机构、孵化机构、培训机构等。在这里，我们主要讨论政策的核心受众——大学生创业者。目前全球创业观察 GEM 框架对创业政策的核心受众的研究最具代表性。GEM 框架的调查对象锁定在“创业不到三年半的人士”，将创业者的角色分为四种：潜在创业者，主要任务是寻找创业机会、学习创业知识和技能；初期创业者，指已经着手创办企业的阶段；新生企业的所有者兼管理者，指从企业创建到 3.5 年的阶段；存活企业的所有者兼管理者，指企业创建已超过 3.5 年以后的阶段。就大学生创业而言，前三个阶段是最需要政府激励和扶持的时期。因此，可以将大学生创业者的成长区分为潜在大学生创业者、初期大学生创业者和新生企业所有者这三种角色的变化。

政策环境在一定程度上反映了创业政策层级或创业政策效力。不同部门制定的政策往往效力不同，而这与政策发文部门和文种类型密切相关。大学生创业政策的发文部门级别可区分为“区级”“省市级”和“国家级”三种，反映了不同级别主管部门对大学生创业的重视程度；文种类型集中体现为“办法”“规定”“计划”“通知”“细则”“意见”六种，不同文种表达了政策管辖力度的大小。在同一个评估区域(国家、省、市、区等)内，创业政策根据效力大小可划分为四个层级：第一层级为政府职能部门颁布的行政性规范性文件，第二层级为政府颁布的行政规范性文件，第三层级为政府规定的法规、条例、地方规定或办法等，第四层级为人大及其常委会制定的法律法规或地方条例等。

至此，我们可以建立由政策工具、政策核心受众、政策效力三维度构成的大学生创业政策理论框架，图 1 展示了大学生创业政策评估的“三位一体模型”。模型中，潜在大学生创业者只需要创业文化和创业教育政策的支持，初期大学生创业者和新生企业所有者则需要每类政策工具的扶持，于是形成了 1A、1B、2A、2B、2C、2D、2E、3A、3B、3C、3D、3E 共 12 类大学生创业政策。

三、湖北省大学生创新创业扶持政策的现状及问题

(一) 湖北省大学生创新创业现状

湖北省高校密集，武汉地区 9 所高校的 2016 届毕业生就业数据显示，2016 届毕业生自主创业率仅为 0.46%，低于全国平均水平 3%。89.2%的在校大学生曾

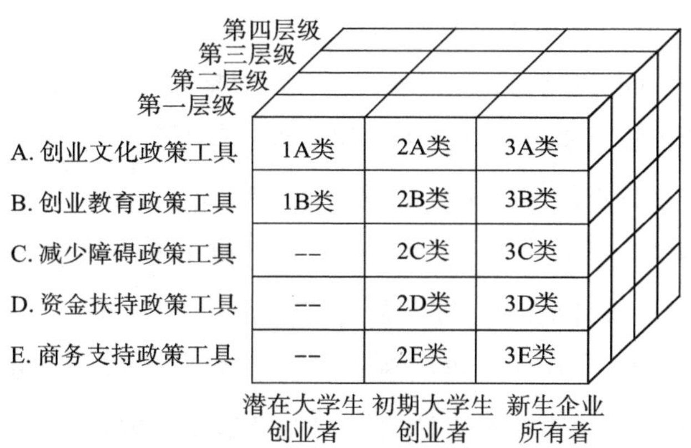

图1　大学生创业政策评估的“三位一体模型”

考虑过创业，近20%的大学生有强烈的创业意向。目前在国家“双创政策”的引导下，18.2%的调查对象有着强烈创业意向，同时，在已创业者中，55.2%有再创业的意向，博士学历群体、男性群体中相应有创业意向的比例超过60%。

超过50%的大学生认为，资金短缺是他们准备创业或创业过程中遇到的最大困难，并且37%左右的学生希望政府能为他们提供创业担保贷款。在创业资金来源方面，有60%的创业者使用自有资金进行创业，其中29.2%的创业者主要使用家人的资金，仅不到40%的创业者主要利用外部资金(银行、投资机构、政府和学校的资金)，同时缺乏经验也是大学生创业的主要障碍之一。

在鼓励大学生积极投身于创新创业的社会背景下，大学生十分看重大学专业知识对创业的价值，“优先转入创业项目相关专业”是大学生最欢迎的学校创业鼓励政策。涉及的创业领域有住宿业、餐饮业、农业、林业、畜牧业、渔业、信息传输业、交通运输业以及教育业、娱乐业等。

湖北省大学生创业者在大学生群体中的比例虽不高，但不少创业项目已体现出较高的专业价值与科技含量。在贯彻实施有关创业扶持政策过程中，应该针对不同学生群体的个性化需求，从政策工具、政策核心受众、政策效力三维度，各有侧重地提供更加精准有效的帮助。

(二)湖北省大学生创新创业扶持政策现状

1. 国家对大学生创新创业的扶持政策

根据性质的不同可以将大学生创业政策分为指导性政策、鼓励性政策和支持性政策。指导性政策主要指的是在宏观层面对大学生创业提供指导;鼓励性政策指的是为大学生创业提供便利优惠的政策;支持性政策指的是为大学生创业提供补贴。国务院关于大学生创业的优惠政策主要聚焦于资金与服务两个方面。

资金方面,符合条件的自主创业大学生,可在创业地按规定申请创业担保贷款,贷款额度为10万元;毕业2年以内从事个体经营(除国家限制的行业外)的普通高校学生,自其在工商部门首次注册登记之日起3年内,免收管理类、登记类和证照类等有关行政事业性费用;还有相关的税收优惠和贴息。

同时对有创业意愿的大学生,提供各项免费服务。公共就业和人才服务机构会提供"一条龙"创业指导服务,涉及政策咨询、项目开发、融资服务等;各地各高校对自主创业学生实行持续帮扶、全程指导、一站式服务,同时开设创新创业教育课程,强化创新创业实践等。

2. 湖北省对大学生创新创业的优惠政策

为扶持大学生创业,湖北省人力资源和社会保障厅等九部门发布了《关于实施湖北省大学生创业引领计划的通知》,明确提出了对大学生创新创业的一系列优惠政策:

(1)给予大学生一次性创业补贴。对高校毕业生(含非本地户籍)自毕业学年起3年内在我省初次创办小微企业或从事个体经营,领取工商营业执照正常经营6个月以上,带动3人以上就业的,可在创业地申请5000元的一次性创业补贴。

(2)给予大学生创业培训补贴。鼓励有创业要求和培训愿望的大学生参加创业培训,毕业学年大学生和高校毕业生参加创业培训,培训时间不少于10天的,按规定给予800～1200元的一次性创业培训补贴。

(3)给予大学生创业孵化基地资金扶持。鼓励各地建设创业孵化基地,为大学生创业给予场租、水电减免。在校大学生和毕业5年内的高校毕业生在省级大学生创业孵化示范基地创办企业(除国家限制的行业外),依法办理工商税务登记,注册资本不超过50万,成立时间2年内,正常开展生产经营半年以上的,按照每个创业企业补贴面积不超过 50 平方米，每天每平方米补贴 1 元的标准，给予场租、水电费补贴，补贴期限不超过 3 年。

（4）给予大学生创业项目无偿扶持。在校大学生和毕业 3 年内的高校毕业生，在我省自主创业，依法登记注册，吸纳 3 人（含 3 人）以上就业的，根据创业项目吸纳就业能力、科技含量、经济社会效益等因素，可申请 2 万元至 20 万元的无偿资金扶持。省教育厅实施“金种子”大学生创业扶持项目，重点支持在校大学生开展创业活动。省科技厅实施“湖北省大学生科技创业专项”，重点支持大学生在省级以上科技企业孵化器进行项目创业。各地、各有关部门要结合本地实际，加大对大学生创业的资金支持力度。留学回国的高校毕业生自主创业，符合条件的可享受现行高校毕业生创业扶持政策。

（5）提供小额担保贷款及贴息支持。自主创业的高校毕业生，均可在创业地申请小额担保贷款。高校毕业生从事个体经营的，小额担保贷款额度最高不超过 10 万元；合伙经营或创办小型微型企业的，可按每人不超过 10 万元，总额不超过 50 万元的额度实行“捆绑式”贷款。小额担保贷款的期限一般不超过 2 年，在贷款期限内给予全额财政贴息。对高校毕业生参加创业培训取得合格证书或创业项目经信用社区推荐的，可取消反担保。鼓励和支持高校毕业生从事网络创业，在电子商务平台开办“网店”的高校毕业生，可享受小额担保贷款及贴息等扶持政策。高校毕业生创办符合贷款条件的劳动密集型小企业，可按规定申请不超过 200 万元的小额担保贷款，由财政部门按中国人民银行公布的贷款基准利率的 50％给予贴息。

（6）落实税费减免优惠政策。毕业年度内高校毕业生从事个体经营，在 3 年内以每户每年 9600 元为限额依次扣减当年应缴纳的营业税、城市维护建设税、教育费附加、地方教育附加和个人所得税。对大学生创办小微企业月销售额不超过 2 万元的，暂免征收增值税和营业税；对大学生创办年应纳税所得额低于 10 万元（含）的小型微利企业，其所得减按 50％记入应纳税所得额，按 20％的税率缴纳企业所得税。

（7）实行行政事业性费用免缴政策。对在校大学生和毕业 3 年以内的高校毕业生从事个体经营和创办小型微型企业的（除限制行业外），自其首次办理工商登记之日起 3 年内免收属于登记类、证照类、管理类的各项行政事业性费用。

(三)湖北省创新创业扶持政策存在的问题

回顾近年的大学生创业政策,我们可以看出国家的相关文件大力倡导创业精神与创新能力,湖北省政府随之出台各项创业政策支持和鼓励大学生创业,然而在具体实施过程中,仍然存在一些问题。

1. 政府政策效力缺失

大学生创业政策效力不高,主要集中为行政规范性文件可能存在稳定性较差、政策工具重复、漏洞甚至相互冲突的问题。政府政策从设计到颁布到落实往往需要经历一段时间,在这一段时间里必须保障政策的初衷精神与实际落实的一致,否则,可能达不到预期的效果。一方面,政府出台的大学生创业政策大都是粗线条的,缺少可操作性;另一方面,目前出台的有关大学生创业政策,大都没有经过立法机构的表决通过,这些创业政策在法理上不具备法律效力,特别是领导班子轮换之后,难以保证相关创业政策的连贯性和持续性。

总而言之,在对待大学生创业这一问题上,政府更多的是把它当作一项政治任务而不是一项公共政策,因此政府出台的创业政策往往缺乏对创业需求端的考察,含金量小,驱动效应有限。

湖北省政府以及其职能部门相继颁布了各项扶持大学生创业的优惠政策,但是在制定执行政策的具体环节中出现了以下主要问题。

(1) 政府出台的关于扶持大学生就业创业的政策条文规定过于含糊,很多政策条文找不到最终执行者。政策的明文规定在其实施中起着重大的指南针导向作用,若政府规范性文件本身存在瑕疵,那么在实践中也会大大影响其实施的效果,甚至偏离了设计者的初衷。

(2) 政策实施中并未真正将创业大学生的便利放在重要的位置。创业学生普遍反映,虽然政府已出台了许多优惠政策,但成功注册一家企业的时间成本较高,并且注册费用对于刚毕业的学生来说仍不算低。

2. 创业专项资金以及补贴扶助落实困难

创业资金在大学生创业之路上一直是一大难题,不可否认,有关政策规定的创业资金以及补贴为大学生创业之路提供了一定的物质保障,但调研显示实际中极少有正在创业的大学生可以拿到政府方面提供的创业资金,大多通过参加企业赞助的创业大赛获得第一笔创业资金。

产生这种现象的原因有几个方面:一是政策中大学生获得扶助的门槛较高,有意向创业或者刚开始创业的大学生很难短期内达到标准;二是政府关于资金补助的条文过于含糊,这为日后政策落实埋下了隐患;三是政府关于创业扶助专项资金的发放体制乃至设置条件尚未完全“阳光化”,外界质疑其流向的声音偶有出现;四是有些下属职能部门对省政府乃至中央此方面的政策增设条件,使得扶持大学生创业之路更添障碍。大学生创业必须与社会各界合作和联动方能成功,光靠政府部门或高教系统单打独斗是很难施展和持续的,政府需要吸引广大的社会资本参与其中以便扶持大学生创业。

3. 政策宣传力度不够

在调研中发现:在大学生创业政策的落实过程中出现了可操作性不强、执行力度不够等问题,使得有意向创业的大学生对政策的认同感并不强。一方面,大学生们并未积极主动地去了解政策,也没有了解政策的意愿;另一方面,政府对针对性的优惠政策、扶持政策的宣传手段运用不足,且有的政策在落实过程中达不到预期效果,甚至背离初衷。

4. 创业教育不配套

把创业政策作为就业政策来认识和执行,有助于缓解大学生就业矛盾,促进社会和谐。但是这种目标导向,一方面使创业政策目标沦为扶持弱势群体再就业、培养小商小贩,降低了大学生这一创业群体所应当强调的知识含量与科技水平;另一方面也造成了高校创业教育活动缺乏系统性、针对性和可操作性,不能与大学生自身的学科专业教育相结合,不能体现出大学教育的应有价值。社会评价高校的硬性指标通常为“招生”和“就业”,忽视了创业,并把自主创业排除于正常就业之外,这在一定程度上影响了高校创业教育的正常开展。其次,缺乏高质量的创业教育师资队伍。创业教育教师需要同时具备相关理论知识和实践能力,这类专业教师是非常缺乏的。最后,创业实践不足且开展有难度,虽然有类似的创业实践大赛的开展,但有关创业实践的指导还是不够的。

四、国外大学生创新创业扶持政策对比

湖北省有关部门颁布了多项促进高校毕业生创业的政策并收到了一定的成

效,但未来如何发展仍处于摸索之中。借鉴欧美发达国家及国内其他省份的大学生创业支持政策,有助于更好地制定适合我省的大学生创业和高校创业教育政策。

(一)美国:资金扶持与创业指导并行

1. 政府对小型创业型企业的扶持政策

(1)简化小企业创办手续并降低门槛。世界银行发布的《2014年全球营商环境报告》表明,美国营商环境便利度在全球189个经济体中排名第四。有限责任公司从注册到运营仅需6个环节,并设立了一站式创业窗口以使创业者在5天内办完6个环节。此外,美国创办公司的经济成本非常低廉,仅占人均国民收入总值的1.5%。美国小企业准入时间和经济成本相对较低,激发了人们创业的积极性。

(2)制定支持法案并成立专门机构。美国国会早在1953年通过《小企业投资法案》并成立小型企业管理局。美国联邦政府2010年《小企业规模标准》指出,一般行业雇员500人以下或企业销售额700万美元以下的企业都算作小企业,小型企业管理局可直接贷款给小企业或为之提供贷款担保。系列小企业促进法案共同形成了支持创业的法规体系。1992年至2012年,国会先后通过三部法案延长高度竞争性的"小企业技术创新计划"支持了微软公司、英特尔公司等许多国际知名企业。美国政府还制订了专门为特定群体(如女性、少数族裔、残疾人、高校毕业生等)创办小企业的扶持政策措施。目前,小企业已成为美国经济发展的引擎,是技术创新的源泉与就业岗位的主要提供者。

(3)多渠道助推小企业融资。创业型企业所需资金巨大,仅靠政府机构投入或风险投资显然是不够的。因此美国政府通过政策引导,拓宽了创业型企业资金来源渠道,如鼓励银行加大对小企业的贷款额度并减免利息,创建并提供多种投资渠道,如天使投资、风险投资、种子资本等。

(4)加大对创业型企业的保护力度。美国政府通过出台各项政策法规来保障创业型企业的发展。在知识产权保护方面,1952年制定的专利法明确了侵权标准,1976年,再次修订美国版权条例以保护中小创业型企业的知识产权。在税收方面,1981年里根政府通过了《经济复兴税法》,1986年出台了《税制改革法案》,这些法案降低了创业型企业的应缴税收,促使这些企业平安度过孕育期、成长期。

(5)为创业型企业提供创业辅导。为增强创业型企业的生命力并提高其发展质量，美国创设了创业辅导机构，辅导内容涉及管理、服务、技术、营销等方面。当前美国有两种类型的创业辅导机构：一是非营利性创业辅导机构，由政府小企业管理部门设立，包括小企业事业开发援助机构、企业信息中心和小企业发展中心；二是营利性创业辅导机构，由风险资本、种子基金等私营机构创设。

2. 政府对高校创业教育的扶持政策

1）资助高校开展有商业价值和潜力的研究

1945 年，联邦科研与开发办公室主任布什认为联邦政府应承担起科技人才培养与新知识创造的职责。此后，在《美国国防教育法》《美国高等教育机会法案》的引导下，美国国防部、国家科学基金会等部门对高校投入高额研发资金，极大地改善了高校师生的研究环境，增加了高校科研成果的数量，促进了研究成果向技术的转化。

2）促进高校科研成果技术转移

美国 1980 年颁布的《拜杜法案》和《史蒂文森-怀德勒技术创新法案》两个高校技术转移法案，允许高校拥有联邦政府经费资助的研发成果所有权，高校可通过第三方取得相应技术转移收入。1989 年，《全国竞争技术转移法案》对上述法案进行了修订，提倡政府、高校、企业共同致力于科研成果的研发，鼓励将研究成果转化为生产力。这些法案颁布之前，政府资助的科研成果转化为商业产品的比例极低。这些法案颁布之后，极大地刺激了高校及小企业将科技成果向市场转化的速度。

3）积极发展高校衍生公司

高校衍生公司指高校师生使用部分知识产权创办的企业，这种企业具有全新的组织形式和独立的法律地位。联邦政府和州政府通过建设孵化器、“缓冲型机构”及提供应用研究资助等方式，支持高校衍生公司的发展。由政府出资建立的孵化器和“缓冲型机构”将科技成果的转化雏形交给高校衍生公司运营，这样既缓解了创业者的时间、资金等压力，又为衍生公司提供了良好的基础。此外，政府还允许高校将实验室作为衍生公司的临时创业场所，美国硅谷和 128 号公路是高校衍生公司集群发展的结果。

4）支持高校开展创业教育

“考夫曼校园计划”是支持创业教育的典型项目。21 世纪前，高校创业教育主要集中于商学院，考夫曼基金会意识到对其他领域的学生施行适当的创业教育，不仅能培养更多创业人才，也有助于专业教育与创业教育相结合。2003 年，8 所高校推行并成功实施了“考夫曼校园计划”。“考夫曼校园计划”有效促进了美国创业教育的发展。

(二)英国:重视高校创业教育

20世纪80年代英国高校掀起从“研究型大学”到“创业型大学”的学术革命,此后英国大批高校纷纷开始创业实践。

1. 分层多样的创业教育课程体系

2012年9月,英国创业教育团体发表了一篇名为《创业与创业教育》的指导报告,将产生创业效能作为创业和创业教育的最终目标,创业效能由创业意识、创业思维和创业能力三部分组成。于是英国高校将创业教育课程分为“关于创业”和“为创业”两类。“关于创业”的课程旨在帮助学生理解和吸收现有的关于创业的知识和资源,从而深入理解创业。“为创业”的课程专注于帮助学生树立进取的心态,为以后成为一个企业家提高洞察力和实践能力。McKeown等人(2006)在调查中将英国创业教育课程划分为四类:创业、创新、创新管理、技术转移管理。到目前为止,英国高校已经构建起包括“创业意识”“创业通识”和“创业职业”三个层次的创业人才培养课程体系。有的高校还专门开设了针对特殊群体的创业课程,如女性创业课程以及少数民族创业课程等。

2. 专业化的创新创业型师资队伍

创新型和创业化的教师是英国建设“创业型大学”必不可少的条件。入围由全国大学生创业委员会(National Council for Graduate Entrepreneurship,NCGE)策划筹办的“创业型大学年度奖”提名奖的大学,一部分是凭借创新型和创业化的师资队伍脱颖而出的。中央兰开夏大学要求授课教师为专业的从业人员,以便为学生实习和员工借调创造机遇,并采取职位晋升的方式鼓励教师的创新创业行为。帝国理工学院有专门的创新创业研究部门,该部门由50多位科研和教学人员组成,这些创业导师主要特征就是教师的“商业化”,他们为学生的创业过程提供有效的帮助。帝国理工学院同样也设有政策来嘉奖学者们对创业的贡献。

3. 灵活多样的教学方式

英国大学创业教育的教学方法灵活多样。全球性的信息技术革命提高了“自我导向”学习方法的潜在灵活性,大量网络公开课程即“慕课”的学习成本相对较低，并且伴有弹性学分积累与制度转移，因而受到大众的追捧。另外，这种网络学习方式的局限性之一是难以保证课程资源与评估和认证之间的链接，以使学生拿到必需的学分达到及格。为此很多高校的创业教育课程采用计分卡的形式来进行评估，这将创业教育嵌入大学。“创业型大学领导计划”的参与者也使用这种方式，有的创业导师在发展计划中也利用计分卡来测试自身对创业活动的知识掌握。

4. 健全完善的组织机构体系

英国创业教育的组织机构可分为大学内部的组织机构和大学外部的支持机构两种。大学内部的组织机构有大学科技园、企业孵化中心、就业力优异中心、创业中心及各类创业俱乐部、创业协会等。大学科技园有利于大学的组织转型，满足了创业教育进一步发展的需求。设有科技园的大学，有牛津大学、剑桥大学、华威大学、伯明翰大学等，著名的“萨塞克斯学术走廊”在英国大学科技园区颇具影响。英国企业孵化中心由贸工部于 1998 年建立，为创业大学生提供服务、技术、实践平台等。例如，拉夫堡大学创新中心的商业孵化器向有创业意向的学生开放图书馆，提供工作室、实验室、各类办公服务以及咨询服务等。英国大学内部的组织机构为学生创业提供专业师资力量、咨询服务以及实践指导。大学外部的支持机构有全国创业教育中心、全国大学生创业委员会、全国高校企业家协会、高等教育学院、英国创业教育者机构等。全国创业教育中心以推动继续教育和高等教育领域的创业教育为目的，努力促进各高校的文化转型，提高教师的自我发展能力，并支持在校生、毕业生和教职工的职业选择或企业创建。全国大学生创业委员会负责开展创业教育的调查研究、服务及师资培训等。全国高校企业家协会则被世界经济论坛称为“全球青年创业最佳实践模型”。大学内部和外部的组织机构是英国创业教育体系的重要组成部分。

5. 以大学-企业的深度合作促进创业实践

为促进企业与大学的研发合作实现大学知识产权的商业利用，英国政府建立了地区发展机构（Regional Development Agencies，RDA）、高等教育创新基金（Higher Education Innovation Funds，HEIF）。RDA 有助于政府引导及协调大学-企业关系的发展。对各地方的中小型企业，RDA 的建立对促进中小型企业与大学的合作机制起着关键作用。所有的 RDA 都建立了科技与产业委员会，为地区层面的大学-企业合作提供新的模式与机遇。此外，RDA还连接着国家创新政策与地方创新项目实施，在地方投资中优先考虑国家创新战略中所划定的领域。2002年，为推动大学的知识转移并与一系列投资方案合并，英国政府设立了HEIF。HEIF要求申请的大学必须与地方企业有良好或长期的合作。目前该基金已经支持了116所大学。同时，HEIF还成立了专门的机构促进大学的知识转移，如伦敦技术网络。合同研究、合作研究、咨询服务是大学-企业合作中的三种主要形式。在合同研究中，企业资助大学的研究机构或个人进行技术创新的研发活动。

(三)德国:健全社会化服务体系

据德国经济与劳工部统计，德国大学生创业已经成为大学生就业的一个重要渠道，德国通过健全社会化服务体系为大学生成功创业提供了坚实的基础和有力的保障。

1. 以科技创新型创业为主，鼓励学生通过技术或产品创新实现成功创业

德国重视学生科研能力的培养，让学生广泛参与具体的研究项目，使他们在实践中提高创新能力。在高校外部，行业协会和技术转移中心组成了科技中介服务组织，帮助研究院所、高校、企业的新技术、新产品进入市场。在高校内部，各高校成立专门的技术转让办公室，一方面向工业界推荐高校最新技术成果，另一方面通过联合研发的形式为高校的科研项目争取一定的科研经费。德国高校十分重视与科技园、孵化器的合作，旨在为学生提供更好的科研环境和更多的创业机会。德国联邦教研部在德累斯顿、哈根等5个地区实施了“EXIST”区域创业计划，促进科研成果转化，辅导大学生创业。德国鼓励学生毕业之后再创业，而不是在校期间就创业，经过毕业后2～3年的孵化期，再进行创业。

2. 政府给予大学生创业以大力的财力和政策支持

首先，实行税收减免等财税支持政策。德国政府早在1984年就开始减轻中小企业的税收负担，实施以贴息贷款为主，风险投资等多种形式为辅的金融支持手段。一方面，政策性银行引导其他银行机构共同为中小企业实施贷款、贴息和投资补贴。另一方面，大力发展创业投资业进一步促进大学生创业。同时，德国为大学生提供生活补贴和创业补助金，减轻生存压力，这些措施为大学生创业提供了有利的条件和保障。部分高校还在此基础上提供了更多的金融支持。德国大学为创业

的大学生提供创业初期所需的多种便利条件。例如，柏林工业大学为有意愿创业的毕业生在初创 2 年内提供创业的硬件环境以及相关咨询服务。

3. 良好的大学生创业教育环境

德国高度重视大学生创业教育，一些高校建立了创业教育教学体系，成立了各级创业培训中心。1998 年，德国大学校长会议和全德雇主协会倡议创建一个大学生独立创业的环境，让高校成为"创业者的熔炉"。随后，德国有 12 所大学设立了创业学首席教授职位，负责研究和讲授大学生创业的问题。大部分高校也成立了大学生创业服务中心积极引导和帮助大学生成功创业。德国法律规定，只有接受创业教育的人员才能开展创业，政府、学校、企业和各类商会、协会有责任和义务开展创业教育。

五、我国部分省市大学生创新创业扶持政策对比

我国从北到南、从东到西各地区、各省市都积极出台相关政策。各省市根据本地情况制定出更具体的支持和鼓励优惠政策(见表 1)。

表 1　各省市创新创业优惠政策

省　　市	优惠政策
北京	北京市研究出台了七项高校毕业生创业政策措施，其中包括工商部门设立小额担保贷款、绿色通道以及技术培训等
上海	上海市大学生科技创业基金投资资助、上海市大学生创业企业信用担保基金、科技型中小企业技术创新基金大学生创业等项目。同时，为创业大学生提供创业场地、房租补助、奖励补贴等
广州	毕业 5 年内的大学生创办企业第一年享受 100% 的房租补贴，第二年享受 50% 的房租补贴，第三年享受 30% 的房租补贴；大学生自主创业可申请 5 万元至 20 万元小额担保贷款，从事微利项目的，由财政给予全额贴息，贴息期限累计最长不超过 2 年；大学生自主创业，可先申请试营业，并在 3 年内减免登记类、证照类等行政事业性收费；登记失业或派遣期内大学生在 2009 年 1 月 1 日后初次创办企业、民办非企业单位或从事个体经营，按规定享受一次性创业补贴或自谋职业扶持金；登记失业或派遣期内大学生创办企业或民办非企业单位，可享受一次性岗位开发补贴

续表

省　市	优惠政策
黑龙江	大学生可以优先转入相关专业学习,可保留学籍休学创业创新,和毕业生一样享受国家的自主创业扶持政策,到2020年,将有1/10的应届高校毕业生参加创业培训。哈尔滨对大学生创业项目给予补贴。凡大学生在哈尔滨市创业的,在城镇创业的给予2000元的一次性创业项目补贴;对返乡到农村(乡镇及以下)创业的大学生给予3000元的一次性创业项目补贴。对科技含量高、市场潜力大、能在短时间内形成经济增长点的优秀和重点科技创业项目,经评审给予20万元至30万元的经费;开展大学生创业大赛与大学生创业典型评选活动,大力扶持网络创业
江西	高校学生休学创业最多可保留7年学籍,财政每年注入1000万元资金充实青年创业就业基金,每年重点支持1000名大学生返乡创业
天津	对高校毕业生、留学回国人员注册资本50万元以下的公司可零首付注册,开辟"绿色通道"支持自主创业
杭州	大学生创业项目申请无偿创业资助的,资助金额的额度从原来的最高10万元提高到20万元;"实行房租补贴机制"——大学生创业园所在城区政府为入园企业提供两年50平方米的免费用房,对在创业园外租房用于创业的,在2年内按标准给予房租补贴,补贴标准为第一年补贴1元/(平方米·天)、第二年补贴0.5元/(平方米·天)(实际租用面积超过100平方米的,按100平方米计算;房租补贴超过实际租房费用的,按实际租房费用补贴)
重庆	半年以上未就业有固定户口的大学毕业生可在其户口所在地居委会登记,申请3000～4000元人民币的银行抵押和担保贷款;自谋职业的毕业生可将户口和人事档案暂存就读学校2年或由市大中专毕业生就业指导中心存管2年,存管期间免收档案管理费
南京	南京河西中央商务区的专项资金为每年1亿元。建邺区财政将每年安排3000万元用于扶持大学生创业小额担保贷款贴息等,凡在建邺区工商部门登记注册的初始创业大学生,按每人1000元的标准给予创业补贴。凡经市级验收评定为"大学生创业园"的,给予30万元的一次性建园奖励补贴

续表

省　市	优惠政策
陕西	高校毕业生可接受SYB(创办你的企业)模块培训,培训合格后6个月内成功开业,且在开业后6个月内提供不少于3次后续跟踪指导服务、开业单位(企业)正常经营的,再按800元/人对创业培训机构给予补贴;每人每年可享受1次;组织相关专家对创业项目进行论证,在开业过程中提供服务;个人自主创业且符合申请小额担保贷款条件的,可申请不超过10万元的贷款扶持;合伙经营或组织起来就业的,可申请不超过50万元的贷款扶持
山东	扩大省级大学生创业孵化基地、创业园区支持范围,鼓励政府、高校和企业建设一批高质量的创业孵化基地和创业园区,为劳动者提供优良的创业平台
内蒙古	重点支持大学生到新兴业态创业,支持社会力量举办创业沙龙、创业大课堂、创业训练营等创业培训活动
乌鲁木齐	在天山区建创的创业孵化基地,为创业者提供场地,给予政策帮扶,并让在校大学生进行创业实习,为他们今后的创业积累经验

六、湖北省创新创业扶持政策的优化设计

(一)大学生创业政策三维度理论视角的优化设计

大学生创新创业扶持政策包括政策输入、政策过程、政策输出三个阶段。政策输入包括政策的目标和体系。政策过程包括政策执行与监督。政策输出既包括未创业的在校生接受创业教育、创业培训的质量,也包括大学生创业者付诸创业行动所获得创业支持的质量。政策的不断输入转为政策过程,政策过程生成政策输出,同时政策输出对政策输入进行反馈。政策输入间接影响政策输出,政策输出评价、改进政策过程,政策过程评价修正政策输入,构成政策三维度的正循环和逆循环。

大学生创业政策的"三位一体模型"包括政策工具、政策核心受众、政策效力三个维度。依此视角分析目前湖北省大学生创业政策,优化重点主要在以下五个方面。

第一,应加强行政管理部门之间的协同沟通,以建立大学生创业政策的统一框

架,避免创业政策庞杂、冲突、不稳定,同时要提升创业政策的效力,而且应逐步向创业环境营造和深层次体制障碍突破转变。

第二,大学生创业政策的稳定性、长期性与执行效力无法保障,建议未来湖北省制定创业政策多采用地方法规、地方条例、法律性文件等高起点形式。

第三,随着创业环境的改善,大学生创业政策的重心应逐步转移到潜在大学生创业者与新生企业所有者,向前需要进一步提升大学生创业动机与创业技能,向后则需要进一步提供更多的创业机会。

第四,应针对新生企业所有者增加大学生创业文化与创业教育政策的供给与应用,这往往是决策者容易忽视的领域。

第五,仍应加强对大学生创业的实质性扶持与关键环节的帮助,应当在降低创业门槛和资金支持方面下真功夫。

(二)大学生创业政策落实与践行视角的优化设计

1. 加大规范力度,完善实施细则

湖北省教育厅、科学技术厅、人力资源和社会保障厅等都出台了鼓励大学生自主创业的政策,但许多条文都存在矛盾现象,政府应协调各部门出台一部具有整体性的权威政策"以正视听"。在高校知识产权保护、高校科研成果转化的利益分配、评估机制与奖评制度以及大学生创业的退出机制等方面制定细则,同时修订我国的相关文件,完善其中较为滞后的内容。

2. 丰富服务内容,提高孵化能力

构建省、市、高校创业孵化基地优势互补、协同合作的良好格局。借鉴国外经验,利用孵化基地为创业者提供综合全面的服务。在我省经济欠发达地区,按人口比例建立一定数量的孵化基地,保证国家各地区创业水平平衡发展。将网络平台与实体机构相结合,建立官方权威网站,提供更加便捷的服务。建立项目种类丰富的省级、市级大学生创业项目库,提供创业项目指导评估等服务。同时,建立专家库、经验库,为大学生创业者提供实质性服务。

3. 建立专项基金,引导社会资金参与

资金问题仍然是大学生创业的最大瓶颈。在借鉴美国融资体系的基础上,结合我国的实际情况,应主要从以下几点入手:资金方面建立大学生创业专项基金、

为大学生创业提供小额担保、拓宽融资渠道、为创业者予以补贴等；流程方面要完善基金申请程序、简化相应文件审批环节、减少担保与反担保的手续等；政策方面需要降低中小企业的注册门槛、提高小额贷款额度以及健全大学生创业的贴息补息政策等。

4. 强化大学生创业教育

借鉴英国的创业教育经验，采用灵活多样的教学方法提升大学生创新创业能力。可多举办大型的创新创业讲座、比赛，将理论与实践相结合，使创业教育真正发挥作用。

5. 加强宣传力度，营造创业氛围

拓宽政策的传播形式，提高政策的认知度。如建立一个权威的官网，提供一个专门的平台，开通相关的微信公众号，介绍相关政策，并提供咨询问答服务。同时，政府应联手大众传媒和学校，鼓励创新创业和冒险精神，宣传成功的典范，努力营造既能鼓励创业又能容忍失败的社会文化氛围。

6. 纳入考核体系，做好督查工作

政府应进一步完善大学生创业的评估考核、奖励机制以及监督检查机制。对业绩较好的企业，适当予以税费减免或经济补贴资助；对业绩较差的企业，根据市场竞争原则实行优胜劣汰；对信誉度较低的人想二次创业，应先做出评估，随后再决定是否给予创业资助。

七、总结

在知识经济时代，大学作为知识生产和传播的主体，与社会经济发展的联系更加紧密，已经成为经济科技发展的发动机。政府作为公共事务的管理者，进一步完善大学生创业政策，就是对大学生创业者最好的支持。湖北省作为科教大省，政府有责任发挥宏观调控职能，从财政、金融、税收、教育等方面为大学生创业创造环境，统筹各项政策体系，形成政策合力，为助推大学生创业提供更有侧重、更加精准高效的政策支持。

作者单位：湖北大学商学院、湖北人才发展战略与政策研究中心

湖北省高校创业教育和实践现状调查报告

叶红春　刘琳琳　宋燕辉

一、研究背景

创业作为一个全球性话题，已逐渐受到世界各国政府的关注。创业在促进经济增长、解决社会就业、加快技术创新及促进生产力发展等方面发挥着越来越重要的作用。全球创业观察项目(GEM)中国报告的研究结果表明，一个国家(或地区)的创业活动活跃程度与GDP增长率之间有正相关关系。近年来我国创业活动的不断增长以及对经济增长与就业促进作用的凸显，已引起党和国家领导人的高度重视。2015年5月，国务院办公厅发布《关于深化高等学校创新创业教育改革的实施意见》(国办发〔2015〕36号)文件，提出了“大众创业、万众创新”的新要求。党的十八大报告指出：“中国特色社会主义事业是面向未来的事业，需要一代又一代有志青年接续奋斗。全党都要关注青年、关心青年、关爱青年，倾听青年心声，鼓励青年成长，支持青年创业。”

湖北是教育大省，每年的高校毕业生高达30万人，如何通过创业教育来缓解就业难题是摆在高校面前的问题。同时，湖北省委省政府在新时期也对扶持大学生创业活动下了大功夫，湖北省教育厅先后出台《湖北省大学生创业示范基地评选细则(试行)》《普通本科学校创业教育教学基本要求(试行)》《关于加强高校大学生创新创业俱乐部建设的通知》等一系列文件。

(一) 创业教育的内涵与特点

1. 创业教育的内涵

创业教育作为一门综合性学科，指的就是通过培育、培养和锻炼人们的创业意识、创业思维和创业技能等各种创业综合素质、能力，以达到挖掘受教育者创业内在的潜力的目的，最终使得受教育者具备一定创业综合能力的教育。

“21世纪的青年除了接受传统意义上的学术教育和职业教育外，还应当拥有第三本教育护照——创业教育”。

许多人对创业教育有一定的误解，认为创业教育只是为了培养学生开办一家企业，其实这只是创业教育中的一点。对怎样去理解和认识创业教育，英国人是这样想的：“创业是指在混乱无序、变化和不确定的环境中勇于承担责任，积极主动地寻求与把握机会，高效地整合与利用资源，明智地决策，创造性地解决问题，创新并创造价值的过程。创业既指向目标达成，有时也指向‘创造性的破坏’。”所以我们不能过于简单地去理解创业，认为创业就是以营利为其唯一的追求，其内涵较广，并且它是存在于人们生活、学习及工作中的一种思维方式和行动方式，我们对其应该有足够的认识。

2. 创业教育的特点

创业教育作为一种新的教育理念和教育体系，有其自身的特点。

1）实践性

创业教育的主旨是通过各种教育和培训提高受教育者的创业基本技能，因此，十分强调受教育者实践能力和社会行动能力的培养，强调受教育者在实践中学会生存，学会处事，从而更好地适应和融入社会。加强社会实践活动是创业教育的一个重要环节，通过社会实践，使受教育者能正确地面对社会现实，并根据社会需要提升自己的素质。

2）创新性

创业所要做的本身就是“创新”，因而创业教育必然离不开创新，创新也是创业发展内在的必然逻辑。创业教育在于培养具有创新思维和能力的人才，这就决定了其批判性特质，即创业教育无论是在理念、内容、形式，还是在方法、手段上都当勇于打破常规和传统，勇于求异、求变、求新。创新是贯穿于整个创业教育始终的特性。

3）科学性

创业教育作为一种实践性很强，且具有一定引导作用的教育方法，必须具有科学性、系统性。其所涉及的教学内容必须是在实践检验可行的前提下，经过有专业知识和经验的专家、教师提炼与加工之后形成的创业理论精华，并且应是具有一整套专业理论的系统工程。

4）持续性

创业教育是一种使受教育者的综合素质不断提高的终身教育过程，它会伴随创业者的创业及其创业活动的发展而一直持续下去。故而创业教育还具有持续性与终身教育的特性，需要随着实践的发展不断充实新内容，寻求新模式，并逐步深化。

（二）高校创业教育的意义

创业教育意义重大，总结国内专家学者以及创业成功典型人物的观点，大体为以下几条。

1．适应经济新常态的需要

随着我国社会市场经济的飞速发展，科技水平也有了很大的提高，为了进一步适应新时代的发展，人才强国战略必须始终不能动摇。人才是国家发展的重点，而教育是培养人才的关键。在经济新常态逐步确立的背景下，高素质高能力的创业就业人才是我国需求量最大的，而创业教育作为培养这种人才的有效途径之一，也显示出了其重要性。只有大力发展创业教育，才能为国家和社会的发展，为祖国经济新常态的确立和稳固增砖添瓦。

2．提高我国劳动者的整体素质

众所周知，我国是世界上人口最多的国家，人力资源相当丰富，但另一方面，我国劳动者的整体素质不高，能力不足，这使得人力资源没有成为一种资源却成了累赘。而通过在大学开展创业教育，首先可以让大学生的素质能力得到提高，进而影响社会的其他阶层，对全社会的创业教育开展和劳动者整体素质的提离有着巨大的作用。

3．推进完善素质教育

其实我们可以把创业教育看作是素质教育的一种延伸和拓展，创业教育也是素质教育的一部分。创业教育，对其理解并不能止于“创业”，当然“创业”也是其一部分，重要的是培养学生的综合品质和素质。开展创业教育可使学生得到更为全面的发展，而素质教育的初衷便是学生的全面发展。创业教育对推进和完善素质教育的进程意义重大。

4．鼓励创业缓解就业压力

就业是一个世界性问题，对于我国来说更是一个重大的问题。据世界银行统计，中国仅以世界上 9.6％的自然资源、9.4％的资本资源、1.85％的知识技术资源和 1.83％的国际资源，为世界上 26％的劳动力人口创造就业机会。从数据中可以看出，就业问题给我国带来了沉重的压力。另一方面，为大约 8 亿的劳动力提供就业机会，是中国全面建设小康社会的基本任务。同时，新增劳动年龄人口进入高峰期，“十五”期间峰值达到 2200 万人左右，但城镇实际吸纳新增就业人员只有 300 万人左右，平均每年约有 35 万～50 万大学毕业生不能按时就业。创业教育鼓励创业，在一定程度上可以直接解决一些人的就业问题，同时，这些人的创业也产生了新的就业岗位，适当缓解了严峻的就业压力。

二、湖北省高校创业教育和实践调查

在党和政府的高度重视和大力推动下，大学生创业和创业教育得到迅速发展。2010 年，教育部出台《教育部关于大力推进高等学校创新创业教育和大学生自主创业工作的意见》（教办〔2010〕3 号），这一文件成为高校开展创新创业教育的指导性文件。湖北省教育厅先后出台《湖北省大学生创业示范基地评选细则（试行）》《普通本科学校创业教育教学基本要求（试行）》《关于加强高校大学生创新创业俱乐部建设的通知》等一系列文件。此外，财政部门、工商部门、人力资源与社会保障部门、共青团组织、妇联、企业家协会等立足各自职能，出台措施，积极扶持大学生创业。

据 2016 年上半年湖北省人才公共服务机构业务数据统计分析报告显示，已完成孵化的大学生创业项目个数为 565 个，正在孵化的大学生创业项目 2202 个，上半年共服务有创业意愿的大学生（其中一部分有具体创业项目）1.28 万人，大学生创业共带动 1.7 万人就业。从上半年已完成大学生创业项目来看，孝感、黄冈、武汉（含省本级）、十堰、宜昌等地数量排名靠前（见图 2）。

为激发大学生创业热情，提升大学生创业能力，各地对有创业意愿的大学生开展了创业培训、咨询等服务，在服务人数方面，排名靠前的地区有宜昌、武汉（含省本级）、黄冈、襄阳、孝感。

据武汉市人力资源和社会保障局相关人士介绍，2016 年湖北省共有高等院校 128 所，高校毕业生达 42 万人，留在湖北就业的有 20 万人，其中 13.2 万人留在武汉，占留在湖北就业人数的 66％，比例相当高。面对如此庞大的就业人数，高校创

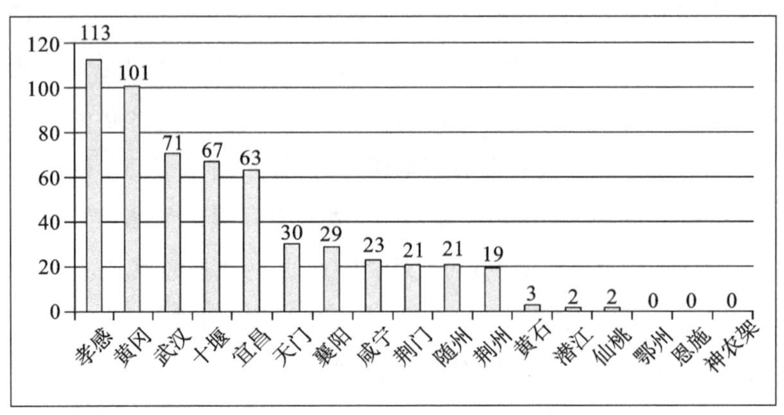

图 2　上半年已完成大学生创业项目情况

业教育就显得尤为重要。为了了解湖北省高校创业教育的基本情况，课题组抽取了湖北省五所高校，共发放 300 份调查问卷，回收 282 份，回收率 94%，其中有效问卷 276 份，有效率 97.9%。问卷由以下几个部分构成：大学生对创业的看法和态度；大学生创业需求和创业困境；大学生对现行高校创业教育的认识和评价；大学生对创业教育和社会支持的需求。

(一) 调查结果与分析

各高校都配套制定了开展创业教育的文件，各种创业课程、实训、第二课堂活动迅速发展。但在很多教育管理者和教师的认识中，创业仍然只是“大学生就业的补充”，是“当前经济社会发展的需要”，创业教育并未融入主流校园文化，也并未纳入学校的核心办学指标，这是制约当前创业教育发展根本性认识的问题。

调查样本的年龄、性别分布情况见表 2。

表 2　调查样本的年龄、性别分布情况

	性　别		学　历			
	男	女	专科及以下	本　科	研究生硕士	研究生硕士以上
比例	43.03%	56.97%	1.23%	82.38%	15.57%	0.82%

1. 大学生对创业的看法与态度

是否有创业打算见表 3。

表 3　是否有创业打算

选　　项	比　　例
没有	63.52%
直接创业	0.82%
先就业再创业	35.66%

调查显示，63.52%的学生没有创业打算，35.66%的学生选择先就业再创业，只有 0.82%的学生选择直接创业。虽然近几年全国范围内各高校积极响应大学生创业教育，社会也为大学生创业提供了良好的机会，许多大学生产生了创业的想法，但是，是否真正实施创业行动还要受多种因素的限制，比如说外界环境和自身条件等。这表明，大学生普遍缺乏创业意识和冒险精神，这一方面与中国传统文化安定求稳的价值观有关，另一方面则反映出湖北省高校创业教育的不足。

由图 3 可以清晰地看出，55.33%的学生的创业动机是追求财富，这说明大部分大学生的创业动机仅仅停留在创造财富的浅显层面，反映出当代大学生务实的鲜明特色。另有 28.69%的学生是为了实现自身价值而选择创业，这表明有很多学生想通过创业实践来获取经验和实现自我价值。从这个角度来看，部分大学生的创业观达到了一个较高的层次。4.51%的学生是因为就业困难或就业岗位不理想。

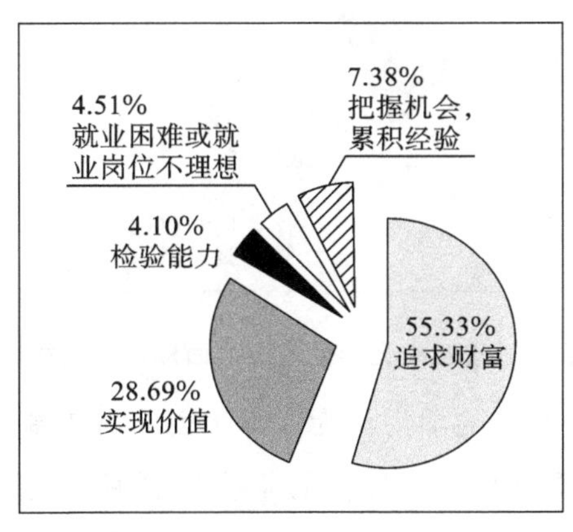

图 3　创业动机

2. 大学生创业需求与创业困境

在"认为大学生创业最需要的是什么"(见表4)受访的学生中,43.44%的学生认为大学生创业最需要的因素是个人或团队研究成果、专利,其次是得到社会化专业化的管理与服务,个人强烈的价值观取向与大学生科技创业基金支持也很重要。在当代大学生看来,拥有研究成果或专利对创业活动来说至关重要,这可能与我国一直把升学、就业作为教学质量考核的重要指标有关。高校应该加强对大学生的创业教育,使学生树立正确的创业观。

表4 认为大学生创业最需要的是什么

选项	比例
个人或团队研究成果、专利	43.44%
个人强烈的价值观取向	16.8%
大学生科技创业基金支持	15.16%
学校提供的各类创业教育	4.1%
得到社会化专业化的管理与服务	20.49%

政府在大学生创业方面应做哪些扶持见图4。

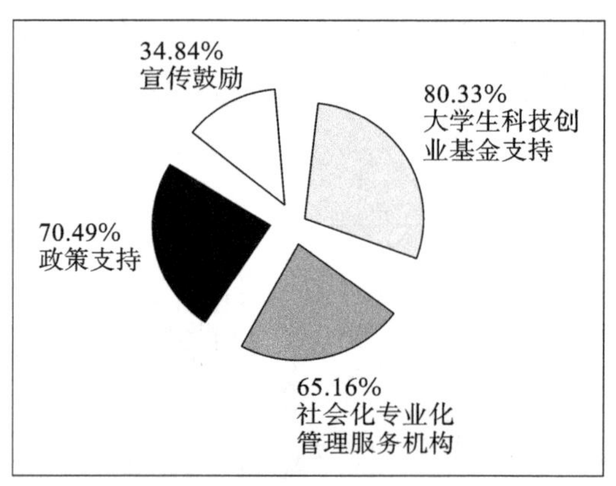

图4 政府在大学生创业方面应做哪些扶持

此题为多选题,80.33%的学生认为大学生创业需要基金支持,70.49%的学生认为政策支持是必不可少的,65.16%的学生选择社会化专业化管理服务机构,34.84%的学生认为需要加强宣传鼓励。经济因素是影响大学生创业的重要因素之一,同时,政府的政策支持以及专业化的管理服务也非常重要。可见,政府在大学生创业中扮演着重要的角色。

3. 对现行高校创业教育的认识和评价

通过“所在学校是否开设创业教育课程”(见图 5)这项调查，我们发现 68.44% 的学校开设有创业教育课程，31.56% 的学校没有开设。

如果开设创业教育课程，是否愿意修读见图 6。

有 64.34% 的学生表示愿意修读创业教育课程，只有 35.66% 的学生表示不愿意修读。

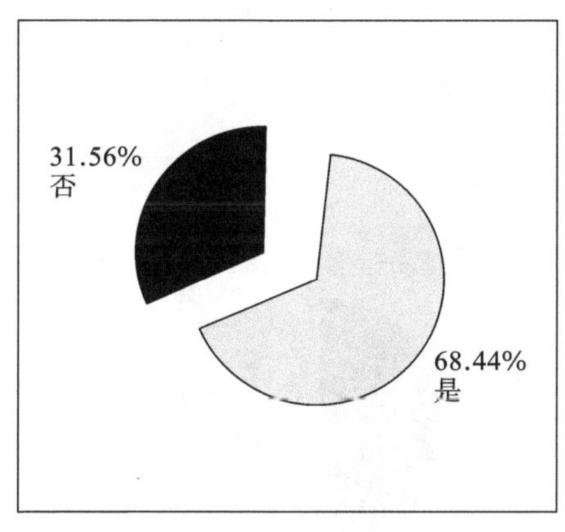

图 5 所在学校是否开设创业教育课程

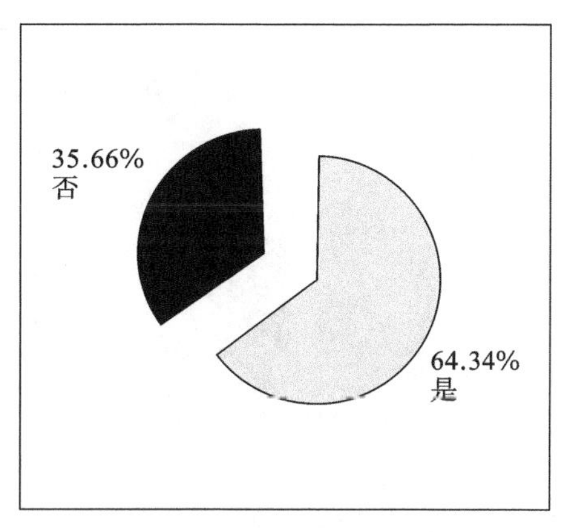

图 6 如果开设创业教育课程，是否愿意修读

通过“所在学校是否有创业类社团或组织”(见图 7)此项调查，我们可以发现，86.07% 的高校都开设了创业类社团或组织，13.93% 的学生选择没有开设，很可能是因为这部分学生没有关注学校创业社团。

通过“是否参加过‘创业计划大赛’等创业教育活动”(见图 8)此次调查，我们可以发现，85.66% 的学生没有参加过“创业计划大赛”等创业教育活动，只有 14.34% 的学生表示参加过类似活动。

在回答“高校创业教育应该面向的群体”(见图 9)时，52.46% 的学生认为应该面向全体学生，47.54% 的学生认为应该面向部分学生。

如表 5 所示，27.87% 的学生认为应该从大二开始接受创业教育，25.41% 的学生认为应该从大三开始接受创业教育，另有 21.31% 的学生认为应该从大一入学直至大四毕业一直接受创业教育。

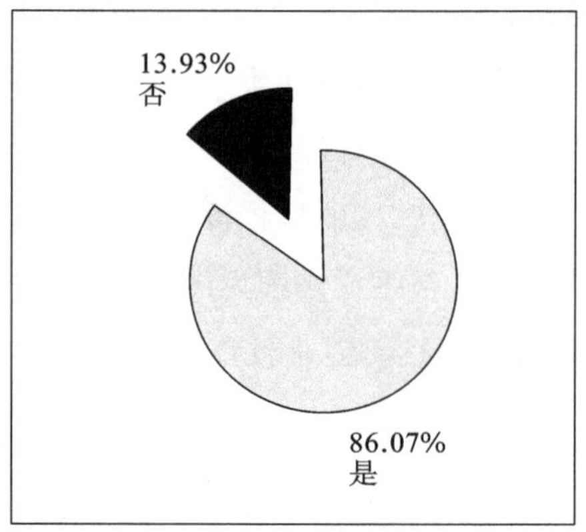

图7 所在学校是否有创业类社团或组织

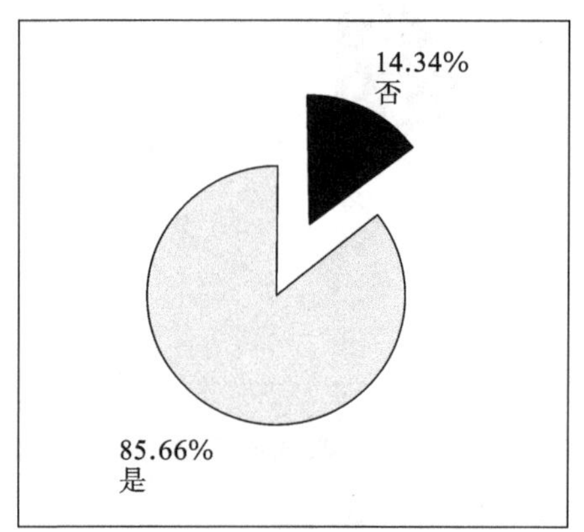

图8 是否参加过“创业计划大赛”等创业教育活动

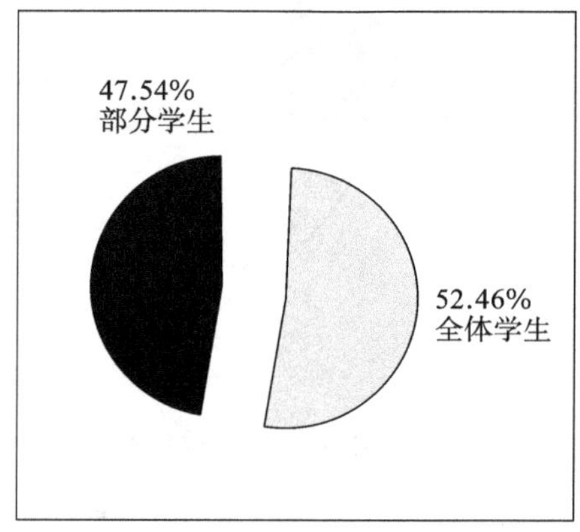

图9 高校创业教育应该面向的群体

表5 希望从哪一年级开始接受创业教育

选项	百分比
大一	21.31%
大二	27.87%
大三	25.41%
大四	4.1%
大一入学直至大四毕业	21.31%

表6显示,72.95%的学校将创业教育课程设置为公共选修课,只有少部分学校将其设为公共必修课或专业课程。

表 6　学校以何种形式开设创业教育课程

选　　项	百　分　比
公共必修课	11.89%
专业必修课	4.1%
专业选修课	11.07%
公共选修课	72.95%

由表 7 我们了解到，我省大部分高校都提供创业指导和创业教育，大部分是以创业教育选修课、创业指导中心或类似机构、创业实践基地和创业计划竞赛等活动形式为主，分别占 59.43%、59.02%、51.23%、45.9%。

表 7　学校所提供的创业指导和创业教育（多选）

选　　项	百　分　比
开设有创业教育专业课	18.85%
开设有创业教育选修课	59.43%
有创业指导中心或类似机构	59.02%
有创业实践基地	51.23%
经常邀请成功创业者开设讲座	30.33%
开展创业计划竞赛等活动	45.9%
都没有	3.69%

通过“学校在创业教育方面最缺乏的是什么”（见表 8）此项调查，我们发现，学校在创业教育方面最缺乏的是创业导师和实践基地，分别占 25.82%、25.41%，其次是创业观念和创业课程体系，分别占 24.18%、21.31%。

表 8　学校在创业教育方面最缺乏的是什么

选　　项	百　分　比
创业导师	25.82%
权威教材	3.28%
创业观念	24.18%
创业课程体系	21.31%
实践基地	25.41%

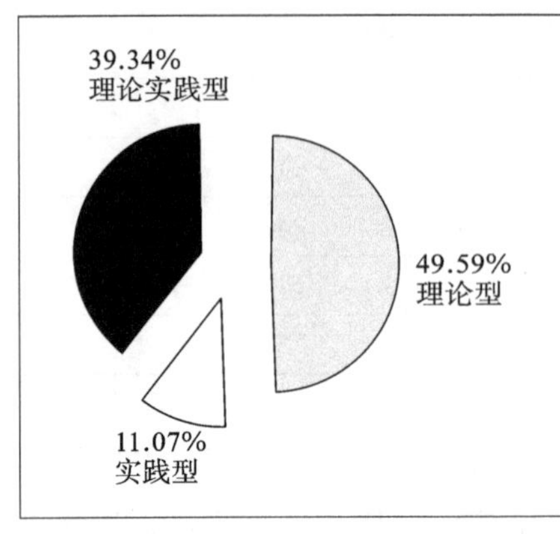

图 10　高校创业教育任课教师的类型

通过"高校创业教育任课教师的类型"(见图 10)此项调查,我们发现,高校创业教育任课教师主要以理论型为主,占 49.59%,其次是理论实践型,占 39.34%,纯实践型的仅占 11.07%。

通过"学校创业教育教师来源"(见表 9)此项调查,我们发现,高校创业教育教师主要来自商学院专业老师,占 33.61%,其次是政府工作人员或就业指导老师,占 26.64%,另外还有的来自成功创业者和行业专家,分别占 23.36%、11.07%。

表 9　学校创业教育教师来源

选　　项	百　分　比
政府工作人员或就业指导老师	26.64%
商学院专业老师	33.61%
成功创业者	23.36%
高级经理	6.15%
行业专家	11.07%
没接触过	43.85%

通过"高校创业教育老师的教学形式"(见表 10)此次调查,我们发现,高校创业教育老师的教学形式主要是理论讲授,占 44.26%,其次是案例分析,占 26.23%,也有社会实践和小组讨论的形式,分别占 11.89%、9.84%。

表 10　高校创业教育老师的教学形式

选　　项	百　分　比
理论讲授	44.26%
案例分析	26.23%
小组讨论	9.84%
社会实践	11.89%
其他	20.08%

通过“高校现有教育方式对创业素质培养最不利的是”(见表 11)此次调查，我们发现，当前高校创业教育方式对创业素质培养最不利的是教的知识与现实脱节，46.31%的学生选择此项，其次是不能提供必要的、配套的教育硬件，占 20.9%，再次是课业任务太重，占 13.93%。

表 11　高校现有教育方式对创业素质培养最不利的是

选　　项	百　分　比
课业任务太重	13.93%
管得过多、过死	10.25%
教的知识与现实脱节	46.31%
不能提供必要的、配套的教育硬件	20.9%
其他	8.61%

4. 大学生对创业教育和社会支持的需求

通过“希望以何种形式接受创业教育”(见表 12)此次调查，我们发现，63.11%的学生希望能够参加创业计划大赛，56.97%的学生希望参加创业实验园，48.77%的学生希望修读创业教育课程，这反映出大学生作为充满激情和理想抱负的潜在创业者，希望学校可以提供实践和锻炼机会。

表 12　希望以何种形式接受创业教育

选　　项	百　分　比
修读创业教育课程	48.77%
参加创业计划大赛	63.11%
参加创业实验园	56.97%
从事兼职	36.48%
自学创业知识	18.85%

通过“高校实施创业教育最为重要的途径”(见表 13)此次调查，我们发现，52.46%的学生认为学校应该提供更多类似创业计划竞赛的实践活动。这表明：一是学校开设类似活动较少；二是学生希望可以参加此类活动。

表 13 高校实施创业教育最为重要的途径

选　　项	百　分　比
氛围营造	15.98%
开设教育课程	13.52%
提供更多类似创业计划竞赛的实践活动	52.46%
制定鼓励创业的政策和制度	18.03%

通过“是否应该在校园中营造有助于创业的软环境氛围”(见表 14)此次调查，我们发现，68.03%的学生认为完全有必要并且应该提倡营造有助于创业的软环境氛围，有 17.62%的学生认为无多大必要，3.28%的学生持反对意见。这表明在高校营造一种提倡创业、鼓励创业的氛围对学生创业意识的培养非常重要。

表 14 是否应该在校园中营造有助于创业的软环境氛围

选　　项	百　分　比
完全有必要，应该提倡	68.03%
无多大必要	17.62%
反对，得不偿失	3.28%
随便	11.07%

通过“对学生创业社团的建议”(见表 15)此次调查，我们发现，大部分学生认为学校创业社团缺乏宣传，并且创业讲座举办得也比较少，社团活动太少，形式单一也是现阶段高校学生创业社团存在的问题。

表 15 对学生创业社团的建议

选　　项	百　分　比
活动太少	13.11%
活动形式单一	14.75%
不太有名，应加强宣传	41.39%
应多介绍创业知识，举办创业讲座	30.74%

通过“高校应从哪些方面对大学生创业进行指导和帮助(多选)”(见表 16)此次调查，我们发现，对于大学生而言，他们最迫切需求的是对创业技能的培养，其次

是资金的支持。大学生在创业领域是一群特殊的群体，他们一没有社会工作经验，二很难得到有力的资金支持。正因为如此，高校首先应加强对大学生的创业教育，同时协同政府一起为大学生创业建立资金支持政策。

表 16　高校应从哪些方面对大学生创业进行指导和帮助(多选)

选　　项	百　分　比
开设创业教育课程	57.38%
培养大学生创业心理素质	51.23%
提供资金帮助	63.52%
培养大学生创业技能	81.97%
提供创业政策、创业项目、创业可行性分析等咨询和指导	59.84%
建立创业实践基地，提高大学生创业能力	53.69%
舆论等软环境的营造	12.7%
技术支持	36.48%
协助大学生办理创业手续	27.87%

（二）总体特征

1. 创业激情不高

根据调查报告显示，有 63.52%的学生完全没有创业打算，选择直接创业的学生仅有 0.82%，另有 35.66%的学生选择先就业再创业。虽然这部分学生表示先就业再创业，但仅有 14.34%的学生参加过类似“创业计划大赛”等创业教育活动。而且就创业热情来说，大一、大二的学生明显比高年级的学生更高涨，超过 50%的学生希望可以从大一或者大二开始接受创业教育，不到 30%的学生认为应该从大三或者大四开始接受创业教育。因为随着年龄的增长，他们会更清楚地定位自己，而且创业的风险、创业所需要承担的责任，甚至是家庭的情况都会冷却大学生的创业热情。此外，通过调查发现，公务员是现如今最受大学生喜爱的职业；其次，国企、外企由于工作稳定，待遇优厚，也是大学生工作的首选单位。所以在创业前景不明确的情况下，加之上述职业待遇良好等因素，大学生创业热情不高。

2. 师资队伍薄弱

在“高校现有教育方式对创业素质培养最不利的是”此项调查中，有46.31%的学生认为“教的知识与现实脱节”是对创业素质培养最不利的因素，20.9%的学生选择“不能提供必要的、配套的教育硬件”，13.93%的学生认为“课业任务太重”是主要的制约因素，10.25%的学生认为“管得过多、过死”是最不利的因素。以上各种因素，全方位地暴露了创业教育中的师资问题。无论是在刚刚起步的中国，还是在已经较为成熟的西方，师资队伍建设都是创业教育工作中的难点。

3. 课程结构零散

湖北省相关政策规定，要把“创业基础”设为面向全体高校学生的创业教育核心课程，不少于32学时，不低于2学分。据报告显示，在调查的所有院校中均设立了创业教育课程，大部分的学校是以公共选修课的形式开设，但一些学校并未达到规定的课时、学分的要求。一些院校还开设创业教育专业课，但总体而言，这些课程比较零散，远未形成系统的课程体系。个别重点院校尝试设立“创业学”双学位，进行全面系统的培养，取得了不错的效果，但这种方式受制于学校学制、师资等多方面因素，不一定适合所有院校。

4. 教学方式落后

培养学生的创新创业能力除了要掌握扎实的理论基础知识，最重要的是通过创业教育给予学生实战经验。63.11%的学生希望通过参加创业计划大赛等形式提高自己的创业能力，但实际情况是湖北省高校创业教育老师类型主要是理论型，其教学形式主要是理论讲授，案例分析占26.23%，而社会实践仅占11.89%。学生期望灵活多变的教学形式，单纯的理论型教学方式已经不能满足学生的需求，教学方式的改革和升级迫在眉睫。

5. 创业教育效果不佳

尽管在对创业教育对象的认识上存在偏差，但对高校开展创业教育的必要性基本表示赞同，64.34%的学生表示愿意修读创业教育课程。但与此同时，学生对于当前创业教育的满意度不高，通过调查我们发现68.03%的学生认为创业的软环境氛围缺失，虽然86.07%的学校设有创业类社团和组织，但存在各种问题，主要是宣传力度不足，覆盖面不广，大部分学生认为学校创业社团缺乏宣传。

三、我省高校创业教育和实践存在的主要问题

（一）创业教育的普及度不高

根据报告显示，存在这样一种现象，有些高校为了完成获得创业奖项的标杆式任务，只注重少数人的创业教育而忽略整体创业教育水平的提升。高校应该将创业教育课程普及化，积极开展全校性质的创业教育活动，正确合理地指引学生的世界观、人生观、价值观。对湖北省高校创业教育的调查显示，有一部分学生没有接受过任何形式的创业教育，甚至认为创业教育对于大学生来说是多此一举，这充分显露了高校创业教育的缺失。大部分学生对创业教育持肯定态度，并愿意参与各种各样的创业活动，但真正参与其中的也只有14.34%，究其原因是大部分学生并不知道举行过这些活动，因此错失了机会。相比国外高校覆盖面广、形式多样的创业教育而言，我省高校必须着力提高创业教育的普及度和多样性。

（二）对学生的创业意识培养不足

调查显示，高校对学生创业意识的培养力度还有待提高。虽然大部分高校都认同对学生创业意识培养的重要性，并且开设了创业教育相关课程。但也有一些高校没有设立规范的创业教育课程，只通过职业生涯规划课来给予学生职业引导，这是远远不够的。这从侧面反映了高校对创业教育的重视度不够，以及对创业意识培养的缺失，甚至认为创业教育只是传统教育的辅助，可有可无。这种观念是与“大众创业、万众创新”的理念相违背的，也与我国快速发展的市场经济不相适应。我国的市场经济是在遵守市场规则和秩序的前提下各种市场主体公平竞争，优胜劣汰，而创业作为进入市场的有效途径是受到国家和社会认可的。因此，高校对学生创业意识的培养刻不容缓。

（三）对学生创业思维的构建缺失

通过调查发现，高校主要以职业生涯规划课的方式对学生进行心理鼓励和引导。其主要形式是案例分析，通过成功的创业案例、企业高管的访谈视频、往届优秀毕业生的交流，或者相关书籍来对学生进行创业思维的启蒙，让学生及早对自己未来发展的道路做出规划并做好心理准备。但由于这种心理激励的形式比较单一，没有相应的实践活动或者其他措施加以辅助，很难使学生产生持久坚定的动力

去实现自己的职业规划,更谈不上形成完备系统的知识体系和创业思维。对学生创业思维的构建是创业教育的重要一环,但从目前的情况来看,高校对学生创业思维的培养力度仍有待提高。

(四)对学生的创业技能培训不到位

创业是一项对学生要求很高的实践活动,而创业教育正是在理论上向学生传授管理、营销、法律、社交等知识,在实践上培养学生的实际操作能力,因此大部分学生是非常希望接受创业教育的。但通过调查显示,湖北省高校中鲜有高校建立系统的创业教育课程体系。一些学校只是把创业教育设为选修课,一些学校虽然设为必修课,但因为没有给予足够的重视,课程比较涣散,没有形成系统科学的体系,只是可有可无的常规教育之外的补充教育。有的高校开设的创业教育课程缺乏思想性,对学生的引导只停留在操作层面。课题组还发现,部分高校的课程体系以理论教学为主,形式单一,内容空洞,学生参与度不高。

(五)创业教育管理水平不高

从调查和访谈情况来看,我省部分高校创业教育的管理水平有待提高。大部分高校对创业教育的管理尚处于放养的状态,各学院自行开展创业教育,自行管理,存在管理涣散不正规等问题。由于大部分高校并没有设立一个明确的部门对创业教育相关事宜进行管理,因此在课程设置、活动组织、讲座等的时间安排上就不能很好地统筹协调,这非常不利于学生的系统性学习和能力的提升,也阻碍了高校创业教育规范化的进程。课题组也惊喜地发现中南财经政法大学在这方面给其他高校树立了榜样。中南财经政法大学专门成立了创业学院,明确了学校创业教育方面事宜的管理主体,在创业教育及其管理工作的前进途中踏出了重要一步,其他高校完全可以借鉴其做法,结合自身实际情况,发展创业教育,明确管理模式。

(六)创业教育的引导和支持力度不足

学校的创业教育应致力于培养广义的创业型人才,使学生具有较高的创业素质和较强的创业能力,这样不管将来是真正开创一家企业还是到其他企业工作,学生都拥有解决各种问题的能力,按照规划一步一步走好自己的职业生涯。调查显示,仍有相当一部分学生对创业的认识仍停留在初始阶段,认为创业就只是开创一家公司。这一方面可能是因为某些高校没有开设创业教育课程,另一方面可能是因为高校开设的创业教育课程没有给予学生正确的引导，或者引导力度不足，导致很大一部分学生认为只有自己创立公司才叫创业。

四、制约我省高校创业教育发展的原因

（一）自身原因

1．学校对创业教育研究探索较为自发与分散

在我国高校的创业教育尚处于起步阶段，在学术上的研究探索程度相比于国外也落后很多。我们也应注意到，互联网刚刚兴起时众人纷纷投入网络创业，但随着互联网泡沫的破灭，一批批互联网企业随之倒下，直至现在，互联网创业的失败率仍很高。究其原因，很大一部分是因为创业者没有接受过系统正规的创业教育。这与创业教育的研究有很大关系。大部分对创业教育的研究是分散的、自发性质的，没有形成如同管理学、经济学一般系统、权威的公认观点，各学者各执一词。由于缺乏权威性和正规性的理论指导，创业教育的开展则显得问题频现。

2．学校对创业教育的重视不足

对我省高校的调查显示，大部分高校只将创业教育类课程作为选修课程，没有将其纳入必修课的类目，这非常不利于创业氛围的广泛形成。并且开展的创业教育课程仅以理论讲授为主，这远不能满足创业对实践的需求。高校开展创业教育的初衷应该是培养学生的创新能力和实践能力，单纯的理论性教育是远远不够的。学校作为教育培育的主体，其对创业教育的重视程度直接影响着创业教育的开展效果。就目前情况来看，高校没有给予创业教育足够的重视是创业教育发展缓慢，学生创业能力不强，创业热情不高的重要原因。

3．创业教育开展和管理主体不明晰

高校的主要任务是培养综合型人才，而创业教育正是在掌握理论知识的基础上提高学生的综合素质。可见创业教育的系统性开展对于高校来说意义重大。据调查显示，在实际施行中，大部分高校没有给予创业教育应有的重视，存在创业教育开展和管理主体不明晰等问题。比如学校开展的创业教育活动大多是创业社团自行开展，且大多没有固定的周期，也没有学校的监管，宣传力度不足，学生参与度也不高。学校没有给予创业教育应有的地位，没有设立专门部门进行管理，进而导

致创业教育活动效果不佳。

(二)外部原因

1. 创业教育理念的缺位

大多数人认为创业教育只需要面向“985”“211”等高尖端院校的学生,只对他们进行创业素质的培养,而对普通高校的学生只需进行基本的专业培养。这是对创业教育理念严重的错误认识。创业教育的目的并不是让所有学生都选择创业的道路,而是着力提高学生的创新能力、综合素质,而这些正是现今社会对高校学生的要求。所以无论是选择自主创业还是进入企业工作,创业教育都具有十分重要的意义。

2. 政府没有积极发挥开展创业教育的作用

目前大学生就业形势逐年严峻,政府部门和高校行政部门应将提高学生的创业素质、综合素养,增强大学生的就业竞争力摆在重要地位。但就目前实际情况来看,湖北省虽然出台了辅助大学生自主创业的相关政策和配套的优惠措施,但大学生创业的领域始终局限于对技术含量要求不高的服务业。另外,政府教育部门也没有为不同专业制订相应的创业教育计划方案,在此前提下学校对创业教育的重视程度始终不高。因此,对创业教育的发展,政府并没有发挥出应有的作用。

3. 家庭、社会支持度不高

在我国,对学生创业的引导和教育主要来自学校,并且学校的创业教育有其种种问题。由于创业的风险性,家庭和社会对其的支持度均不高。不少家长的思想都很传统,认为自家的孩子只要顺利毕业,找到一份可以自给自足的工作便可以了,学校的创业教育是多此一举,对那些有创业想法和实际行动的学生更是表示不理解,甚至强烈反对。另外,社会上的国企、私企等与企业的交流有限,缺乏对应用型人才的关心和支持,使得学校没有充足的教育经费将创业教育规模化,使得学生错失了一些创业培训和进入企业实习的机会。

五、提高我省高校创业教育水平的对策建议

为了有效提升我省高校创业教育的水平,课题组分别从校园文化、师资队伍、课程体系、管理模式、外部环境等几个方面进行探讨,以期找到行之有效的实施

方案。

（一）营造校园创业文化氛围

高校需要为学生营造一种轻松、积极、开放、进取的创业氛围，尽量减轻学生创业的思想负担。在这样的文化氛围下，学生的创业意识会得到启发，创业激情和创业欲望也会受到激发。

1. 创造有利于创业的舆论氛围

中国共产党第十六次全国代表大会（以下简称为十六大）报告明确提出要“鼓励自谋职业和自主创业，完善就业培训和服务体系，提高劳动者就业技能”。这一指示精神为高校宣传和开展创业教育提供了坚实的思想基础。高校应该在全校范围内大力宣传创业教育，政府等职能部门应积极提供相应的政策支持，在全社会营造有利于大学生创业的环境氛围。通过网络、电视、广播、电台等传播方式在社会上进行宣传，在校园中利用校园网、校园广播、校报、专栏等途径，大力宣传创业知识，让学生对创业有更多的了解，并定期举行座谈会，邀请创业成功的典范与学生面对面地交流等。总之，应努力在校内外营造支持创业、敢于创新、宽容失败、锐意进取的舆论氛围。

2. 构建校园创业文化氛围

在调研过程中有些同学提出了建立创业沙龙的提议。“沙龙”一词最早来源于美国社会学家刘易斯《理念人——一项社会学的考察》一书，是对法国知识分子活动的描述。我们可以对此进行效仿，将对创业感兴趣并且有创业想法的学生聚集起来。在这种轻松自由的氛围中，学生们往往会迸发出创新的思维火花，并且会结识很多有共同理想和爱好的挚友，为以后的创业道路做好铺垫。当代大学生充满激情、思维活跃，高校需要为他们搭建广泛交流、互相学习的平台。除了创业沙龙之外，学生们也可以通过其他形式找到志趣相投的创业合作伙伴。另外，随着创业沙龙氛围的蔓延，那些对创业不感兴趣甚至从来不关注创业的学生，也将会在潜移默化中受到影响。

（二）加强创业教育师资队伍的建设

师资队伍的强弱与高校创业教育开展的质量紧密相关。我省大部分高校存在着创业教育师资匮乏的问题，制约了创业教育质量的提升。因此，高校必须对师资配备问题给予足够的重视,加强创业教育师资队伍的建设。

1. 高校应完善创业教育师资的选拔制度

就目前来看,我省绝大部分高校的创业教师为商学院老师、就业指导中心指导教师、学生辅导员以及行政部门的行政人员。这类教师虽然具有较强的理论功底,但缺乏实践经验。学校应该以更加长远的眼光和更加开放的姿态,向全社会招贤纳士,聘请创业型企业家、企业高级管理人员、市场营销专家、经济管理学者以及政府相关部门的管理人员等定期为学生授课。如此施行有以下几大好处:第一,优化师资配置,丰富了教学内容,提高了教学水平;第二,免去了对现有创业教师的培训,节约了时间和成本;第三,课程内容的实际性和可操作性更强,更易于培养学生的创业思维,提高学生的接受程度。

2. 高校应加强对现有创业指导教师的培训

高校应重视对创业教师的培训,可以从以下几个方面入手。一是对这类教师进行理论培训,提高其对理论知识的系统性认知。二是鼓励创业教育教师积极参加各种创业类学术论坛和学术年会及其他与创业教育相关的组织活动,如此可以向其他优秀的创业教育教师学习,丰富自己的教学经验。三是与企业达成合作,使得创业类教师可以到企业实地考察和锻炼。实践经验是教师丰富教学内容,提升学生学习动力的重要因素。此外,如若条件允许,高校还应输送教师到国外创业教育发展较好的国家学习和深造。

(三) 构建全面的创业教育课程体系

我省大部分高校在进行创业教育的课程设置时,往往只重视理论知识的传递而忽略学生的实践参与。大部分高校只是开设了职业生涯指导课程,将其作为创业教育的一部分,未形成完备的创业教育课程体系。这也是调研中大部分学生所反映的高校创业教育问题的一部分。

1. 创业教育理论知识体系

高校创业教育理论知识体系的构建应从课程设置、教学方法转变、教材的选用、开设哪些内容、作为专业课还是选修课、怎样将理论的讲授与实践有机地结合起来、如何全方位实现创业教学计划等方面着手。这些正是湖北省高校创业教育所欠缺和急需改革的方面。长期以来,高校的创业教育教学计划很少变更,不能紧随社会发展的要求，更没有对学生的心理发展和人才市场需求进行调查。高校创业教育的改革应以培养能够适应市场要求的应用型人才为主，以用人单位需求和大学生需求调研为依据，在调查研究的基础上，集中国内外创业教育专家学者的智慧，为大学生设计出有针对性的创业教育课程培养计划。在课程内容的设计上应做到普及性教育与重点教育相统一，既要有面向全校大学生的创业公选课，又要有针对有创业意向的大学生的创业核心课程，并设立创业教育课程学分。

2. 创业教育实践体系

大学生创业素质的培养，最终要通过创业实践活动得到巩固和发展。需要构建一个具有广泛性和全面性的创业教育实践体系。第一，开展科技创新和经济管理活动，例如创办各种形式的创业园，指导学生自主设计、创办、经营商业企业或科技公司等。但此类活动受资金、专业等条件的局限较多。第二，开展各种形式的创业教育活动。比如开办创业计划大赛，举办创业论坛、人才论坛、创业沙龙、成功创业者报告会，成立创业教育网站、创业俱乐部，开展学术报告、研讨、科研竞赛和创业交流活动等。第三，开展课外创业实践活动。从培养学生在未来社会中的生存能力和创业能力的角度来看，除开展大学生课外科技活动外，各种专业、各种特长的学生（包括理工科和文科类学生）都可以接受创业教育，开展创业实践活动。

（四）建立创业教育管理机构

1. 构建创业教育管理模式

课题组认为，湖北省高校应结合各自学校的校情和特点，在综合协调式模式下对创业教育进行全面的管理。

（1）成立由校领导直管，由教务处、学生处、团委、学院等部门联合参与管理的校级创业教育管理委员会，高屋建瓴，整合全校资源，统筹规划、监督全校的创业教育落实情况。

（2）在校级委员会下设立一个创业教育中心或其他主管部门，直接开展创业教育的各项工作。

（3）设立一个学生创业活动中心，直接对学生的创业活动进行指导并接受学生关于创业问题的咨询。

（4）推行创业教育弹性学制和学年学分制。

(5) 联合企业或其他机构设立大学生创业基地或创业园区,为大学生提高创新创业能力提供实践场所。

(6) 设立学生创业基金,对创业计划大赛中有良好产业化前景的设计方案或学生提出的优秀可行性项目给予创业基金资助。

2. 成立创业教育研究中心

我省高校可以借鉴欧美国家的经验,在已具有这些条件的高校以管理学科或经济学科院系为依托,成立创业教育研究中心。创业中心可以在以下五个领域开展活动。第一,开展创业教育。创业教育以科学、技术或其他理工科专业的学生为主要对象,并将创业学作为辅修课推广到其他专业中,也开设一些非学分的创业课程。第二,鼓励技术转化。创业中心为大学技术转化提供创业孵化、种子基金和科学园区的服务等。第三,加强与产业界的联系。通过企业为大学生创业提供指导,并对大学生创业竞赛给予资助等。第四,支持创办企业,并鼓励企业成长,主要支持大学师生创办知识衍生型企业。第五,培训创业教育教师。

3. 建立创业教育评估机构

虽然目前湖北省高校创业教育还未形成体系,但建立专业的创业教育评估机构是不可避免的趋势。对创业教育模式有效性的评估,不仅能为学校提供教育反馈,更能起到监督创业教育质量和宣传、扩大创业教育的影响的作用。我们应借鉴美国的研究成果,科学制定我省高校创业教育的评估体系,重新构建科学规范的教师学生评价体系,并将其纳入高校教学评估体系之中。重视建立有利于学生创新创业能力发展的人才评价与激励机制,对创业教育的教学计划、教学质量、实施过程、实践环节和成果业绩加强宏观管理、有效监控、信息反馈和科学评估。

(五) 健全创业教育支持保障体系

首先就要进行与创业教育相适应的社会配套体系的建立和完善,唯有社会对创业的鼓励,对创业教育的支持,对大学生创业者的宽容并营造有利于新生企业产生和成长的环境,才能真正推进我省高校创业教育的发展。

1. 完善创业扶持政策

一是改善融资环境。当前,高校毕业生自主创业最缺乏的就是融资环境。建议针对这些问题采取措施,如尽快建立和完善国有专业银行的中小企业信贷部,建立为中小企业提供担保的机构，以便为高校毕业生创业型就业提供更有利的支持。二是完善政策。建议在高校和社会进行充分调研，充分考虑到政策制定与实施环节的衔接；监督相关主管部门，保障政策实施的流畅；简化行政手续，设立一站式服务，为大学生创业者提供最便捷的服务。三是在鼓励小企业创造和发展方面，与产业结构调整结合起来，大力发展信息产业、文化产业、教育与培训产业、研究与发展产业、医疗服务产业、咨询产业等，尤其是鼓励知识型小企业创建和发展。

2. 建立校园创业服务体系

为大学生建立健全创业支持保障体系，根本在于高校。省内高校可以借鉴北京航空航天大学和上海交通大学等试点高校的做法，从以下几个方面着手系统建立创业服务体系。

(1) 制定鼓励学生创业的有关政策，激发学生的创业欲望。

(2) 建立大学生创业指导中心，一是为创业学生提供创业实务有关的诸如企业管理、工商税务、营销推广、法律法规、物业管理等各项咨询服务；二是指导和协助学生创业团队办理企业注册、工商税务登记、贷款等创业具体事务；三是协助创业团队争取更多的融资渠道，比如专项贷款、风险投资、社会捐赠等。

(3) 建立大学生创业园区，为有创业项目的学生提供一个孵化基地，为其他学生提供提高动手能力的实践场所，以提高大学生的创新创业能力。

创业教育是当代教育中的一种，需要进一步培育，大学生想要创业成功，需要社会、学校、创业者本身三个方面的努力。进行创业教育的途径有很多，只要我们努力思考，积极探索，就能够找到创业教育的最佳途径，从而为社会发展做出更大的贡献。

作者单位：湖北大学商学院、湖北人才发展战略与政策研究中心

湖北省高校创新创业教育与大学生创业现状调查研究

彭红霞　董政宽　宗星宇

一、引言

党中央提出“提高自主创新能力，建设创新型国家”，鼓励以创业促进就业，强调创业离不开创新。2010 年教育部出台《关于大力推进高等学校创新创业教育和大学生自主创业工作的意见》，提出加强创业基地建设，打造全方位创业支撑平台，进一步落实和完善大学生自主创业扶持政策，加强创业指导和服务工作，大力推进高等学校创新创业教育工作。李克强总理在 2014 年夏季达沃斯论坛发出了“大众创业、万众创新”的号召。2015 年，国务院出台《关于深化高等学校创新创业教育改革的实施意见》，对高校创新创业教育改革进行谋篇布局，从完善人才培养质量标准的角度提出 9 个方面的意见，成为高校开展创新创业教育的行动指南。创新创业能缓解毕业生的就业压力，全面推进创新创业教育是顺应教育发展的规律，也是高等教育改革的重点。

我国创新创业教育起步较晚，存在诸多问题。本文首先通过相关文献，分析了湖北省高校创新创业教育的模式和现状；然后进一步对武汉高校大学生进行了问卷调查和访谈，着重分析湖北省主要高校在实施创新创业教育方面存在的问题；最后根据这些问题提出相应对策，希望能为推进湖北省高校创新创业教育的发展提供决策参考。

二、湖北省高校创新创业教育的模式和现状

（一）湖北省高校创新创业教育模式

1. 课程教育为主的创业教育模式

这类创业教育模式还停留在比较粗浅的创业教育阶段，一是学校管理层对创

业教育不重视，二是源于学校自身的资源匮乏，无法引进创业投资公司的入驻或者在学校建立起专门的创业园区为学生提供更多的创业条件。这类创业教育模式主要是在学校课程体系中开设一些通识教育或专业教育的选修课。这只能帮助学生形成对创业的认识或激发学生的创业兴趣，对提高学生创业的实践能力帮助不大。

2．实践教育为主的创业教育模式

实践教育为主的创业教育模式严格来说分为两种。

一类是对外开放程度比较低的创业教育模式。在这类创业教育模式下，学校在开办相关创业教育课程之外，还会举办创业讲座、创业沙龙、创业大赛，甚至在校内给有志于创业的大学生提供创业园区，为创业的大学生提供场地和一定程度的资金补贴。但这类创业教育模式，对外开放程度较低，少有社会上的企业参与，创业者创业项目的客户往往也是面向校园学生群体，而学校对很多创业团队状况也缺乏后续的跟进和引导，有的创业项目甚至只停留在创业大赛的商业计划书上。当然相比于只停留在课程教育阶段的创业教育，的确帮助很多大学生提高了自己的实践能力，开阔了自己的视野，也帮助一些创业团队克服了创业早期的困难。不少湖北省属高校往往采用这种模式。

另外一类是对外开放程度很高的创业教育模式。这类创业教育模式，相较于开放程度低的创业教育模式的高开放程度体现在引进更多社会力量的参与。这类创业教育模式往往与创业投资公司、政府等多方面社会力量共同建立创业园区，提供更与时俱进的创业信息和创业培训，而创投公司的引进也可以减少学校的财政负担，为更多有良好应用价值的创业项目，但缺乏创业资金的创业团队提供雄厚的资金支持，帮助更多创业团队孵化成功。在这类创业教育模式下，很多大学生创业团队从事的领域更加广泛，面向的消费群体也更加复杂。华中科技大学采用的就是这种模式。

（二）湖北省高校创新创业教育现状

1．创业教育未引起足够重视

对很多高校来说，创业教育重视程度不够，往往只是将创业教育视为对就业教育的补充，只停留在表层的课程教育阶段，将创业教育课程作为全校公选课，放在一个培养学生兴趣的层次，而不是对学生进行更深层次的引导和培养。

2. 创业教育体系不完善

从目前湖北省高校创业教育的现状来看,创业课程体系建设不完善是影响创业教育质量的又一大重要因素。创业教育作为近年来被国家高度关注的领域,尽管很多高校对创业教育比较重视,但一个完善的教育体系建设非一日之功,所以创业教育很难像其他学科体系那样规范。

课程体系不完善则很难保证创业教育内容紧跟潮流,符合实际情况,对学生起不到教育的作用。而不完善的课程体系也无法做到真正的因材施教,比如对工科学生来说,应该注重培养学生的管理能力和沟通能力,对经管类学生则应该注重在管理实践方面的培养。

师资体系不完善则影响创业教育的质量。很多高校负责创业教育的老师或是由从事就业教育的行政管理人员兼任,或是由缺乏商业运作经验的老师担任。必然这些老师教导学生时是脱离实际的,无法提供有质量的创业教育内容,而学生也很难学到真正的商业运作知识,对学生创业也是十分不利的。

评价体系不完善则使创业教育不能得到正确反馈。不完善的创业教育评价体系会使创业教育的后续改进和教育方向产生偏差,用什么指标对创业教育的结果进行评估,由谁来负责创业教育的评估都是目前创业教育评价体系亟须规范的问题。

科研体系不完善则会使创业教育缺乏理论支撑,最后流于形式,起不到真正的教育作用。创业教育不同于其他教育,它的强实践性就要求进行研究时需要更加深入社会实践从而提炼理论。同时创新创业作为一个涵盖了心理学、营销学、教育学、会计学等诸多跨度很大的学科领域,对从事创业教育的研究人员的知识水平也提出了极高的要求,因此,很多创业教育的科研体系建设任重道远。

经费体系不完善则使创业教育缺乏物质保证。创业教育经费由什么部门发放,哪些领域是创业教育经费负责支出,是否有专项的经费,这些都是湖北省现今所有高校需要明确的问题。不完善的经费体系极大地阻挠了创业教育的顺利开展,影响了创业教育的效果。

3. 创业意识缺乏

学生是创业教育的主体,从事创业教育的教师应由知识传授者转变为能力培养的引导者，学生应从被动接受者提升为主动研究者。在教学改革中，教师应该基于学生情况进行课程教学，但是由于学生的个人能力、知识理解等方面不尽相同，同时由于课堂教学中不可避免地存在个体差异与群体教学的矛盾，这使得学生和教师的角色无法真正实现转换。因此我们可以看到在创新创业教学实践中，学生往往习惯于被动学习，缺乏创新创业意识，对问题无法深入探究，对不懂的领域缺乏主动学习的热情，在创业萌芽和创业实训中遇到困难，很难坚持或深入研究，往往由此导致错过良好的创业时机，学生创业的成功率低。产生的连锁反应使学生很容易形成创业的挫败感，无法在整体上形成良好的创业氛围。

4. 缺乏完善的创业追踪和保障机制

创业教育不同于传统的理论教育和专业教育，它不仅仅是一个传授知识的过程，还需要高校对创业团队的后续跟进和资金保障。很多高校在建立创业园区为创业团队提供场地等服务后，往往很少继续跟进创业团队的后续工作，并针对创业团队现行状况进行针对性再培训、再教育。创业教育应该是一个持续的教育过程，而不是在一个时点的教育，针对创业团队不断遇到的问题进行教育内容的调整，一来可以帮助创业团队平稳渡过创业初期的艰难困境，二来可以完善创业教育的内容，形成更有针对性、更符合实际要求的课程体系。缺乏完善的创业保障机制则是很多创业团队中途夭折的一个重要因素，但是光靠学校的财政支持显然是不合理的，因此，如何引进更多资金，让社会力量参与其中，形成一种更为合理的创业保障机制也是高校需要解决的问题。

总的来说，通过对国内创业教育相关文献提出的问题来看，湖北省的创新创业教育现状和问题既有普遍性，又有其特殊性。在创业教育过程中都不可避免地出现了创业教育的思想意识落后、师资和环境力量的匮乏等问题，但也探索出了一些独具特色的创业教育模式和一些相应的问题，譬如缺乏完善的创业追踪和保障机制。当然，这些也是我们接下来所要研究的和亟待解决的问题。

三、湖北省高校创新创业教育与大学生创业实践调查分析

（一）调查设计

为了全面准确地了解湖北省高校创新创业教育的发展现状以及各高校大学生

创业实践现状,本文以武汉市几所高校的学生为调查对象,对湖北省高等学校的创新创业教育发展现状和创业实践现状进行了调查,主要是以问卷调查和半结构式访谈的方式对在校学生、毕业 3 年内的学生进行调查和访谈,并结合目前搜集到的高校毕业生就业质量报告等资料,进行效果分析,进一步发现目前湖北省高校在创新创业教育的实施过程中存在的问题以及学生们在创业实践中遇到的问题。

针对在校大学生的调查问卷主要包括三部分的内容:①被试的基本年龄、受教育阶段信息;②高校学生对创业的理解与意愿,包括创业意识、创业知识和创业能力;③高校学生对本校目前开展的创新创业教育现状的理解和评价等。此调查问卷共由 20 个问题组成。针对已经毕业 3 年左右的学生进行了访谈,访谈提纲共有 6 个问题,主要包括的内容有以工作者或创业者的角色对创业的理解与选择,以及通过对高校创新创业教育对自身的实际帮助来发现高校在创新创业教育中实际存在的问题并据此提出切实有效的建议。对各高校的创新创业教育的组织管理问题主要是通过网络及材料搜集获得,以此了解目前高校的一些对创新创业教育的组织管理模式。

(二) 样本情况分析

本次关于在校学生对湖北省高校创新创业教育与大学生创业实践的调查问卷通过网络链接和线下两种途径发放,共回收有效问卷 207 份,其中线上 129 份,线下 78 份。调查对象主要是湖北省高校的本科生和研究生。样本情况分析见表 17。

表 17 样本情况分析

性别		年龄		年级	
男	51.7%	18 岁及以下	2.4%	大一	7.2%
		18~22 岁	73.9%	大二	1.4%
女	48.3%	23~30 岁	23.2%	大三	37.7%
		31 岁及以上	0.5%	大四	30.0%
				研究生(含博士)	23.7%

(三)大学生创业现状分析

1. 创业意愿、创业选择与创业障碍

在表 18 中学生是否有创业的意愿这一项里,明确表示没有意愿的学生占到了55.6%,明确表示有意愿的学生占 11.6%,31.4 %的学生表示不确定,这也说明越来越多的学生逐渐有创业的想法,但大部分学生对创业望而却步,意味着高校创新创业教育需要进一步普及。对于高校来说,创新创业教育应该面向全体学生。

表 18　学生是否有创业的意愿

选　　项	小　　计	比　　例
是	24	11.6%
否	115	55.6%
已创业	3	1.4%
不确定	65	31.4%

表 19 结果显示,47.3%的在校大学生选择自己感兴趣的领域进行创业,34.8%的在校大学生选择与自己专业相关的领域进行创业,10.6%的在校大学生选择启动资金少、风险低的领域进行创业。可以看出,兴趣和专业方向是大学生进行创业领域选择的重要因素,所以说学校的创新创业教育应该着重激发和培养学生的兴趣,在高校教育中,做到以学生为本,鼓励个人创造力的发挥,增加学生的创新创业的可能性以及将专业教育和创新创业教育相融合。

表 19　学生创业时选择的领域

选　　项	小　　计	比　　例
与自身专业相关的领域	72	34.8%
自身感兴趣的领域	98	47.3%
与学生需求相关的领域	6	2.9%
当今热门领域	9	4.3%
启动资金少、风险低的领域	22	10.6%

表中数据保留一位小数,由于四舍五入的原因,所有比例相加不一定得 100%,下同。

数据显示,部分大学生对是否有创业的意愿表示“不确定”,而根据表20创业障碍因素调查结果显示,大学生创业的主要障碍因素是“资金”,有78.3%的学生选择,其次是“风险承受能力和经营管理能力”。这表明高校以及政府对大学生创业的资金政策上的支持力度还有待加强,同时大学生对企业的经营管理能力欠缺,意味着高校可以针对性地请知名企业家开展相关的教学讲座。

表20 学生创业所认知的障碍

选项	小计	比例
资金	162	78.3%
专业技术	79	38.2%
经营管理能力	108	52.2%
风险承受能力	131	63.3%
创业点子	74	35.7%
人际关系	58	28.0%
家人的意见	11	5.3%

2. 创业意识、创业知识、创业能力

为了进一步了解湖北省大学生创业各方面基础素质情况,问卷设置了三组综合量表型题项,分别从各个方面对大学生的创业意识、创业知识和创业能力进行分析。选项从很弱到很强共分为五级,详细信息见表21。

表21 大学生创业各方面基础素质情况

因素	构成要素	要素均值	总均值
创业意识	创业需要	2.72	2.88
	创业兴趣	3.13	
	创新信念	2.79	
创业知识	专业知识	2.71	2.63
	人力资源管理知识	2.67	
	财务管理知识	2.64	
	市场营销知识	2.76	
	政策法规知识	2.56	
	工商税务知识	2.42	

续表

因　　素	构 成 要 素	要 素 均 值	总　均　值
创业能力	认知能力	2.91	2.93
	自我学习能力	2.97	
	创新与实践能力	2.89	
	专业能力	2.93	
	领导与组织能力	2.88	
	协调与沟通能力	2.98	

调查结果显示，湖北省高校大学生的创业意识、创业知识和创业能力三大因素的均值得分为：2.88、2.63、2.93。可以看出创业意识略高于平均水平，其中大学生创业兴趣明显高于创业需要和创业信念，这表明大部分学生对创业存在兴趣，但是可能考虑到创业过程、创业环境等因素的影响，从而对创业成功的信念不高。创业知识得分较低，说明大学生对创业知识方面的掌握表现较差，尤其是财务管理知识、政策法规知识和工商税务知识的缺乏，这表明湖北省高校创新创业课程设置并没有满足学生的需求。创业能力表现稍强于创业信念和创业知识，说明高校的人才培养模式起到了一部分的作用，能提高学生各方面的综合能力，但是在引导学生开展创业活动上，还有待提高。

（四）高校创新创业教育现状分析

1. 课程设置

为了了解湖北省高校创新创业教育课程设置的状况，包括开设课程、开设效果、课程类型等，在问卷中对此设置了若干问题，具体情况见以下分析。高校是否开设创新创业教育课程问卷见表22。

表22　高校是否开设创新创业教育课程

选　　项	小　　计	比　　例
是	160	77.3%
否	17	8.2%
不清楚	30	14.5%

从表23来看,湖北省高校创新创业教育课程的形式主要是以选修课为主,这与全国大范围内创新创业教育课程设置所存在的问题一致:不重视创业教育。由于创新创业教育课程大多为选修课,学生参加的积极性显然不如必修课,从而使得创新创业教育课程所达到的效果大打折扣。

表23　高校开设创新创业教育课程的形式

选　　项	小　　计	比　　例
必修课	25	12.1%
选修课	145	70.0%
两者兼有	37	17.9%

从表24中我们得出,高校目前进行的创新创业教育课程以创业管理、创业战略、创业学理论和创业营销等培养为主,创新意识的培养涉及较少。且还有23.7%的学生并不清楚上课内容,这也从侧面显示了学生对课程的不重视或高校对课程的不重视,不管是哪一方面的不重视,如果不加以改进,最后创新创业教育难免流于形式。

表24　本校创新创业教育课程主要涉及的内容

选　　项	小　　计	比　　例
创业学理论	75	36.2%
创业管理	102	49.3%
创业战略	87	42.0%
创业营销	67	32.4%
财务管理	42	20.3%
法律法规	38	18.4%
商务谈判	36	17.4%
创造力	26	12.6%
不清楚具体上课内容	49	23.7%

而表25中,66.2%的被调查学生期望获得企业管理知识,57.5%的学生期待

获得企业战略理论知识。与表 24 对比来看，我们发现湖北省高校创新创业教育课程在理论方面的教授还是很契合学生的需求，但是在营销、谈判等能力培养上还比较欠缺。所以高校在创新创业教育课程设置上可以考虑加强营销策略、谈判技巧等与实践能力紧密结合的创业教育。

表 25　学生想获得的创新创业知识

选　　项	小　　计	比　　例
创业学理论	110	53.1%
企业管理知识	137	66.2%
企业战略理论	119	57.5%
营销理论	95	45.9%
财务管理	96	46.4%
法律法规	93	44.9%
谈判策略	73	35.3%

从表 26 的结果来看，学生普遍认为目前高校的创新创业教育课程脱离了创业实践，更多地停留在理论指导方面，且与专业教育的融合不够。创新创业教育课程应该针对不同的专业，设置不同的课程内容。比如，针对理工科的学生，应该更多的是企业管理、战略管理和营销等其他创业方面的知识；而文科类则重点在于引导学生参加各种创业实践活动，提高创业实践能力。

表 26　学校创新创业教育课程评价

选　　项	小　　计	比　　例
贴合创业实践	31	15.0%
脱离创业实践	101	48.8%
与专业课深度融合	18	8.7%
与专业教育脱节	91	44.0%
不清楚	61	29.5%

2. 师资设置

如果说创新创业教育的组织者是高校，那么真正落实的就是高校教师，教师是教学活动中培养学生各方面能力的主体。一般来说,创新创业教育的师资来源于两个方面:一是具有创新创业经历的理论知识深厚的教师,这类教师一般负责学生的理论课程的指导;另一方面是企业聘请来的成功企业家,以兼职讲师的身份向学生传授自身的成功经验。

从表27和表28中的调查结果来看,25.6%的学生不清楚老师的来源,54.6%的学生知道老师来自就业指导中心。可见在师资来源方面,湖北省高校与全国高校普遍情况是相符的。

但84.1%的学生期望能有成功企业家进行创新创业方面的授课,其次75.8%的学生期望有创新创业领域的专家进行授课指导。因此高校可以聘请企业家、创业成功人士来校开展讲座,或者作为兼职教师进行创新创业实践指导。值得注意的是,不同类型的专业在引进教师时应注意选择性。外聘教师的选择要与高校专业相融合,具有实战经验的企业家、管理人才适合理工类专业;而科技转化成果丰富的工程技术人员和实践经验丰富的管理人员则适合经管类专业。

表27 学校创新创业教师来源

选　项	小　计	比　例
商学院教师	72	34.8%
就业指导中心教师	113	54.6%
成功企业家	28	13.5%
领域内专家	24	11.6%
不清楚	53	25.6%

表28 学生希望的学校创新创业教师来源

选　项	小　计	比　例
专业课任课教师	42	20.3%
就业指导中心教师	60	29.0%
成功企业家	174	84.1%
创新创业领域专家	157	75.8%

3. 创新创业教育实践途径

创新创业教育实践途径一般来说是指学生接受创新创业知识的途径。根据表29的调查结果显示，创新创业讲座、课堂教学和网络环境是学生接受创新创业教育的主要途径。

表29 学生接受创新创业教育的途径

选　　项	小　　计	比　　例
课堂教学	120	58.0%
校内创新创业实训平台	76	36.7%
创新创业讲座	136	65.7%
校企合作教育	49	23.7%
跨校合作教育	43	20.8%
网络环境	91	44.0%
校园环境	56	27.1%

本次调查还对学生期望获得学校哪方面的创新创业帮助做了相关调查，表30中的数据显示，有77.3%的学生期望获得更多的创业实习机会，其次是资金支持。从目前了解的数据来看，学生在将创新成果转变为创业成果的过程中还存在许多问题，资金就是其中之一。政府和学校应该密切关注各大创业竞赛成果的后续跟踪指导。

表30 学生期望获得学校哪方面的帮助

选　　项	小　　计	比　　例
相关政策解读	105	50.7%
资金支持	137	66.2%
更多的创业实习机会	160	77.3%
技术指导	104	50.2%
创业孵化基地	87	42.0%
提供有效的市场信息	87	42.0%
项目扶持后的后续指导	82	39.6%

四、湖北省高校创新创业教育存在的问题

在教育部、省教育厅的领导下，湖北省高校创新创业教育虽取得了长足的进

步，但根据调查的数据来看，仍然在一些方面存在不足，主要表现为以下几个方面。

(一) 创新创业课程理论与实践脱离

根据调查数据显示，学校注重理论知识传授，实践性知识传授的途径少。而且，传授的理论知识在学生创新创业实践活动中用得到的也较少，而在大学生创新创业实践中所需的知识支撑在所学理论中也很少有，理论知识与实践能力脱离较大。高校通过创业就业指导、创业讲座等传授关于创新创业教育的理论知识，问卷中学生们在选择参与的创新创业教育形式时也是以选修课程、创新创业讲座为主，且绝大部分学生表示学校的创新创业教育脱离创业实践。

目前，社会整体对创新创业的内涵理解不深入，更多的人只重视创业或将其认为是缓解就业压力的一种途径，创新意识薄弱。高校组织的创新创业教育理论讲授也大部分被并入就业指导讲座或者课程中，或者是为了响应国家的号召，简单地进行一些形象工程，目前还是处于创新创业教育的浅层次，并未真正深入创新创业教育的内涵，对学生的教育也是停留在理论和就业创业指导方面。其次是我国一直以来传统应试教育的负面影响，使得学生不会思考，缺乏创新意识，这些都让创新创业教育的灵魂——创新创业精神不能得到有效发展和传承。

(二) 创新创业教育脱离专业教育

高校目前开展的创新创业教育课程基本上是以课堂教学和创新创业讲座为主，在课程内容上没有根据学生的层次进行针对性的调整，更没有与学生的专业教育相结合。课程的侧重点有两个方面：一是普及教育，让学生意识到存在这样一种教育；二是侧重创业过程的技巧或者技能，这些课程往往同学生的专业没有直接关系，是独立进行的。所以，创新创业教育成了业余的创新创业体验活动，没有与专业教育融合来提升学生对专业知识的感悟。创新创业意识要融合在学生的知识文化中，产生化学反应来引起学生对认知的进一步升华，将知识转化为实际生产力。创新创业意识需要依赖专业知识才能发挥效力。

对创新创业教育的认识不当将创新创业固着于简单的技术操作，忽略创新创业能力是建立在专业知识基础上这一深层概念。同时，这种局限于表面的创新创业教育也容易将高校引入歧途，就是目前的教育课程体系不需要进行根本的变革，在专业教育之外增设关于创新创业的讲座或者选修课，就可以说是进行了创新创业教育。然而基于这种价值观指导下的创新创业教育,也不会得到其真正的开展效果。

(三) 师资力量薄弱且缺乏实践经验

创新创业教育在我国尚处于初步发展的时期,教师的作用显得尤为重要,只有当教师具备创造创新意识,才能在教学中培养学生的创新创业能力和意识。但从整体上来看,湖北省高校创新创业师资力量缺乏,教师经验不足。更多的创新创业教师来自就业指导中心或商学院,这些教师往往缺乏创新创业的实践经验。仅仅依靠学校的教师资源,难以发挥应用的作用,提供有效的指导。

(四) 学生的参与积极性不高

从我国的整体情况来看,大学生创业率仅为3%,但是2016届湖北省毕业生的创业率仅为0.46%,远低于全国水平。就当前的情况来看,我国的创新创业教育主要还是在课堂上进行理论教学,虽然也开展了一些创新创业实践活动,但流于形式的活动占大多数,活动的效果也不甚理想。部分积极参加各类创业实践活动的学生在作品获奖后就将作品置于脑后,没有进行后续的市场性操作。而因为资源的限制,更多的同学只是停留在课堂的创新创业教学,实践机会比较少。因此创新创业教育还局限于“纸上谈兵”,教学效果不甚理想,学生的参与积极性也不高。还有部分学生对创新创业教育相关课程的重视程度不够,认为创业是离自己非常遥远的事情,信心不足,疏于准备。

五、对策与建议

(一) 明确创新创业教育观念

当今大学生教育应当秉承素质教育的理念,培养学生的综合素质,而不是只是对学生进行专业的教育。而且创新创业教育应该是面向全体学生的“大众教育”,目的是培养学生的创新精神和创业能力,而不是只针对少数学生的“精英教育”。因此,高校应转变教育观念,让全体学生都接受创新创业教育,培养学生的创新精神和创业意识,再针对不同层次的学生进行创业实践辅导,让全体学生都有机会参与创新创业教育实践活动。将以往把创新创业教育简单理解为缓解就业压力而进行的教育转变为视创新创业教育是培养学生创新思维和提高创业能力的高度这一层次上。明确创新创业教育在高校“正规教育”的地位,将创新创业落实到教育实处,提高创新创业教育的地位,将创新创业课程作为主修课程,为培养学生的创新精神,提高学生的创业实践能力而努力,为培养学生的创业兴趣,促进学生的全面发展而努力,为培养出真正的创新创业人才而努力。

(二)系统整合高校创新创业课程体系

1. 创新创业教育课程注重普适性

在课程设置中注重普适性主要体现在以下两个方面。

一是课程内容的普适性,即开设的课程内容、传授的创业知识真正符合创业实践,课程内容有的放矢。例如,可以在课程中详细介绍公司创办的具体流程、待人接物的恰当礼仪、商业谈判的有效策略。

二是课程对象的普适性,即变“选修课为主”为“必修课为主”。设立教育学分,开设与创新创业相关的公共课程,从组织形式上引起教师与学生对此教育的重视;也可以敦促更多的学生接受创新创业教育,即使没有创业意愿的学生也能通过这些课程的学习培养其创新精神,提高学生的创造力,了解公司从创办到运营的详细过程,为其未来的职业生涯夯实基础。

2. 创新创业教育课程注重层次性和区别性

培养全体学生的创新创业意识,并不意味着要让所有学生都走上创业的道路。其目的:一是为了帮助中国学生形成一种探索精神和创新精神,给高校学生在今后职业的生涯中提供一些帮助;二是给高校大学生提供另一条职业道路。所以高校的创新创业课程要针对不同层次的学生,根据不同的教育目的,进行分层次的教育。

可以对学生进行初步的调查,根据学生创新需求和创业兴趣的程度分为初级、中级和高级三个阶段,并针对性地设置三个阶段的不同课程内容。初级课程应主要以培养学生创新意识和动手操作能力为主的通识教育。经过初级课程学习且还有意向进一步接受学习的学生或具有一定创业基础的学生,可以开设中级创新创业实践课程。例如:科技创新实践导引、企业管理等技能培训课程和科研训练、创业计划大赛等创新创业实践课程。对有完整的可行性创业项目或者有强烈创业意愿,且完成了中级课程,达到了一定的创业者素质要求的学生,则开设高级阶段的课程，通过培养他们的创新创业能力，鼓励这一阶段的学生形成自己的创业项目并引入高校的创业孵化基地中，在实践中，不断获取企业成长的技巧和方法。

高校的创新创业课程应与专业教育相结合，根据不同专业的学科特色，因材施教，设置不同内容的创新创业教育课程。对理工科类学生，应重点培养技术成果转化能力；对文科类学生，可以重点培养学生的营销、策划能力。同时注重各专业间的相互配合，创建创新创业小组，使各专业充分发挥自身优势，发挥出 1+1>2 的协同创新创业效力。

（三）构建实践基地，扩大学生实践概率

根据调查了解，目前高校普遍缺乏创新创业教育实践基地，而创新创业教育要想较好地进行，需要创新创业实践基地的大力配合。一来创新创业教育实践基地可以作为高校学生了解社会的窗口，二来创新创业教育实践基地也可以为一些初创的创业团队提供场地支持。

1. 丰富校内创新创业实践活动

高校可以通过开展各类创新创业竞赛活动来激发学生的创业兴趣，并将学生的兴趣逐步转化为可操作的创业项目，为学生搭建实践平台，积极推动创新创业计划的生成。依托现有的高校创新创业孵化基地、创业园、科技园等，充分为高校学生提供实践场所。对优秀的创新创业项目，学校应该重点关注，为学生提供更加优惠的政策支持和更专业的技术指导，以保障其后续发展。

2. 校企合作，打造实践平台

在对在校学生的调查问卷中，将近 77.3%的学生期望学校能为其提供更多的创业实习机会。这就要求高校与当地企业积极对接与合作，为学生提供参观、实践的机会，做到理论与实践相统一，共同促进创新创业意识和能力的培养。

同时，高校也能为对接的企业提供发展新思路或者帮助企业进行技术成果研发、根据企业的需要进行相关研究。高校为企业提供智力支持，帮助企业解决管理、技术上的困难，吸引企业与高校进行合作，而企业承接高校的学生，为其提供良好的实践基地。这样高校学生既得到了实践锻炼，企业也获得了技术和人力资本的支持，有利于高校和企业的“双赢”，形成一个良好的生态循环。

(四)壮大师资力量,改进教学方式

1. 内部选拔与外部招聘教师相结合

首先,对现有创业教师进行培训筛选,提高内部创新创业教师的教学能力。并对研究和丰富创新创业教育理论的教师给予一定的物质鼓励和精神激励,要求创业教师深入创新创业活动中,并将其转化为教育资源传授给学生。

其次,除了内部选拔这一途径之外,还可以通过外聘成功的企业家或创新创业领域专家的方式来补充高校匮乏的创新创业教师资源。对外聘教师也可以不要求其全职授课。基于调查问卷,可以看到,有 84.1%的学生期望能有成功的企业家进行创新创业方面的授课。所以,高校可以聘请企业家、有成绩的创业人士作为学校的创业导师来校开展讲座,或者让高校学生去其企业接受创新创业实践指导。

通过内部选拔和外部招聘,可以改变高校创业教育教师对创业实践不了解的格局,提高教师对创新创业教育的重视,也可以满足学生对创新创业教育的需求。

2. 改进教学方式,着重培养学生的创业意识

高校创新创业教育应采用项目式教学方式。高校创业教育不应只是商学院或是某一学院的责任,而是整个高校各院系之间共同的责任。应成立单独的管理机构,将各院系联系起来,加强各院系间的合作,实行学院联合授课。可以从不同的学院,甄选优秀的学生组成创新创业学习小组,这样不同学科的专业优势得以发挥,形成互补,碰撞出思维的火花,激发学生的创业灵感。

同时高校之间也应相互合作和加强交流,充分利用互联网联系便利、资源共享的特点,分享优质创新创业课程,共创尖端的创新创业团队。积极开展实验项目,鼓励学生将新观点、新研究应用于实践活动中来检验创新观点是否适合社会的发展。通过课程讲述和实验教育,培养学生的实践创新能力。

教师在课堂中应该多采用案例分析、小组讨论等方式激励学生联系实际,提出自己的建议,培养批判性思维。教师也要对学生提出的建议及时反馈,帮助学生认识到自己的不足。学生的批判性思维是创新精神的必需品,高校要组织好创新创业教育,必须在教学中培养学生的独立思考能力和批判精神。

3. 完善创新创业教育网络平台,普及平台教育

网络教育资源作为高校课程教育资源之一,可以完美地补充学生在平时上课

课程中学不到的知识，也可以使学生实现自由学习、自愿学习。通过了解，湖北省各高校图书馆均开设了类似的创新创业教育网络平台，学生可以在平台上了解相关行业的创业环境、创业形势，还可以针对性地观看各类“创业明星”的创业、就业、择业指导视频。显然，创新创业教育网络平台可以很好地为学生解决自身的相关问题，学习课堂上学不到的知识。但是，各高校的宣传和引导不到位，很多的学生根本不了解学校还有这一类网络教育平台，使得这类网络教育平台成为一项“表面资源”。高校应该根据创新创业教育网络平台的内容，针对性地开展相关学习讲座，引导学生利用好网络教育资源，从而弥补很多学生教师指导不到位的窘境。

（五）营造创新创业校园氛围，追求“浸入式”教育

营造自由、民主、积极的校园创新创业氛围，以“润物无声”的浸入式教育方式深化学生对创新创业的接受程度，良好的创业氛围也有助于提高学生创业的积极性，降低学生对创新创业会失败的心理负担，激发学生对创新创业的热情。

营造良好的创业氛围应做到以下几点。

一是完善校内关于创新创业信息传递的功能。通过之前的调查显示，大部分学生是从大众媒体上了解到创新创业政策，通过学校得知政策的学生较少，然而学校作为学生学习最直接的提供方，应该完善信息服务平台，第一时间宣传和讲解政府出台的最新创新创业政策，为学生提供各种创新创业计划大赛、项目、资源等信息咨询服务。同时主动宣传校内、省内乃至全国的创业竞赛、大学生创新创业大赛等。

二是利用校园网络、校园广播、校园期刊等传播工具普及学生对创新创业的正确认识，积极宣传创新创业教育的正能量，引导学生主动适应创新创业教育方式。

三是重视学生创新创业社团等正式群体以及创新创业论坛等非正式群体，在全校范围的创新创业社团和论坛中，汇集来自不同专业、不同年级的创新创业爱好者，各有所长的学生在社团中更容易激发出创业的火花，高校应该重视社团的作用，充分发挥创新创业社团在学生与学校间的桥梁作用。

四是院系之间、高校之间相互合作，共同组织创新创业项目大赛等实践活动，让学生在真枪实战中检验自己的创新创业能力，在学校中就预先感受社会竞争的程度，通过实践锻炼的学生更能明白进行创新创业的着重点。

当整个高校甚至是整个社会都在弘扬创新创业精神的时候，学生如同浸泡在自由、宽容、鼓励创新创业的环境中,潜移默化地接受着教育的洗涤,思想观念发生质的转变也是必然之势。

(六) 建立创新创业教育的评价和跟踪反馈机制

一个完善的创新创业教育生态系统,不仅需要创业知识的传授,教育传授过程的师生互动,创业实践,还应该需要创业教育评价、跟踪,这样才是一个完整的生态链。因此,建立创新创业教育的评价和跟踪反馈机制势在必行。

1. 建立创新创业教育的评价机制

通过我们的调查和访谈可以发现,多数高校是缺乏创业教育评价的,甚至不认为这是必要的。然而这一环节的缺失往往使创业教育流于表面,成为一个面子工程。须知,缺乏对学生创业教育课程和创业实践效果的评价,那么老师无法获知创业教育过程中存在的问题,学生也会因为缺乏与老师交流的途径而对创业课程丧失热情。而一个合理的评价机制,一来可以帮助学校和老师明白创业教育过程中哪些内容是符合学生需要的,哪些内容是学生不需要的,从而帮助改进创业课程和调整内容;二来可以给学生一个提出建议的门路,让课程内容更符合自己创业的需要。所以,可以考虑在创业教育的每一阶段发放相关的课程评价问卷,便于老师和学校对下一阶段的创业教育进行调整,在创新创业教育的教室里放置可以匿名提建议的建议箱,或建立专门的网站允许学生匿名对创业课程内容、对课程老师的教学在课程结束后进行评价。

2. 完善创新创业教育的跟踪反馈机制

如果创新创业教育评价机制是针对创业课程的反馈,那么创新创业教育的跟踪反馈机制则是了解已经进行创业的学生进行的反馈。调查发现有近40%的学生需要项目扶持后的后续指导,这说明还是有一部分已经创业的学生需要学校的后续创业支持。

毕竟,很多学生在接受创业教育后开始创业,在公司初创期还是需要学校扶持的,而若是对此视而不见,那么可能就是中途夭折的命运。对这些初创的创业团队,学校应提供一些力所能及的帮助。一来可以帮助这些创业团队渡过初创期的艰难,提高大学生创业的成功率;二来可以更深入地了解学生创业困难的症结,也能使高校创业教育更接地气,更符合创业的实际情况;三来可以让创新创业教育课程更具有针对性，甚至能提高创新创业教育老师的教学水平。因此，尽管后续的创新创业教育跟踪反馈机制可能需要耗费更多人力、财力，但从长远来看，有利于学校办学水平的提高，甚至这些成功的大学生创业者也更愿意反哺自己的母校。

建立创新创业教育的跟踪反馈机制应做到以下几点。

一是建立一个创业交流平台，平台具体形式各高校可以根据自己学校的实际情况来建立，资源丰富的学校可以建立专门的交流场所，缺乏资源的高校可以建立网络平台。通过这些交流平台，学校能及时了解创业团队目前的问题，学生也可以及时寻求自己母校的人脉或是知识支持。

二是设立专门调查专员负责对新创的创业团队的运营情况进行了解，反映他们在创业过程中遇到的困难。

三是对汇总后的创业困难按难易程度酌情对其提供帮助，并定时总结学生在创业过程中遇到的共性问题，有针对性地改进学校创业教育的形式。

作者单位：湖北大学商学院、湖北人才发展战略与政策研究中心

促进湖北大学生"互联网+"创新创业发展研究

龚　梦　周勇涛

"互联网+"行动计划是李克强总理在2015年3月"十二届全国人大三次会议政府工作报告"中首次提出，在《国务院关于积极推进"互联网+"行动的指导意见》和《国务院办公厅关于发展众创空间推进大众创新创业的指导意见》等后续的政策文件中，明确将创新创业、协同制造、现代农业等11项产业列为"互联网+"融合的重点领域和目标任务，而"互联网+创新创业"为行动之首。"互联网+"是把互联网的创新成果与经济社会各领域深度融合，推动技术进步，提升实体经济创新力和生产力，形成更广泛的以互联网为基础设施和创新要素的经济社会发展新形态。在全球新一轮科技革命和产业变革中，互联网与各领域的融合发展具有广阔前景，正对各国经济社会发展产生着战略性和全局性的影响。因此，"互联网+"行动计划是党中央国务院为形成经济发展新动能，实现中国经济提质增效升级而提出的重大战略部署。"大众创业、万众创新"是中国经济转型的重要动力，在"双创"浪潮下，围绕云计算、大数据等新兴技术应用开展"互联网+"创业成为大势所趋。

中国"互联网+"大学生创新创业大赛是有重要影响力的国家赛事，迄今已举办四届。刚在厦门大学举办的第四届大赛参赛规模创造了新的历史纪录。境内报名参赛的有2278所高校的265万名大学生、63万个团队，参赛项目和学生数为上届比赛的1.7倍，实现了区域、学校、学生类型全覆盖。该赛事也产生了巨大的经济与社会效益。在第四届"青年红色筑梦之旅"活动中，教育部组织在福建古田、江西井冈山、陕西延安、山东沂蒙山、河北西柏坡、安徽小岗村、宁夏闽宁镇等地开展了大学生创新创业项目与当地需求的全国对接活动，各地各高校广泛组织省级和校级对接活动，累计有2238所高校的70万名大学生、近14万个创新创业项目参与活动，对接农户24.9万户、企业6109家，签订合作协议4200余项，产生经济效益近40亿元。特别是,该项赛事进一步拓展国际赛道,实现创新创业教育交流合作从"丝绸之路经济带"到"21世纪海上丝绸之路"的全面布局,构建全球创新创业教育共同体。

湖北是科教大省,拥有各类大学超过120所,在校大学生140余万。2018年,湖北高校毕业生人数再创历史新高,达到43.1万人。前程无忧旗下的"应届生求职网"对来自武汉37所高校的1942名2017届毕业生进行了就业意向调查,结果显示在职业规划方面,选择自由职业和创业的学生占比38.94%。2019年是武汉大力实施大学生留汉工程的中坚之年,2017年与2018年已落户近25万大学生,总体目标是"5年留下100万大学生"。如何实现这个目标,既是对湖北大学生工作的一个挑战,更是一种发展的机遇。特别是,湖北作为长江经济带的中心地区,作为省会城市的武汉是国家重点发展的八大中心城市之一,也是中国潜在的第一线城市,而人才是城市发展的首要条件,这必然要求将湖北高校140余万的大学生资源转化为优质的创新型人才,成为城市发展的优质资产,而"互联网+创兴创业"行动为这一战略发展提供了可施行的路径。

中国"互联网+"大学生创新创业大赛也成为湖北省高校重要的大学生创新创业活动。四届比赛以来,全省高校参赛项目逾4.4万个,参赛人数达到21万。省教育厅要求各高校参与大赛活动的人数要占到在校学生的1‰。可见,湖北大学生"互联网+"创新创业发展不仅仅是一个比赛活动,更成为当前我省高校教学改革重要的一部分。它既深化高等教育综合改革,充分发挥湖北高校优质大学生资源,激发大学生的创造力,培养造就大众创业、万众创新的生力军,以创新引领创业、创业带动就业,推动湖北高校毕业生更高质量就业,同时,它也促进湖北"互联网+"新业态的形成,是打造湖北新的经济增长点的重要途径。"互联网+创新创业"为广大的学生群体提供了广阔的发展空间。

本研究具有强烈的现实意义,研究成果可以为政府、高校、相关领域风投机构等单位制定相关政策、资助措施、教学改革与成果市场转化的决策提供客观、充分、全面与科学的信息依据,也可以为解决当前大学生创新创业面临的问题提供必要保障。

一、湖北大学生“互联网＋”创新创业发展现状

(一) 湖北大学生“互联网＋”创新创业

1. 创新创业大赛现状

为了贯彻落实《国务院办公厅关于深化高等学校创新创业教育改革的实施意见》(国办发〔2015〕36 号),进一步激发高校学生的创新创业热情,展示高校的创新创业教育成果,省教育厅联合省经信委、省科技厅、省人社厅、团省委、省科协于 2015 年 9 月 1 日至 2 日举办首届中国“互联网＋”大学生创新创业大赛湖北省复赛。同时,根据《教育部关于举办第二届中国“互联网＋”大学生创新创业大赛的通知》(教高函〔2016〕4 号)、《教育部关于举办第三届中国“互联网＋”大学生创新创业大赛的通知》(教高函〔2017〕4 号)、《省教育厅关于举办第三届中国“互联网＋”大学生创新创业大赛湖北省复赛的通知》(鄂教高函〔2017〕10 号)精神,我省分别由省教育厅联合省委宣传部、省发改委、省经信委、省科技厅、省财政厅、省人社厅、团省委、省知识产权局于 2016 年 9 月 10 日至 11 日举办了第二届中国“互联网＋”大学生创新创业大赛,省教育厅联合省发展和改革委员会、省经济和信息化委员会、省科学技术厅、省人力资源和社会保障厅、省知识产权局、共青团湖北省委于 2017 年 7 月 31 日至 8 月 1 日、2018 年 9 月 8 日至 9 日举办了第三、四届中国“互联网＋”大学生创新创业大赛湖北省复赛。

大赛的目的,就是希望各高校要以大赛为契机,激发大学生的创造力。把大赛作为深化创新创业教育改革的重要抓手,加快培养“互联网＋”相关领域急需的应用型、复合型创新创业人才,推动赛事成果转化和产学研用紧密结合,促进“互联网＋”新业态的形成,推动高校毕业生更高质量地进行创业就业。积极将社会资源转化为育人资源,在创新创业导师队伍建设、创业项目经费支持、创业基地建设、创新创业课程与教材建设等方面,加强与产业界、投资界的合作,优化创新创业教育的条件,提升育人质量。促进科技成果转化,推动大学生创新创业项目落地实施、投入市场实践,努力开创高校创新创业教育工作新局面,努力打造深化创新创业教育改革的知名品牌和重要载体。

据统计,目前全省高校累计有参赛学生 32 741 人、54 235 人次,参赛项目

12 425项。复赛采用校级初赛、省级复赛二级赛制。各校初赛推荐 12 290 个项目进入省级复赛，项目涉及餐饮、购物、交友、农业、教育主题等。大赛取得了良好的社会与经济效果。

2. 创新创业大赛结果

首届比赛：我省的复赛中，经学校推荐、大赛专家委员评审、大赛组委会审核，最终评出大赛金奖项目 18 个、银奖项目 36 个、铜奖项目 107 个。另外，还有集体贡献奖 8 个、优秀组织奖 10 个、企业贡献奖 3 个。在我省大学生参与程度上，我省参赛大学生 1.6 万人，参赛项目 2226 个，其中实践类项目 391 个，参赛人数和实践类项目居全国首位，在全国决赛中共获得金奖 5 项、银奖 10 项、铜奖 5 项，获奖总数、金奖数量均居全国第一。武汉大学获金奖 3 项，中国地质大学(武汉)、湖北大学各获金奖 1 项。我省获得优秀组织奖第 1 名，武汉大学、华中科技大学、武汉理工大学等 3 所高校获得集体奖。

第二届比赛：比赛最终评出大赛金奖项目 33 个、银奖项目 51 个、铜奖项目 169 个。另外，集体贡献奖 10 个，优秀组织奖 10 个，企业贡献奖 5 个。在我省大学生参与程度上，全省 126 所高校广泛参与，参赛高校实现全覆盖，参赛项目 6700 项，参赛学生 3.6 万人次，均是首届大赛的 2 倍。共获金、银、铜奖 32 项，居全国第一，其中金奖 5 项，居全国第二。我厅获得优秀组织奖第 1 名，武汉大学、华中科技大学获得集体奖。

第三届比赛：最终评出金奖项目 40 个、银奖项目 51 个、铜奖项目 150 个。另外，集体贡献奖 8 个，优秀组织奖 20 个，企业贡献奖 5 个。通过网审遴选 241 个获奖项目，确定 150 个获铜奖，来自 45 所高校 91 个项目进入省级复赛现场赛。最终产生 40 个金奖、51 个银奖。在我省大学生参与程度上，第三届中国“互联网＋”大学生创新创业大赛湖北赛区报名参赛项目 1.2 万项，参赛学生近 5 万人，推荐“青年红色筑梦之旅”项目 3 项。推荐 29 项参与国赛评审，8 项入围全国总决赛现场赛，3 项参加复活赛。目前，入围项目数与入围率位居全国第五。

第四届比赛：主赛道最终产生 40 项金奖、56 项银奖、144 项铜奖；“青年红色筑梦之旅”赛道产生 10 项金奖、10 项银奖、40 项铜奖。同时，按照《湖北赛区组委会通知(第 2 号)》，在省复赛现场赛中还从创意类项目中产生了 20 个楚天创客最佳创意奖、8 个最佳设计奖。

在我省大学生参与程度上，全省高校 2.3 万个项目、近 10 万名大学生报名参赛。其中主赛道项目 21 385 项，“青年红色筑梦之旅”赛道项目 2032 项。

3. 大赛奖励与市场化

在项目转化市场化方面，我省前三届获奖项目中，已有 33 项在湖北注册公司，实现收入 4.17 亿元，带动就业 2.7 万人。52 个项目中有 22 个已获得社会风险投资，2 年共吸纳投融资 6.2 亿元(其中在湖北注册的 16 家公司吸纳投融资 5.2 亿元)。

(二) 湖北大学生创新创业教育

为贯彻落实《国务院办公厅关于深化高等学校创新创业教育改革的实施意见》(国办发〔2015〕36 号)精神，我省绝大部分高校都比较早地对创新创业教育改革有比较全面的认识，都采取了必要的措施进行了相应的教育改革摸索，在创新创业教育体系的不同阶段都取得了一定的成果。特别是，根据《省教育厅关于组织实施“湖北省大学生创业示范基地建设计划”的通知》(鄂教学〔2010〕7 号)的要求，湖北省从 2012 年开始评选高校大学生创新创业示范基地，至今已经评选了 6 批，共有 50 所高校入围。经过这些年的发展，至少这些高校基本都建立了相对完善的创新创业教育体系，有些学校形成了自己的特色，主要体现在：

在创新创业教育领导组织上，具有代表性的是中国地质大学(武汉)，学校成立了大学生创新创业教育领导小组，由校长担任组长，分管教学、学工、科研和研究生教育的 4 位校长担任副组长，成员包括教务处、研究生院、学生工作处、校团委等单位主要负责人，领导小组对创新创业教育定目标、把方向、聚资源、定期研究创新创业教育改革思路举措。成立了大学生创新创业(实体)中心，主任由教务处、学工处处长同时兼任，同时配备专职主任和工作人员，形成了部门协同共管的工作机制。与此同时，在各学院(课部)建立分中心，构建完美的校级两级组织管理体系，形成全校共同推进创新创业教育的良好格局。在创新创业教育工作思路上，具有代表性的是湖北工业大学，湖北工业大学总结凝练出“12345”的创新创业教育工作思路，“1”是以培养具有创新创业精神及实践能力强的高素质应用型人才为办学目标，“2”是重点培养“创新”和“创业”两种能力，“3”是实行“创业理论”“创业实务”“创业实践”三段推进，“4”是构建“启蒙式”“众创式”“先锋式”“鹰才式”四种创业教育模式，“5”是同步建设“创新创业竞赛平台”“创新能力训练平台”“创业实务咨询平台”“创业融资平台”“创业孵化加速平台”五类平台。在创新创业教育课程体系上，具有代表性的有武汉科技大学建立完善“双创”教育课程体系，采用线上线下相结合的方式，开设“创造学”“创业管理”等6门线下课程，建设“创新思维训练”“领导学”“创业精神与实践”等15门在线创新创业开放课程；还有武昌首义学院推进第一课堂、第二课堂深度融合，打造了专业教育＋创新创业教育理念、专业特色＋创新创业品牌活动、专业实践＋创新创业实践活动的“专业＋”创新创业活动体系。在创新创业教育师资队伍上，具有代表性的长江大学，实施了“百名创业导师进校园”计划。2016年以来，实施该方案，聘请了43名创业导师，推荐了5名导师入选全国万人导师库。在创新创业实践上，具有代表性的有中南民族大学，学校在创新创业教育课程体系外，还开展了“青桐会　走进中南民大”“全球创业周　武汉站启动仪式”“创青春　创业计划大赛”“中南民大创业大讲堂”“创业精英训练营”“创业沙龙”“创业众筹”等丰富多彩的创新创业实践活动。在创新创业教育成果上，取得显著成绩的有华中科技大学，截至2017年，双创项目建设拉动的投资金额累计突破2.6亿元，近3年由该校学生或校友创业设立的公司每年都在100家以上，其创业项目吸引的风投累计超过15亿美金。学校在首届“创青春”全国大学生创业大赛中以团体总分第一的优异成绩捧得“冠军杯”，在第二届“创青春”全国大学生创业大赛中获得“优胜杯”；学校在第二届和第三届中国“互联网＋”全国大学生创新创业大赛中分别获得四项金奖和三金一银的优异成绩，连续2次位居高校金奖数第一。2014年腾讯发布的“2014城市＆高校创新创业排行榜”中，华中科技大学创业者数量全国第七，收益榜上高居全国第一。胡峻浩、彭楚尧、刘国清、郭列、柯尊尧、吴一明、李枭雅等7位校友入选“2017福布斯中国30位30岁以下精英榜”，华中科技大学入选人数居全国高校之首。“微信之父”张小龙、海康威视创始人陈宗年、PPTV创始人姚欣、上海淘米网络科技有限公司创始人汪海兵等已成为全国创新创业青年领军人物。

二、湖北大学生“互联网＋”创新创业发展的问题

湖北大学生“互联网＋”创新创业发展面临的问题主要有如下几点。

(一) 大学生创新创业市场机制不健全

这一问题主要体现为以下几点。一是缺乏足够的风险投资机构。武汉本土活

跃的投资人不多,与上海、北京、深圳相距甚远。武汉投资人仍未有人能跻身“全国最佳创业投资人 50 强”。有实力的创业投资人选择武汉作为创投机构总部的还没有一家。虽然湖北培育和引进包括华工创投、东湖创投、省高投、硅谷天堂、清华启迪等各类 400 余家投资机构,但是实力都偏弱。二是缺乏学校、学生项目与市场对接的顺畅渠道。学校工作更多体现在组织学生参加比赛,在帮助学生项目与市场对接上,目前还没有建立比较有效的渠道。调研中发现,比较高比例的比赛学生,都不知道政府提供的许多支持大学生创新创业的政策。并且,还有一种逐渐显现的现象,许多学生,包括学校为了比赛而比赛,目的不是真正把项目推向市场。

(二)大学生创新创业教育体系不完善

创新创业教育定位不清。教育发展目标不明确,导致创新创业教育普遍功利化。将其教育当作培养大学生创业技能的手段,而不是一门完整的学科。甚至有的高校把创新创业教育当作毕业生就业的一项服务工作。创新创业课程体系不完善。在高校实际教学中,缺乏完整的课程目标、课程内容、课程结构、课程实施与课程评价的内容。缺乏有针对性的创新创业教材,实践课程偏少,有的学校以网上模拟代替。课程开设比例也偏低,教学的形式单一等;创新创业教育与专业教育脱节。高校中大多是将创新创业课程作为选修课,依附于一般普通的教学体系中,失去了其专业教育的属性。创新创业教育是专门为社会培养创新型人才。可见专业教育是创新创业教育的必然途径,只有通过专业教育才能向学生传授知识,提高能力,实现创新创业教育的目标。同时,也体现在创新创业的理论教育与实践教育的脱节。另外,在创新创业教育的资源投入、实践场所、教材的编写等方面都普遍存在缺失。

(三)大学生创新创业的师资匮乏

当前,创新创业教育师资问题体现在以下几个方面。一是在师资成长的背景上。当前高校的教师群体,至少在湖北省高校(传统一本学校)的教师群体,特别是中青年这个群体都是博士毕业后走上讲台,基本没有进入社会企业实践的机会,博士阶段前可能有上班经历,在当教师后进入企业实习的比例较少。二是在师资的知识结构上。调查发现,在湖北高校中,创新创业这门课归属于管理学科,基本上设置在商学院,在修订的教学大纲中,有的学院设置为必修课,如湖北大学商学院将其设置在工商管理专业中,5 个学分。有的作为选修课。基本都是商科的老师进行教学。但是,创新创业是一个普世性的课程,基本涉及所有的学科。这导致商科的老师懂创新创业的理论知识,但是不懂运作的内容。懂内容的老师不懂运作的范式。三是在师资的规模上。现在真正具备创新创业能力与实践背景的老师数量很少,教育部虽然颁发了几批双创教师名单,但是离《国务院办公厅关于深化高等学校创新创业教育改革的实施意见》拟定的2020目标的要求,还相差甚远。

(四) 比赛获奖成果市场转化不足

利用连续四届比赛的成果,发现获奖的项目真正转化为市场项目的比例非常少,主要表现为以下几点。一是总体转化产出不足。大赛结束后,政府通过协调众多创投公司与学生创业项目对接,推动了创业项目的转化。据不完全统计,两届大赛湖北省在赛中获金银铜奖的项目,注册资本累计达3.6亿元,其中已注册公司213家。2015年共吸纳投融资2.5亿元,2016年9.8亿元,两年实现总收入8.2亿元。湖北每年2000多个项目参与比赛,三届共630(136+253+241=630)个获奖项目,获奖项目占比不是很高,产生的社会经济效益也不明显,相对于全国比较好的、一个就能融资几十亿的项目来说,显然湖北的比赛成果市场产出明显不足。二是比赛中创意组、初创组的项目市场转化率偏低,即大学生中处于概念时期或者萌芽时期的项目,通过比赛获奖后,能迅速进入市场的,比例还是很低。笔者在网上查询到,连续四届的金奖获得者的项目,能够真正进入市场运作的不到5%,基本是刚刚起步。可见,"互联网+"创新创业比赛在项目的市场转化中更大的作用是锦上添花,而不是起到对项目挖掘、孵化的作用。

(五) 比赛获奖项目类型分布不均

中国"互联网+"大学生创新创业活动从2015年开始连续举办了四届,分别从"互联网+"信息技术服务等7个类别进行分组比赛。对历届比赛湖北省取得的成绩进行综合统计,对统计数据分析后发现,湖北省在这些项目类型的比赛中呈现出分布不均的情况。这反映出湖北省在这些领域发展的强弱。例如,在对项目与获奖类别两个维度、三届比赛结果合计的基础上进行统计后发现,在金奖上,明显偏弱的是"互联网+"现代农业、"互联网+"公益创业、"互联网+"文化创意产业,这三个偏弱项目获奖的数量分别是2、4与11,分别占总获奖数的2.17%、4.35%和11.96。而排名靠前的"互联网+"公共服务业、"互联网"+制造业、"互联网"+信息技术服务业、“互联网”＋商务服务业，其相应的值分别为 21/22.83％、20/21.74％、18/19.57％和 16/17.39％，数据对比，最高值与最低值之间有较大的差距。对金、银奖进行不同项目类别的统计，从多到少排列分别为“互联网”＋商务服务业、“互联网”＋信息技术服务业、“互联网”＋公共服务业、“互联网”＋制造业、“互联网”＋公益创业、“互联网”＋现代农业和“互联网”＋文化创意产业，对应的值分别为 140/22.1％、126/20％、124/20％、43/6.8％、26/4.1％、92/1.46％和 80/1.3％。从中可以看出，排名前三的占比都在 20 个百分点以上，而排名靠后的为 5 个百分点左右。这些数据反映出这些领域的创新创业发展的差异相当显著。

三、湖北大学生“互联网＋”创新创业发展的对策

(一) 打造创新大学城名片，创建“武汉高校校园创新创业文化节”

通过“互联网＋”创新创业活动的推广，充分利用湖北大学生群体天然的优势，打造“武汉创新大学城”的品牌，培育浓郁的湖北大学生校园创新文化，创建“武汉高校校园创新创业文化节”。以省政府或者省教育厅牵头，择日在武汉高校每年定期举办“武汉高校校园创新创业文化节”，并对高校给予一定的经费支持。要求各高校开展丰富的创新创业活动，吸引学生关注，激发学生创新创业的热情。逐步在大学生群体中培养创新创业的意识，在校园营造浓郁的创新创业环境与校园文化；创建“武汉高校校园创新创业文化节”品牌。要树立高校与社会对文化节的品牌意识。文化节对社会开放，鼓励家长带领子女参与，也鼓励就读小学、初中或高中段的孩子积极参与。同时邀请社会媒体广泛报道，在社会上大力宣传与推广，建立广泛的识别度与认可度；重点打造具有代表性的校园文化节。以华中科技大学与武汉大学为重点扶持对象，大力投入，让这两所高校的“武汉高校校园创新创业文化节”办出自己的特色，形成一定的社会影响力；大力支持相关机构积极参与配合。“武汉高校校园创新创业文化节”内容一定要丰富，可配合开展一系列的活动。邀请社会风投机构进驻校园，从活动中发现具有潜力的项目进行孵化。

(二) 完善创新创业教育，构建有机一体的大学生创新创业体系

在创新创业教育上，要必须坚决贯彻 2015 年 5 月国务院办公厅颁发的《关于深化高等学校创新创业教育改革的实施意见》的文件精神。明确创新创业教育是

我国高等教育的重要内容，是以培养具有创业基本素质和开创型个性的人才为目标，旨在培养在校学生的创业意识、创业精神、创新创业能力的新型教育模式。一是完善教学体系内容。明确课程的教学目标、教学内容、教学内容的结构、教学内容的实施、教学过程的评价，以及教学时间与课程学分的安排。二是撰写教学教材。针对创新创业特定的内容与教学目标，撰写有针对性的课程教材。三是实施理论与实践相结合的教学方法。创新创业教育的特点，要求教学不能限于传统的课堂灌输式教学，必须注重教室外的实践教学与操作，甚至于将课堂移植到企业中去。此外，也要建立背景合适的教学队伍。

(三) 引导创业导师对流，组建结构梯队合理的创新创业师资队伍

一方面，高校应加大社会企业型创业导师的比例。高校可对创新型教师配备一定的名额，聘请具有一定资格与能力的社会企业事业单位高管人员到高校兼职作为大学生创新创业社会型导师，利用自己丰富的社会实践经历与体会，与学生分享创新创业经验。另一方面，推动高校老师到企业任职。应制定合理的激励制度，引导与培养一部分年轻教师到社会企业中挂职锻炼，通过实践历练，向创新创业型教师发展。通过人才的双向流动，既充实了创新创业型教师队伍，也完善了教师队伍的结构，让教师的背景、知识结构与创新创业教师的要求更加匹配。

(四) 促进风投资本发展，完善大学生创新创业价值链的生态环境

政府出资，联合社会资本建立“互联网”＋大学生创新创业专项基金。“互联网”＋大学生创新创业活动持久稳定地发展，必定能持续地推出大学生创新创业项目，并成功市场化。大学生创新创业项目的特点，是项目创意好，未来市场前景可期。但是不足的地方是创业人员的管理能力、管理意识、市场开拓的水平及项目市场运作的能力等都还比较欠缺，特别表现在资金方面。另外，武汉风投基金行业还处于起步阶段，对创新型项目风投资金入驻意愿不高，整体趋于保守，对大学生创业项目更是如此。因此，为促进“互联网”＋大学生创新创业活动的发展，有必要建立专项的扶持基金。政府出资，发挥杠杆效应，带动一批社会风投资金建立基金池。同时，完善基金的功能，根据大学生创新创业项目发展的过程与风投机构的偏好，逐步培育大学生创新创业的天使轮、A 轮、B 轮、C 轮、D 轮、Pre-IPO、IPO 等不同阶段风投基金市场，最终形成我省完整的“互联网”＋大学生创新创业价值链生态环境。

(五) 提高创新创业认识,健全“互联网+”大学生创新创业比赛管理体制

建立中国“互联网”+大学生创新创业大赛联动工作机制。由于比赛活动涉及湖北省所有高校,有必要建立省政府副秘书长、省教育厅厅长任副主任,省直机关、公司企业及高等学校等相关各部门(单位)的分管领导为组委会成员的综合管理办公室,集中办公,日常工作与重大事项能及时报告,并能有效反馈。对活动全面谋划,各个环节逐条落实。各相关单位做到协同配合、全程参与,为比赛的进行提供有力的组织保障;各高校深化组织管理体制。确定“面向所有高校、面向全体学生”的办赛理念。调动全省所有高校参赛的积极性,以大赛为抓手全面深化高校创新创业教育改革。要求各高校组委会深入各个班级,发动学生参与,要求各校参赛项目数不少于在校生人数的1‰。建立企业参与机制,推动活动的市场化运作机制。让有过成功合作经验的中国建设银行湖北省分行、中国泛海控股集团、兴谷创业咖啡等企业参与大赛的组织、培训与投资。通过比赛,发现、孵化具有市场潜力的项目,及早推动成果的市场转化。

(六) 深耕细作比赛项目,提高“互联网+”创新创业比赛成功比例

重点培育与支持有特色的项目。针对当前的“互联网+”大学生创新创业活动发展的特点,我省高校应根据自身的特点,发展出有特色的项目。避免追求一些热门的、高大上的领域的创新创业项目,在一定程度上要注重一些小而精的项目;提供全过程的支持。在项目产生,并经过充分论证可行后,学校就应该给予支持。在项目的运行、操作、实践,以及产生的一些相关支出,学校应给予补助。由于学生没有收入,因此可以先支付一笔费用。另外,在有关项目的运行中可能需要学校开具证明等,对外的交流,学校也应给予全力支持;建立教师参与激励机制。参与的项目,涉及出技术的教师,以及进行商业运行组织的教师,制定明确的奖励措施,避免打消老师的积极性;对硬件与软件给予投入。任何一个比赛项目的孵化,都需要一定的物质与非物质方面的条件。学校应专门开辟活动场所等。

本研究报告所有数据均为调研中获取的官方文件中的数据与官方发布的公开数据。

作者单位:湖北大学马克思主义学院、商学院,

湖北人才发展战略与政策研究中心

加快推进“百万大学生留汉创业就业计划”研究

韩艳旗　高　鹏

党的十九大报告明确提出要将人才视作赢得国际竞争的战略性资源，并对人才在国家发展中的地位予以了肯定。武汉市作为我国在校大学生数量最多的城市，一直面临着严重的人才流失问题，这对武汉市经济社会的可持续发展带来了诸多不利的影响。因此，研究武汉市大学生的留汉意愿影响因素，探求武汉市人才流失的深层次原因，有助于武汉市更好地实施“百万大学生留汉创业就业计划”，有助于武汉市吸引留住更多优秀人才，进而推动新时代武汉市经济社会高质量发展。

一、武汉市大学生概况与创业就业现状

（一）武汉市高校大学生概况

武汉市作为中部地区的教育大省，拥有 82 所高等院校，是名副其实的“大学之城”，在校大学生数量居世界第一。据湖北省教育厅统计数据显示，近 10 年来武汉市高校大学生数量逐年增加，平均每年增加 3 万人左右，已累计招收大学生约 256.9万人，具体数据见图 11。可见，武汉市的高校教育事业发展势头良好，高校大学生数量稳步增加，每年为国家培养了大量的人才。

（二）武汉市大学生就业流向现状

武汉市虽然高校大学生数量众多，人才规模较大，但是每年留在武汉市就业的大学生人数不足 50%，其余大量的人才都前往其他城市发展，每年流入的人才数量远低于流出的人才数量。可见，武汉市作为人才净输出地，面临着较为严重的人才流失问题。武汉市人才流失有以下两个特点。

1. 人才外流的数量较大

武汉市作为在校大学生数量最多的城市，每年培养的大学毕业生超过 20 万，

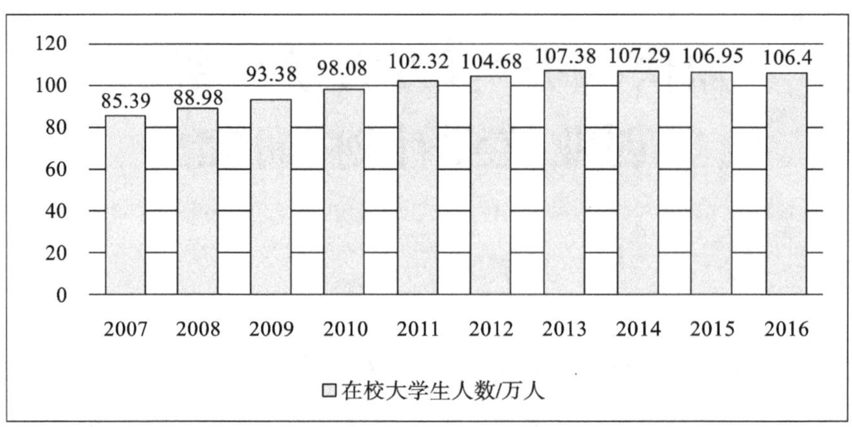

图 11　武汉市近 10 年大学生数量变化

却只有不足一半的大学生留在武汉市发展,其余大量的人才都外流到其他地区。以 2016 年为例,武汉市 2016 年的大学毕业生人数为 31 万人左右,而最后留在武汉市就业的却仅有 15 万人,具体见图 12。

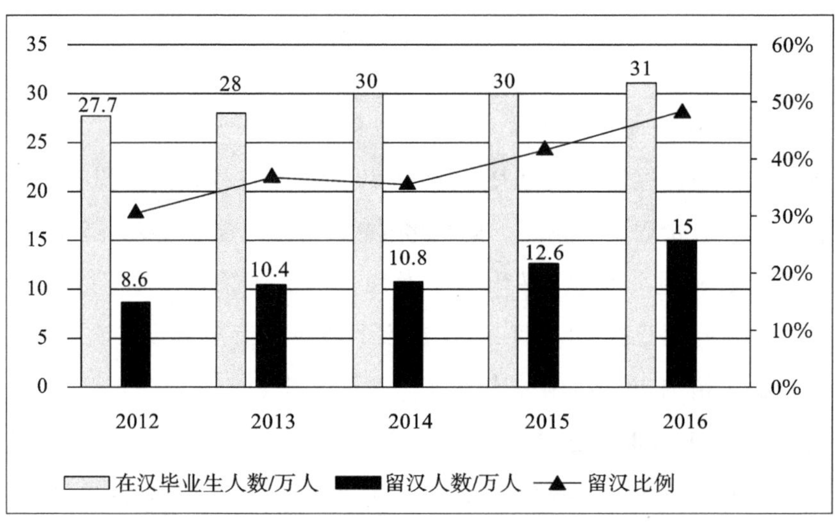

图 12　武汉市近 5 年留汉大学生情况

2. 人才主要流向东部经济带和长三角经济带

根据 2015 年蚂蚁金服集团发布的基于互联网数据的《大学生就业流向报告》,湖北省毕业的大学生中,只有将近 62%的毕业生选择留在本省发展,低于全国 69%的平均水平,流向的城市中,前三大热门地区依次是广州、浙江和北京。具体排名情况见表 31。

表 31　大学生就业流动的热门路线

排　　名	流　出　地	流　向　地	流动类别
1	广州	深圳	省内
2	广州	佛山	省内
3	南京	苏州	省内
4	杭州	宁波	省内
5	福州	泉州	省内
6	武汉	深圳	跨省
7	南京	无锡	省内
8	杭州	温州	省内
9	南京	上海	跨省
10	武汉	北京	跨省

（三）武汉市大学生就业意愿现状分析

关于武汉市大学生就业意愿的现状分析，主要基于问卷调查从武汉市大学生的留汉意愿、期望月薪和就业单位性质等方面进行研究。在调研的 925 人中，表示愿意留在武汉市就业的共有 621 人，占有效问卷总数的 67.14%；不愿意留在武汉市就业的共有 304 人，占有效问卷总数的 32.86%（见图 13），武汉市大学生留汉就业整体意愿不强。

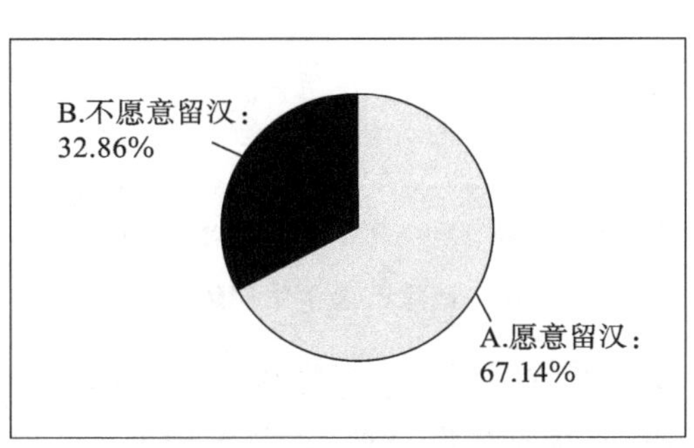

图 13　武汉市大学生留汉就业意愿比重分布图

在不愿意留在武汉市就业的 304 名武汉市大学生中，大多数大学生倾向于选择前往“北、上、广、深”一线城市，这部分大学生占比 43.75%；26.64%的大学生考虑前往不包含武汉的新一线城市(成都、杭州、南京、天津等)就业;27.3%的大学生倾向于前往其他城市工作;2.3%的大学生选择前往乡镇等基层工作(见图 14)。

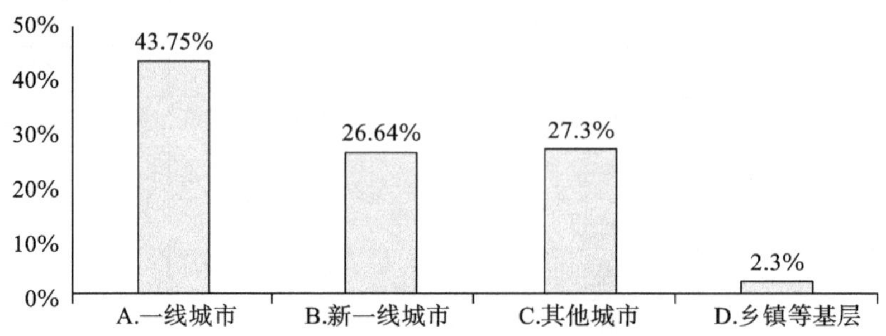

图 14　武汉市大学生就业地区倾向

通过对武汉市大学生毕业后第一份工作的月薪期望值调查发现,大多数大学生的月薪期望值为 4000～7000 元,此部分的大学生占比 50.81%;同时还有 33.62%的大学生对月薪的期望值在 4000 元以内;对月薪期望值很高(10 000 元以上)的较少(见图 15)。可见,绝大多数大学生对自己毕业后的第一份月薪期望值较为实际。

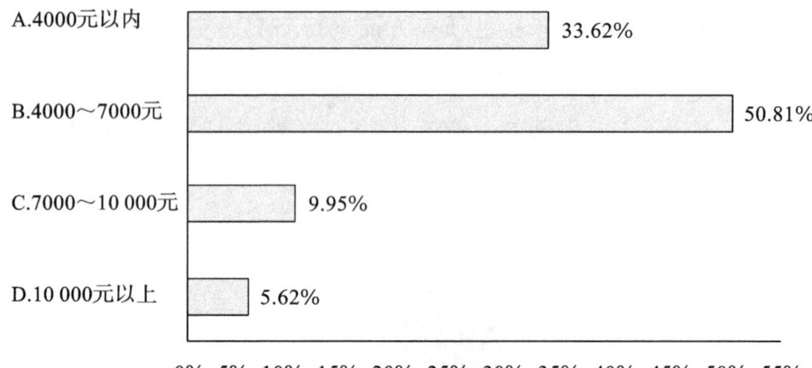

图 15　武汉市大学生期望月薪

通过对武汉市大学生期望的就业单位性质调查发现,33.3%的武汉市大学生希望进入国有企业工作;其次是外资企业,占总人数的 25.73%;希望进入民营企业就业的大学生占比 12.32%;而对就业单位的性质没有要求的大学生占 22.16%;选择自主创业的武汉市大学生占 6.49%(见图 16)。

对武汉市大学生毕业后希望进入的行业调查发现,金融、证券、保险类行业依

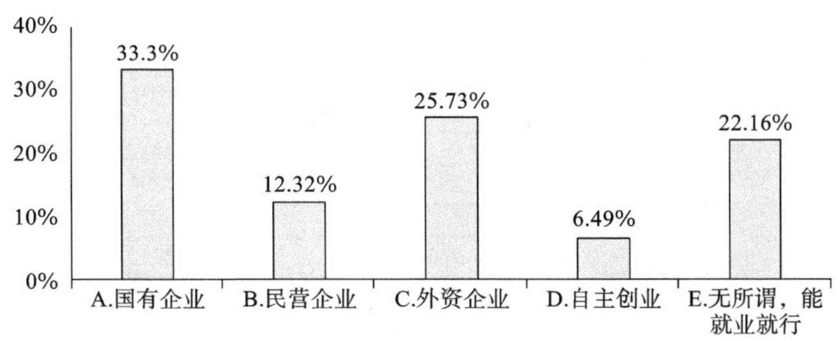

图 16　武汉市大学生希望的就业单位性质

旧是大学生较为青睐的热门行业，希望进入此行业的大学生占比 21.19%；还有商贸业、IT 与通信业及政府机关也相对较热，选择这三个行业的大学生依次占比 13.73%、12.65%和 11.35%，具体如图 17 所示。

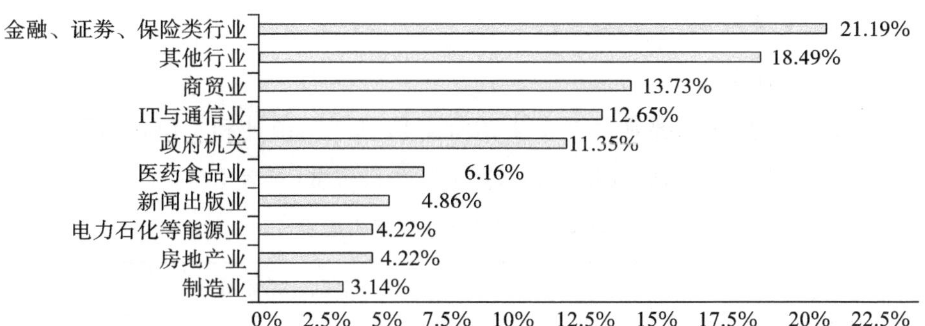

图 17　武汉市大学生期望的就业单位行业类型

二、武汉市大学生留汉就业意愿影响因素研究设计

(一) 留汉就业意愿影响因素问卷设计

1. 问卷设计说明

本研究旨在调研武汉市大学生留汉就业意愿影响因素，调查问卷由三个部分组成，包括个人基本情况、就业意愿和留汉就业意愿影响因素量表。第一部分，被调查者的基本信息情况主要包括性别、就读年级等特征信息；第二部分，被调查者的就业意愿包括就业薪酬期望值等信息；第三部分，留汉就业意愿影响因素主要基于文献研究，并结合研究背景和研究目的进行深入分析得来。具体的调查设计流程如图 18 所示。

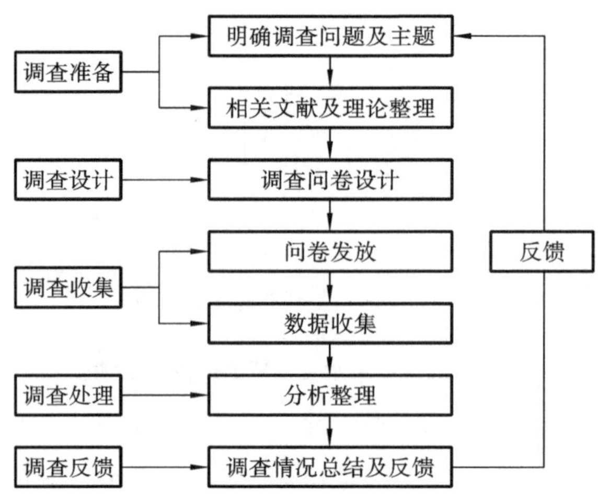

图 18　本研究的调查设计流程图

2. 问卷量表设计

1）人口统计学量表

人口统计学量表主要是对大学生的背景信息进行统计和了解，本研究选取的人口统计学量表包含性别、就读年级、学校类型和籍贯(见表 32)。

表 32　人口统计学变量构成表

变量名称	问题选项
性别	(1)男　(2)女
就读年级	(1)大一　(2)大二　(3)大三　(4)大四
学校类型	(1)"985"院校　(2)"211"院校 (3)普通本科院校　(4)专科院校
籍贯	(1)湖北　(2)非湖北

2）就业意愿量表

就业意愿量表的设计主要是用来了解武汉市大学生的就业意向，本部分包括两个部分:第一部分是关于武汉市大学生对留汉就业的态度;第二部分主要是关于武汉市大学生就业时对薪酬的期望、就业单位的性质等选择意愿(见表 33)。

表 33　就业意愿变量构成表

变量名称	问题选项
留汉就业意愿	(1)愿意留汉　(2)不愿意留汉
首选的就业城市	(1)一线城市　(2)新一线城市 (3)其他城市　(4)乡镇等基层
月薪期望值	(1)4000 元以内　(2)4000～7000 元 (3)7000～10 000 元　(4)10 000 元以上
就业单位性质	(1)国有企业　(2)民营企业 (3)外资企业　(4)自主创业
就业单位行业类型	(1)IT 与通信业　(2)金融、证券、保险类行业　(3)商贸业 (4)电力石化等能源业　(5)新闻出版业　(6)房地产业 (7)医药食品业　(8)制造业　(9)政府机关　(10)其他行业

3）留汉就业意愿影响因素量表

本文在前人研究的基础上，通过文献整理和访谈，归纳出研究较多的影响因素；同时，基于本文的相关理论基础，选取了部分影响因素。在此基础上，通过因子分析法提取主因子，力求从整体上研究影响武汉市大学生留汉意愿因素；通过文献整理及访谈得出的影响因素包含城市社交娱乐、城市声誉、出行条件、城市环境、生活压力、政府倡导、家人态度、母校情结，具体见表 34。

表 34　就业意愿影响因素文献整理

编号	影响因素	来源
1	城市社交娱乐	马斯洛需求层次理论、柴天姿(2013)
2	城市声誉	Angelina Zhi Rou Tang 和 Francisco Rowe(2014)
3	出行条件	Jiangping Zhou(2014)
4	城市环境	Kodrzychi(2001)
5	生活压力	何仲禹和翟国方(2015)

续表

编　号	影响因素	来　源
6	政府倡导	杨淑君(2016)
7	家人态度	计划行为理论、Patrick Rerat(2014)等
8	母校情结	Heather(2017)、倪宪辉(2017)等

由于本文的研究背景是基于武汉市政府提出的"百万大学生留汉工程",故将这项政策单独作为一个影响因素。在表34的基础上,本研究共形成了9个留汉就业意愿影响因素,对每个影响因素分别用1～4个问题进行表述,从而形成表35所示的留汉就业意愿影响因素量表。量表采用李克特五点计分形式,1表示"非常不同意",2表示"不同意",3表示"不清楚",4表示"比较同意",5表示"非常同意"。

表35　留汉就业意愿影响因素量表

编号	因素名	编号	题项内容
1	城市社交娱乐	Q10	您认为武汉的信息发展和传播速度快,能够及时获取最新信息
		Q11	您认为武汉的娱乐休闲场所较多,娱乐生活丰富
		Q12	您认为武汉是时尚之城,能够与国际和潮流接轨,满足自己对时尚品位的要求
		Q13	您认为武汉的美食多,味道符合个人口味
2	城市声誉	Q14	您认为武汉的城市知名度高,能够满足个人需求
		Q15	您认为武汉大企业入驻多,能够满足自己对企业的选择
		Q16	您认为武汉的历史底蕴深厚,满足自己对城市历史的要求
3	出行条件	Q17	您认为武汉市交通顺畅,地铁公交线路多,出行便利
		Q18	您认为武汉的地理位置优越
4	城市环境	Q19	您认为武汉的气候适宜工作和生活
		Q20	您认为武汉的空气质量较好,让您感到舒适
		Q21	您认为武汉的绿化情况很好,能够满足自己的需求

续表

编号	因　素　名	编号	题 项 内 容
5	生活压力	Q22	您认为武汉的物价(如房价)水平较低,在自己的承受范围之内
		Q23	您认为武汉的工资水平较高,能满足个人需求
		Q24	您认为武汉的生活节奏较慢,是比较适宜的生活方式
		Q25	您认为武汉可以找到心仪的工作,就业压力较小
6	政府倡导	Q26	您认为武汉市政府提出了切实的大学生就业政策,增加了就业信心
		Q27	学校时常为您介绍武汉企业,鼓励您留汉
7	留汉工程	Q28	您对武汉推出的大学生留汉工程政策很了解
		Q29	您认为留汉工程能增加您留汉的意愿
8	家人态度	Q30	您父母对您毕业后留在武汉工作持支持态度
9	母校情结	Q31	您认为自己母校情结较深,希望留在母校附近工作

3. 量表的可靠性分析

本文调查问卷的量表主要基于文献整理结果及相关理论基础而来,其可靠性有待检验。因此,需要对量表的设计结果进行信度分析,从而消除由于题设而产生的偏差。量表的可靠性分析主要采用克隆巴赫系数(Cronbach's alpha)进行信度分析,通常情况下,只要 α 系数值高于 0.7,即可说明量表的信度较好。由此,本研究在正式调研问卷发放前进行了预调研,通过小样本的调研结果对问卷题设的科学性和适用性,以及问卷量表的可靠性进行测试,从而对问卷进行完善。

预调研阶段主要是在湖北大学进行,样本来自湖北大学大一至大四的学生,共计发放 80 份问卷,采用纸质问卷的方式进行数据收集,回收问卷 80 份,有效问卷 76 份,有效问卷率 95%。对收集的数据资料进行整理汇总后,借助 SPSS 软件对数据进行信度检验,结果如表 36 所示。可见,检验结果 Cronbach's alpha 系数值等于 0.939,说明问卷量表的信度较好,适合进行调查和分析。

表 36　量表信度可靠性分析结果

Cronbach's alpha	基于标准化项的 Cronbach's alpha	项　　数
0.937	0.939	22

(二) 样本选取及数据来源

1. 样本选取

研究样本的选取主要来自武汉市各大高校大一至大四的学生,调查时间为2017年6月至9月。

2. 数据来源

本研究主要通过调查问卷的发放来收集数据。借助“问卷星”网络调查问卷对武汉市各大高校大学生进行问卷调查,共收集问卷985份,剔除无效问卷(问卷回答不完整、填写不认真等情况)后,最终获得有效问卷925份,有效问卷率93.9%。

三、武汉市大学生留汉就业意愿影响因素实证分析

(一) 样本描述性统计分析

通过对回收的有效问卷进行系统性的整理和分析发现,男性大学生占比39.35%,女性大学生占比60.65%;湖北籍大学生占比69.19%,非湖北籍大学生占比30.81%,其他具体信息见表37。

表37　问卷数据分类汇总表

类　别		人数/人	占比/(%)
性别	男	364	39.35
	女	561	60.65
籍贯	湖北	640	69.19
	非湖北	285	30.81
学校类别	985院校	72	7.78
	211院校	100	10.81
	普通本科院校	702	75.89
	专科院校	51	5.51
年级	大一	39	4.22
	大二	187	20.22
	大三	564	60.97
	大四	135	14.59

（二）量表的效度分析

本研究将采用结构效度中的探索性因子分析法来进行效度分析。具体检验步骤为：首先利用 KMO（Kaiser-Meyer-Olkin）检验和 Bartlett's 球形检验来检测是否适合进行探索性因子分析，然后，根据因子分析所得的各个题项的因子载荷系数判断量表的效度情况。

1. KMO 检验和 Bartlett's 球形检验

借助 SPSS 软件对收集的数据进行 KMO 检验和 Bartlett's 球形检验，从而对量表的结构效度进行检验，判断是否适合进行探索性因子分析，检验结果见表 38。

表 38　KMO 检验和 Bartlett's 球形检验结果

取样足够度的 KMO	度量	0.947
Bartlett's 的球形度检验	近似卡方	11 176.160
	df	210
	Sig.	0.000

由表 38 可知，本研究收集的数据 KMO 值是 0.947，大于常见标准 0.6，并且 Bartlett's 球形检验对应的 P 值为 0.000，小于 0.05 的判断标准，说明本研究的量表效度较好，适合进行探索性因子分析。

2. 因子分析

本研究经过多次的探索性因子分析，共提取出 4 个公因子。这 4 个公因子的总方差解释率为 69.33%，说明这 4 个因子可以解释整个问卷 64.10%的信息量，且每个因子旋转后方差解释率均在 10%以上，整体说明探索性因子分析结果较好。量表解释的总方差表见表 39。

表 39　量表解释的总方差表

成分	初始特征值			提取平方和载入			旋转平方和载入		
	合计	方差的初始特征值/(%)	累积的初始特征值/(%)	合计	方差的初始特征值/(%)	累积的初始特征值/(%)	合计	方差的初始特征值/(%)	累积的初始特征值/(%)
1	9.295	44.263	44.263	9.295	44.263	44.263	5.523	26.302	26.302
2	2.108	10.039	54.302	2.108	10.039	54.302	3.913	18.632	44.933
3	1.149	5.469	59.772	1.149	5.469	59.772	2.463	11.728	56.662

续表

成分	初始特征值			提取平方和载入			旋转平方和载入		
	合计	方差的初始特征值/(%)	累积的初始特征值/(%)	合计	方差的初始特征值/(%)	累积的初始特征值/(%)	合计	方差的初始特征值/(%)	累积的初始特征值/(%)
4	0.957	4.558	64.330	0.957	4.558	64.330	1.610	12.668	69.330
5	0.864	4.115	68.445						
6	0.735	3.500	71.944						
7	0.682	3.245	75.190						
8	0.582	2.773	77.962						
9	0.544	2.592	80.555						
10	0.505	2.406	82.961						
11	0.438	2.086	85.047						
12	0.420	1.998	87.045						
13	0.379	1.803	88.848						
14	0.372	1.770	90.618						
15	0.359	1.711	92.330						
16	0.328	1.561	93.891						
17	0.293	1.397	95.288						
18	0.283	1.349	96.637						
19	0.252	1.199	97.836						
20	0.240	1.143	98.979						
21	0.214	1.021	100.000						

提取方法:主成分分析。

在完成探索性因子分析方差解释后,最后需要说明因子与题项的对应关系,即对旋转后矩阵结果进行分析,本研究所得的旋转后矩阵结果见表40。

表40 探索性因子分析旋转后矩阵结果

题项	成分			
	因子1	因子2	因子3	因子4
Q10	0.817			
Q11	0.786			

续表

题　项	成　分			
	因　子　1	因　子　2	因　子　3	因　子　4
Q12	0.769			
Q13	0.749			
Q14	0.749			
Q15	0.680			
Q16	0.673			
Q17	0.645			
Q18	0.622			
Q19		0.812		
Q20		0.735		
Q21		0.728		
Q22		0.712		
Q24		0.687		
Q25		0.608		
Q26			0.713	
Q27			0.693	
Q28			0.688	
Q29			0.535	
Q30				0.792
Q31				0.712

提取方法:主成分分析。

旋转法:具有 Kaiser 标准化的正交旋转法。旋转在 6 次迭代后收敛。

由探索性因子分析旋转后矩阵结果可知,量表经过因子分析共提取出 4 个公因子,且因子载荷系数值均大于 0.5,说明量表的效度较好。下面将根据各因子所包含的题项内容对因子进行命名。

因子 1 共含有 9 个题项,涵盖了城市社交娱乐、城市声誉及出行条件 3 个因素,这 3 个因素主要涉及城市的自身属性,因此可以将因子 1 命名为城市属性因子;因子 2 共含有 6 个题项,涵盖了城市环境和生活压力 2 个因素,这 2 个因素主要涉及大学生日常生活环境方面,因此可以将因子 2 命名为生活环境因子;因子 3

共含有 4 个题项,涵盖了留汉工程和政府倡导 2 个因素,这 2 个因素主要为政府的政策方面,因此可以将因子 3 命名为政策因子;因子 4 含有 2 个题项,涵盖了家人态度和母校情结 2 个因素,主要是大学生自身情感方面,故可以将因子 4 命名为情感因子。

(三) 量表的信度分析

本文借助 SPSS 软件对各公因子和留汉就业意愿影响因素进行 Cronbach's alpha 信度分析,整理后的 Cronbach's alpha 系数汇总表见表 41。

表 41 信度分析汇总表

量表名称	测量题项数	Cronbach's alpha
城市属性	9	0.923
生活环境	6	0.860
政策	4	0.813
情感	2	0.727
影响因素	21	0.933

由表 41 可知,4 个公因子城市属性、生活环境、政策、情感的 Cronbach's alpha 系数均大于 0.7,由此可知量表的信度较高,内部一致性较好。留汉就业意愿影响因素的 Cronbach's alpha 系数值为 0.933,说明留汉就业意愿影响因素量表具备较高的信度,适于进行分析和研究。

(四) 留汉就业意愿差异性分析

1. 不同性别大学生的留汉就业意愿差异性分析

借助 SPSS 软件对"留汉意愿"和"性别"进行卡方检验后发现,二者呈现显著性相关($P<0.05$),即性别影响武汉市大学生留汉就业的意愿。通过对"性别"和"留汉意愿"进行交叉分析发现,武汉市男大学生愿意留在武汉市就业的人数为 265 人,不愿意留在武汉市就业的人数为 99 人,愿意留在武汉市就业的男大学生占比 72.8%;武汉市女大学生愿意留在武汉市就业的人数为 356 人,不愿意留在武汉市就业的人数为 205 人,愿意留在武汉市就业的女大学生占比 63.46%(见表 42)。

表 42　不同性别的留汉意愿差异分析表

变量名称	类　别	人数/人		占比/(%)		皮尔森卡方	P
		愿意留汉	不愿意留汉	愿意留汉	不愿意留汉		
性别	男	265	99	72.8%	27.2%	8.736	0.003
	女	356	205	63.46%	36.54%		

2. 不同年级的留汉就业意愿差异性分析

借助 SPSS 软件对"留汉意愿"和"年级"进行皮尔森卡方检验后发现，P 值为 0.247(见表 43)，大于 0.05，由此可知变量"年级"的差别没有统计学意义，即就读年级的不同对大学生留汉就业意愿并无显著性差异。

表 43　不同年级的留汉意愿差异分析表

变量名称	类　别	人数/人		占比/(%)		皮尔森卡方	P
		愿意留汉	不愿意留汉	愿意留汉	不愿意留汉		
年级	大一	25	14	64.10%	35.90%		
	大二	137	50	73.26%	26.74%	4.142	0.247
	大三	372	192	65.96%	34.04%		
	大四	87	48	64.44%	35.56%		

3. 不同学校类型的留汉就业差异性分析

借助 SPSS 软件对"留汉意愿"和"学校类型"进行皮尔森卡方检验后发现，P 值为0.469(见表 44)，大于 0.05，由此可知变量"大学类型"的差别没有统计学意义，即大学类型的不同在大学生留汉就业意愿上并无显著性差异。

表 44　不同学校类型的留汉意愿差异分析表

变量名称	类　别	人数/人		占比/(%)		皮尔森卡方	P
		愿意留汉	不愿意留汉	愿意留汉	不愿意留汉		
学校类型	985 院校	54	18	75%	25%		
	211 院校	67	33	67%	33%	2.535	0.469
	普通本科院校	468	234	66.67%	33.33%		
	专科院校	32	19	62.75%	37.25%		

4. 不同籍贯的留汉就业差异性分析

借助 SPSS 软件对“留汉意愿”和“籍贯”进行卡方检验后发现，二者呈现显著性相关($P<0.05$)，即籍贯是影响武汉市大学生留汉意愿的因素。通过将“留汉意愿”和“籍贯”交叉分析发现，武汉市湖北籍的大学生愿意留在武汉市就业的比重为73.59%，说明武汉市绝大多数湖北籍大学生毕业后希望留在武汉市发展；而武汉市非湖北籍的大学生愿意留汉就业的比重为 52.63%(见表 45)，其留汉就业意愿略高。由此可以说明，从籍贯的角度而言，武汉市湖北籍的大学生留汉就业意愿明显高于武汉市非湖北籍的大学生。

表 45　不同籍贯的留汉意愿差异分析表

变量名称	类　　别	人数/人		占比/(%)		皮尔森卡方	P
		愿意留汉	不愿意留汉	愿意留汉	不愿意留汉		
籍贯	湖北籍	471	169	73.59%	26.41%	39.271	0.000
	非湖北籍	150	135	52.63%	47.37%		

(五) 回归分析

1. 回归模型构建

本研究将留汉就业意愿作为因变量，被划分为 2 个选项，即愿意留汉和不愿意留汉。因此，回归分析的因变量作为二分变量，适合进行二元 Logistic 回归分析。在回归模型中，设因变量留汉就业意愿为 Y，其取值为 0 和 1，服从二项分布；自变量为 $X_1, X_2, X_3, \cdots, X_n$。

回归模型的因变量为留汉就业意愿，自变量为通过因子分析法提取出的 4 个影响公因子，本研究的回归模型如下：

$$\log \text{it}\, P(Y=1) = \beta_0 + \beta_{x_1} x_1 + \beta_{x_2} x_2 + \beta_1 X_1 + \beta_2 X_2 + \beta_3 X_3 + \beta_4 X_4 \quad (1)$$

其中，Y 为留汉就业意愿，且为二分类变量，愿意留在武汉市就业的取值为 1，不愿意留在武汉市就业的取值为 0。

X_1、X_2 为控制变量 1 和控制变量 2，分别代表性别变量和籍贯变量，且两个控制变量也为二分类变量，在此将性别变量为男性时取值为 1，性别变量为女性时取值为 0；将籍贯变量为湖北籍时取值为 1，籍贯变量为非湖北籍时取值为 0。

X_1、X_2、X_3、X_4 代表 4 个公因子，分别为城市属性因子、生活环境因子、政策因子和情感因子。

β_0 代表常量，β_{x_i} 代表 $x_i(i=1,2)$ 所对应的控制变量的偏回归系数，β_i 代表 X_i $(i=1,2,3,4)$ 所对应的自变量的偏回归系数。

2. 回归结果分析

1）回归模型拟合度分析

回归模型的拟合度主要通过回归结果中的“模型汇总”表、“Hosmer 和 Lemeshow 检验”表进行判断。借助 SPSS 软件进行二元 Logistic 回归分析，可以观测到城市属性、生活环境、政策、情感和人口统计学特征对武汉市大学生留汉就业意愿的拟合度情况（见表 46 和表 47）。

表 46　模型汇总

步　骤	−2 对数似然值	Cox & Snell R 方	Nagelkerke R 方
1	258.642	0.400	0.497

由表 46 可知，−2 对数似然值＝258.642，Nagelkerke R 方＝0.497，说明该模型的拟合度较好，且整体数据的拟合正确率为 74.3%。

表 47　Hosmer 和 Lemeshow 检验

步　骤	卡　方	df	Sig.
1	10.531	8	0.230

Hosmer 和 Lemeshow 检验是验证真实数据情况是否与模型拟合结果表现一致，如果 P 值小于 0.05，那么说明真实数据情况与模型拟合情况不一致。由表 47 可知，Hosmer 和 Lemeshow 检验中的 P 值为 0.230，大于 0.05，说明回归方程有效。

2）回归模型结果分析

借助 SPSS 进行二元 Logistic 回归分析，所得的回归系数结果如表 48 所示。可以看出，所有自变量的 P 值均小于 0.05，说明控制变量和公因子对武汉市大学生留汉就业意愿均有显著性影响。故本研究的回归方程如下所示：

$$\log \mathrm{it}\ P(Y=1)=0.105+0.399x_1+1.268x_2+0.958X_1+0.559X_2+0.967X_3+0.603X_4 \quad (2)$$

表 48 方程中的变量

变量名称	B	S. E,	Wals	df	Sig.	Exp(B)
性别	0.399	0.166	5.756	1	0.016	1.491
籍贯	1.268	0.175	28.720	1	0.000	3.555
城市属性	0.958	0.082	33.585	1	0.000	2.606
生活环境	0.559	0.090	38.681	1	0.000	1.749
政策	0.967	0.083	34.711	1	0.000	2.629
情感	0.603	0.086	49.375	1	0.000	1.828
常量	0.105	0.153	0.466	1	0.000	1.110

由该回归结果,可以分析两个控制变量对留汉就业意愿的影响;同时还可以分析出在固定了控制变量后,影响公因子对就业意愿的影响程度,具体分析如下:

首先,关于控制变量对留汉就业意愿的影响。由表 48 可知,控制变量性别、籍贯的 P 值分别为 0.016 和 0.000,均小于 0.05,说明两个控制变量性别和籍贯对留汉就业意愿均有显著性影响。其中,在性别方面,武汉市男性大学生比女性大学生更倾向于留在武汉市就业,且由 Exp(B)值可知,武汉市男性大学生选择留汉就业的意愿是女性大学生的 1.491 倍,武汉市男性大学生留汉意愿更强烈;在籍贯方面,武汉市湖北籍大学生更倾向于留在武汉市就业,且武汉市湖北籍大学生选择留汉就业的意愿是武汉市非湖北籍大学生的 3.555 倍,武汉市湖北籍大学生的留汉意愿显著高于武汉市非湖北籍大学生的留汉意愿。

其次,关于 4 个影响公因子对留汉就业意愿的影响。此处在分析影响公因子对留汉就业的影响时,控制了性别和籍贯的干扰。

在城市属性方面,该影响因子的 P 值为 0.000,小于 0.05,即城市属性对武汉市大学生留汉就业意愿的影响是显著的。由表 48 可知,城市属性的自然对数值为 0.958,说明随着城市综合属性的提升,武汉市大学生更倾向于留在武汉市就业,即武汉市大学生的留汉意愿会增强;另外 Exp(B)值,即对数比值为 2.606,说明武汉市大学生选择留汉就业的概率是选择其他城市的 2.606 倍。概括而言,武汉市的城市综合属性越好,武汉市的大学生越愿意留在武汉市就业。

在生活环境方面,该影响因子的 P 值为 0.000,小于 0.005,说明武汉市的生活环境显著影响武汉市大学生的留汉就业意愿。进一步分析可知,生活环境影响因子的自然对数值为 0.559，表示随着武汉市生活环境的提升，武汉市大学生会更倾向于留在武汉市就业，即武汉市大学生的留汉就业意愿会显著增强。而由生活环境因子的 Exp(B)值可知，武汉市的生活环境每提高一个单位，武汉市大学生选择留汉就业的可能性会变成之前的 1.749 倍。概括而言，武汉市的生活环境越好，武汉市大学生留汉就业意愿越强。

在政策方面，政策影响因子的 P 值为 0.000，小于 0.005，说明政策因素对武汉市大学生留汉就业意愿的影响是显著的。由表 48 可知，政策因子的自然对数值为 0.967，说明科学完善的就业政策有利于提升武汉市大学生留汉就业的意愿。

在情感因子方面，该影响因子的 P 值为 0.000，小于 0.05，说明情感因素显著性影响武汉市大学生的留汉就业意愿。由表 48 可知，情感影响因子的自然对数值为 0.603，说明大学生对武汉市的情感越深，武汉市大学生越倾向于留在武汉市就业。

四、提升武汉市大学生留汉就业意愿的对策建议

(一) 优化武汉市的城市属性，增强对大学生的吸引力

1. 建设国家中心城市，提升城市知名度

武汉市作为中部地区最大的城市，虽然其发展实力在中部地区居于前列，但在全国范围内而言，武汉市的综合实力及城市知名度与一线发达城市仍有一定的差距。据华顿经济研究院编制发布的“2017 年中国百强城市排行榜”，北京、上海、广州位列中国百强城市前三名，深圳、天津、成都紧随其后，武汉市排在第十名。此榜单是由经济和软经济两大指标综合计算而来，可见，武汉市在城市发展上仍需要进一步加强。

武汉市要加快推进城市现代化进程，积极建设国家中心城市，尽快跻身发达城市行列，增加对人才的吸引力。与此同时，武汉市还可以根据自身情况积极承办一些国际或国内的赛事活动，比如马拉松比赛、博览会和重大体育赛事等，借此提升武汉市的知名度和影响力。加快国家中心城市建设步伐，努力将武汉市建设为一个国际化大都市，打响城市知名度，从而吸引更多的大学生留在武汉市发展。

2. 优化城市功能布局，打造多元化魅力之城

优化城市功能布局，打造多元化魅力之城，能够使城市有机单元更加丰富，从

而增加对大学生的吸引力。根据马斯洛需求层次理论,人在满足了基本的生理和安全需求后,会追求精神上的需求。大学生作为青年群体,对休闲娱乐、时尚、美食等有着一定的追求,在选择就业城市时也会将这方面作为考虑因素。因此,武汉市要进一步优化城市功能的布局,针对当前大学生追求丰富多样化娱乐生活的特点,结合武汉市的城市空间特点,将武汉市打造为深受大学生喜爱的多元化魅力之城。比如可以利用武昌区优良的教育环境和自然环境,将武昌区打造为适合放松、学习的场所;东湖新技术开发区光谷作为国家光电子产业基地,可以将其打造为适合信息交流、科技创新的场所;江岸区作为武汉市商贸经济中心,可以将其打造为适合逛街、寻找美食的场所。

3. 完善城市交通网络,提升出行体验

尽管人口的聚集和地区的经济发展水平密切相关,但在现代经济发展的初期,人口的聚集程度却随着交通的改善而有所改变。大学毕业生在选择就业地时,具备良好出行体验的城市通常对他们更具有吸引力,完善的城市交通网络能够为居民提供便利的出行条件,从而使城市更具魅力。在问卷调查中发现,多数大学生认为城市交通便利性是其考虑就业地的一个因素,考虑到大多数毕业生在工作初期都会借助城市公共交通工具上班,便利的城市交通能够给大学毕业生带来良好的工作条件,同时也为其日常出行带来方便。当前武汉市公共交通之一的地铁仍在建设中,中心城区的公共交通较为便利,但部分偏远的城郊区域公共交通尚待完善。

(二) 提高大学生的生活质量,改善大学生的居住环境

1. 提高大学生的薪酬待遇水平

据武汉市人才服务中心公布2017年年度高校毕业生薪酬调研报告显示,武汉市高校大学生平均月薪为4461元,低于大学生的期望月薪值,相较于一线城市和部分新一线城市有一定的差距。对此,武汉市可以加强对企业的引导,鼓励其进行大胆的创新和转型升级,培育出更多优质的企业。同时,加强对中小型企业的扶持力度,促进其做大做强。通过带动企业的进一步发展,并加强对大学生就业薪资的指导,提高武汉市大学生的薪酬待遇水平,从而在城市人才吸引中建立一定的竞争优势,增加武汉市大学生的留汉意愿。

2. 加强大学生的生活保障

加强对大学生的生活保障，能够在一定程度上减轻大学生在武汉市的生活压力，促进大学生留汉。在调研过程中发现，大学生在选择就业城市时也会考虑该城市的生活压力，虽然一线城市对人才一直有着较强的吸引力，但近年来也存在着逃离“北上广”的现象，较大的生活压力是其中的一个重要原因。武汉市相较于一线城市，其生活成本相对较低，这是其吸引大学生的一个优势。但是，对于部分刚毕业的大学生而言，在武汉市就业仍存在一定的生活压力，尤其是在住房和医疗方面的开销较大。虽然武汉市在最新的大学生留汉政策中加强了对大学生的住房保障，但对大学生的医疗保障方面，仅限于在校大学生。

3. 改善大学生的居住环境

武汉市在城市基础设施建设初期，生态环境遭到一定的破坏，导致居民的居住环境较差。近年来，随着政府对城市生态环境保护的重视及城市建设的日益完善，武汉市的居住环境有所改善，但仍存在一些问题，比如城市积水、空气质量不高和绿化结构不合理等。对此，武汉市要进一步加强生态城市建设，解决城市积水问题，加强对大气污染治理力度，积极探索清洁能源，完善城市绿化结构。通过绿色发展，将武汉市建设为生态宜居城市，从而改善大学生的居住环境，提高其生活质量，使大学生乐于在武汉市就业生活，增加其留汉就业意愿。

（三）完善“留汉工程”政策制度，解决大学生的留汉顾虑

1. 采取更为灵活的政策实施制度

当前，武汉市为了落实“百万大学生留汉创业就业工程”计划，发布了包括放宽大学生落户在内的一系列优惠政策，鼓励大学生留汉发展。据武汉市人社工作会议了解，武汉市 2017 年实施百万大学生留汉工程，新增留汉大学生 30.1 万人，为历年最高，可见，该政策的实施效果较为明显。但是，在调研过程中发现，部分大学生出于自身原因，希望在武汉市就业，但暂时不愿意在武汉市落户。对此，为了进一步加强大学生的留汉意愿，武汉市可以适当放宽政策的实施条件。对武汉市认定的人才，只要与武汉市用人单位签订劳动合同，可以不迁户口，享受大学生留汉就业相关政策，不受户籍的限制，从而给大学生更多的选择权，促使其留汉就业。武汉市可以结合大学生的具体情况，采取更为灵活的大学生就业政策实施制度，保障留汉大学生的权益，从而解决大学生留汉的一些顾虑，增加其留汉意愿。

2. 建立大学生创业服务平台

大学生创业是近年来国家较为关注的热点，希望大学生通过创业拓宽职业选择，实现人生价值。武汉市也一直注重对大学生创业的支持，并在“百万大学生留汉工程”相关政策中提出了包括优化创业环境、加大创业融资支持在内的若干鼓励政策，促进大学生的创业。然而，大学生的创业需要多方面的支持，且不同的创业项目需求也不尽相同，除了创业环境和融资支持外，还需要有专业的人士对大学生的创业活动进行指导。对此，武汉市可以建立专门针对大学生的创业服务平台，并联合武汉市的创业孵化器企业，为大学生创业提供一系列的创业服务。要尽可能地完善创业服务平台的功能，包括提供相关创业政策咨询，聘请专业人士对创业活动进行指导，并加强创业成功经验的分享交流，增加大学生的创业信心。通过建立系统性的创业服务平台，可以有效促进大学生的创业，并增加大学生创业的成功率，通过创业带动大学生的就业，从而使更多的大学生留在武汉市发展。

3. 优化大学生住房保障政策

优化大学生住房保障政策，使更多的留汉大学生尽快享受到优惠政策，从而增加大学生的留汉意愿。本研究中，政策对大学生的留汉意愿影响最为明显，且在调研中也发现，住房政策是“留汉工程”中大学生较为关注的一方面。针对大学生住房问题，武汉市发布的“百万大学生留汉创业就业政策”中提出，要为刚毕业的大学生提供人才公寓，并打造大学生主题社区。然而，由于当前处于“百万大学生留汉工程”实施的初期，一些相关的配套设施还未完全到位，比如部分人才公寓尚处于建设中，因而提供的人才公寓数量有限，部分留汉大学生未能够申请到。与此同时，还有部分大学生由于工作地点离人才公寓距离较远，造成一定的不便。对此，武汉市可以对大学生住房保障政策予以优化，比如未能够申请到人才公寓或者人才公寓距离工作地点较远的大学生，给予一定的住房补贴，从而解决其就业初期的住房问题。通过优化大学生住房保障政策，能够有力推进“百万大学生留汉政策”的实施，使更多的大学生享受到留汉政策带来的福利，增加武汉市大学生的留汉意愿。

(四) 建立大学生的情感纽带,提高大学生留汉的积极性

1. 充分把握大学生母校情节

把握大学生的母校情节,通过母校在大学生和武汉市之间形成情感纽带,增加大学生的留汉意愿。大学四年对个人的价值观、职业观的形成均有重要的作用,可以说是一个人在步入社会前最重要的一段经历,也是最为美好的一段时光。武汉市高校众多,每年培养了大量的高校毕业生,大学生对母校也有着一定的感情基础。对此,武汉市在促进"百万大学生留汉创业就业计划"时,可以联合高校加强对大学生留汉的引导,积极把握大学生的母校情节,增加大学生对武汉市的情感纽带,吸引大学生留汉就业发展。开展形式可以从多方面入手,比如利用师生情谊、同学情谊、校友情谊等,以才引才,拉动更多的大学生留在武汉市。与此同时,武汉市应展现出更强的城市包容性,通过生活方式、精神文化的潜移默化,以更加开放、包容的姿态欢迎大学生留在武汉市发展,增加大学生在武汉市的归属感,使其产生对武汉市的亲和力,增加大学生的留汉意愿,促进大学生留在武汉市就业,实现武汉市的人才发展战略。

2. 加强大学生对武汉市的归属感

加强大学生对武汉市的归属感,产生城市亲和力,有助于提升大学生的留汉意愿。研究发现,对城市的归属感有助于提升城市的人才吸引力,从而留住更多的本地大学生。武汉市作为"大学之城",拥有数量众多的大学生,为武汉市的发展增添了活力。武汉市在留住大学生的过程中,要注重对大学生的认可,对大学生在城市发展中的作用予以肯定。同时,要充分发展大学生在城市发展中的主人翁精神,积极参与到城市各方面的发展建设中,鼓励大学生为城市的发展规划出谋划策,增加其对与武汉市的归属感。另外,可以通过各个方面展现出武汉市的城市魅力,比如城市文化、城市精神、城市发展前景等,为大学生展现出一幅美好的未来城市图景,提升其对武汉市的情感认同。通过各种途径,加深大学生对武汉市的情感,建立一定的情感纽带,增加武汉市大学生的留汉意愿。

作者单位:湖北大学商学院、湖北人才发展战略与政策研究中心

基于“互联网＋”大赛视角的湖北创新创业人才培养模式研究

刘 文 王 娜

一、引言

近年来，湖北省以深化改革创新为引领，以构建服务体系为主线，以完善平台建设为支撑，着力优化政策供给、强化主体培育、加强金融支持、办好赛事活动、注重典型引路，不断优化环境，营造浓厚氛围，极大地激发了全社会“双创”热情和活力，并获得了一系列的双创成果，为湖北产业转型升级和新旧动能接续转换提供了新引擎。据统计，2016 年湖北省完成生产总值 32 297.91 亿元，首次突破 3 万亿元大关，相比 2015 年增长 9.3 %。其 GDP 排名也从 2015 年的第八位上升到了第七位，但相比前三位广东、江苏、山东等省份（其中，广东 GDP 总量为 79 512.05 亿元），还是具有明显的差距。此外，市场主体发展加快，全省新登记市场主体 82.75 万户，其中，新登记私营企业 19.7 万户，新登记个体工商户 59.94 万户；就业也保持稳定，年末全省城镇登记失业率为 2.41%，比上年末下降 0.23 个百分点，实现了“十三五”良好开局。根据清华大学启迪创新研究院于 2016 年 12 月 28 日在中关村创业大街发布的《2015 年中国城市创新创业环境排行榜》中公布的数据显示，武汉排名第八，远远落后于排名前三位的北京、上海、深圳。因此，湖北省还需进一步加强优化创新创业环境和培养更多的创新创业人才，全面推进全省上下大众创业、万众创新的生动局面，更为湖北经济社会转型和升级发展注入新的动力。

基于此，本研究在全面调查湖北省连续参加三届中国“互联网＋”大学生创新创业大赛参赛规模和获奖情况的基础上，对本省的参赛情况进行了综合分析，然后根据相关数据分别从人才规模、科学技术规模、创新创业扶持政策等三个方面分析湖北省创新创业人才的现状，在此基础上详细分析并指出湖北创新创业人才培养模式中存在的主要问题；最后提出湖北省创新创业人才培养模式的相应对策，以期能为湖北省创新创业人才队伍建设和发展提供一些可供参考的意见。

二、湖北省参加中国“互联网＋”大学生创新创业大赛的情况分析

（一）中国“互联网＋”大学生创新创业大赛介绍

第一届中国“互联网＋”大学生创新创业大赛于 2015 年 5 月启动，历时半年，10 月 19—21 日在吉林大学举行全国总决赛。此次大赛从开办以来，共吸引了 31 个省份及新疆生产建设兵团 1878 所高校的 57 253 支团队报名参加，提交项目作品 36 508 个，参与学生超过 20 万人，带动全国上百万大学生投入创新创业活动。经过校级初赛、省级复赛，300 支优秀团队入围全国总决赛。经大赛专家委员会评审，确定 100 个项目参加全国总决赛现场比赛，经大赛专家委员会评审，组织委员会审定，最终评出大赛金奖项目 34 个、银奖项目 82 个、铜奖项目 184 个，单项奖项目 4 个（最佳创意奖、最佳带动就业奖、最具人气奖、最具商业价值奖各 1 项），优秀组织奖 9 个，集体奖 20 个。

第二届中国“互联网＋”大学生创新创业大赛于 2016 年 3 月启动，10 月 13—15 日在华中科技大学举行全国总决赛。此次大赛从开办以来，吸引了全国 31 个省市自治区 2110 所高校参加，提交参赛项目作品 11.88 万余项、直接参与学生 54.58万余人，分别是首届大赛的 3.3 倍和 2.7 倍。此外，还有近 400 家投资机构和企业参与评审并为大赛提供支持，是去年参与企业数量的 3 倍。经过校级初赛、省级复赛，共有 630 支优秀团队进入全国总决赛，124 个项目进入现场比赛（包括香港、澳门地区 4 个项目）。经大赛专家委员会评审、组织委员会审定，最终评出大赛冠军和亚军各 1 名、季军 2 名，金奖项目 32 个、银奖项目 115 个、铜奖项目 448 个，单项奖项目 4 个（最佳创意奖、最佳带动就业奖、最具人气奖、最具商业价值奖各 1 个），优秀组织奖 10 个，先进集体奖 22 个，参赛鼓励奖 24 个。

第三届中国“互联网＋”大学生创新创业大赛于 2017 年 3 月启动，历时 7 个月，9 月 16—18 日在西安电子科技大学举行全国总决赛。本次大赛以“搏击‘互联网＋’新时代　壮大创新创业生力军”为主题，内容涵盖“互联网＋”现代农业、制造业、信息技术服务、文化创意服务、商务服务、公共服务、公益创业等多个领域。本届大赛共参与高校 2241 所，团队报名项目 37 万个、参与学生 150 万人，分别是上

届的 3.1 倍和 2.7 倍,相比前两届呈现出“井喷式”增长。值得注意的是,本届大赛首次设立国际赛道,美国、加拿大、英国、日本、中国澳门等 25 个国家和地区的 116 个大学生团队报名参赛。经过校级初赛、省级复赛的激烈角逐,共有来自全国 180 余所高校的 228 个项目参与全国总决赛。经大赛专家委员会评审、组织委员会审定,最终评出大赛总决赛冠军、亚军、季军共 4 名、金奖项目 35 个、银奖项目 110 个、铜奖项目 481 个、单项奖项目 5 个、参赛鼓励奖项目 20 个、优秀组织奖 10 个、先进集体奖 20 个。国际赛道金奖项目 4 个、银奖项目 41 个。具体数据详见表 49。

表 49　全国参赛规模和奖项设置表

		单　位	第 一 届	第 二 届	第 三 届
参赛规模	参赛高校	所	1878	2110	2241
	参赛项目	万个	3.65	11.88	37
	参赛学生	万人	20	54.58	150
奖项设置	金奖	项	34	36	39
	银奖	项	82	115	110
	铜奖	项	184	448	481
	单项奖	项	4	4	5
	优秀组织奖	项	9	10	10
	先进集体奖	项	20	22	20
	参赛鼓励奖	项	0	24	20

(二) 湖北省参赛规模与成绩及其分析

1. 参赛规模与成绩

在首届中国“互联网+”大学生创新创业大赛中,湖北省参赛大学生 1.6 万人,参赛项目 2226 个,其中实践类项目 391 项,参赛人数和实践类项目居全国首位,在全国决赛中共获得金、银、铜奖 20 项,其中金奖 5 项、银奖 10 项、铜奖 5 项,获奖总数和金奖数量均居全国第一。武汉大学获金奖 3 项,中国地质大学、湖北大学各获金奖 1 项;华中科技大学、武汉理工大学各获银奖 3 项,湖北工业大学获银奖 2 项,华中师范大学、黄冈师范学院各获银奖 1 项。此外,湖北省还获得 1 项优秀组织奖,武汉大学、华中科技大学、武汉理工大学等 3 所高校获得先进集体奖。此外,2016 年第二届中国“互联网+”大学生创新创业大赛由湖北省承办。而相比第一届大赛，湖北省在第二届参赛规模上有了一定的提升，具体表现在湖北省共有 129 所高校全部报名参赛，参赛项目 6741 个、参赛大学生 3.6 万人，参赛项目数和学生人数分别是上一届的 3 倍和 2.3 倍。经过校级初赛和省级复赛，共有 31 个项目入围全国总决赛，共获得金、银、铜奖 32 项，其中金奖 5 项、银奖 4 项、铜奖 23 项。此外，湖北省还获得 1 项优秀组织奖，2 项参赛鼓励奖（武汉大学和华中科技大学各获一项），2 项先进集体奖（武汉大学和华中科技大学各获一项），一项最具商业价值奖（华中科技大学获得）。在第三届大赛中，湖北省参赛项目 1.2 万个，5 万多名大学生报名参赛，参赛项目数和学生人数分别是上一届的 1.8 倍和 1.4 倍。通过这些数据显示，创新创业正在成为一股席卷全省的潮流。此外，在第三届大赛中，湖北省共获得金、银、铜奖 29 项，其中金奖 4 项（武汉大学获 1 项，华中科技大学获 3 项）。湖北省教育厅荣获优秀组织奖，武汉大学、华中科技大学荣获先进集体奖，具体数据详见表 50。

表 50　湖北省连续三届参赛规模和成绩表

		单　位	第 一 届	第 二 届	第 三 届
规模	参赛项目	万个	0.22	0.67	1.2
	参赛学生	万人	1.6	3.6	5
成绩	金奖	项	5	5	4
	银奖	项	10	4	4
	铜奖	项	5	23	21
	单项奖	项	0	1	0
	优秀组织奖	项	1	1	1
	先进集体奖	项	3	2	2

2. 相关分析

为了更详细地分析湖北省在连续三届中国“互联网+”大学生创新创业大赛中参赛规模的变化情况以及未来发展趋势，根据表 49 和表 50 整理并制作了湖北省连续三届参赛规模分析表，详见表 51。

表51　湖北省连续三届参赛规模分析表

	参赛项目/万个				参赛学生/万人			
	湖北	同比增长率	全国	占全国比例	湖北	同比增长率	全国	占全国比例
第一届	0.22		3.65	6.03%	1.6		20	8%
第二届	0.67	204.54%	11.88	5.64%	3.6	125%	54.58	6.60%
第三届	1.2	79.10%	37	3.24%	5	38.89%	150	3.33%

由表51可见,湖北省每届的参赛规模都在明显提升,在参赛项目上,第二届和第三届都分别增长204.54%和79.10%,但同比增长率却逐届下降,由第二届的204.54%下降到第三届的79.10%。同样,在参赛学生上,第二届和第三届都分别增长125%和38.89%,但增长率却由第二届的125%下降到第三届的38.89%。此外,考虑到全国的参赛规模,尽管湖北省每届的参赛规模都在上升,但在全国范围内的参与度却逐渐降低,在参赛项目上,每届的参与度分别为6.03%、5.64%和3.24%。同样,参赛学生的参与度分别为8%、6.60%、3.33%,也呈现出明显的下降趋势。一部分原因在于随着中国"互联网+"大学生创新创业大赛的逐渐普及和学生们创新创业意识的普遍提高,越来越多的学生都踊跃参与进来,全国大学生整体参与度大大提高,参赛规模的增长率远高于湖北省的增长率。

为了更详细地分析湖北省在连续三届中国"互联网+"大学生创新创业大赛中获奖数量的变化情况以及未来发展趋势,在此选取了在第三届大赛中获金、银奖总数占前五的8个省份,其中,陕西省、浙江省、福建省分别排名第一、第二和第三的位置,四川省、江苏省和江西省并列第四,湖北省和北京市并列第五。此外,这8个省份在以往的大赛中也取得了优异的成绩,获奖总数基本上排在全国十强以内。笔者根据这8个省份连续三届大赛获奖情况,制作了8个省份连续三届获金、银奖总数分布表和变化图,详见表52和图19。

表52　8个省份连续三届获金、银奖总数分布表

省　　份	获金、银奖总数/项			总　　数
	第　三　届	第　二　届	第　一　届	
陕西省	18	11	4	33
浙江省	12	13	7	32

续表

省　份	获金、银奖总数/项			总　数
	第　三　届	第　二　届	第　一　届	
福建省	11	5	3	19
四川省	9	9	7	25
江苏省	9	12	8	29
江西省	9	9	2	20
湖北省(占全国比例)	8(5.37%)	9(5.96%)	15(12.93%)	32
北京市	8	13	8	29

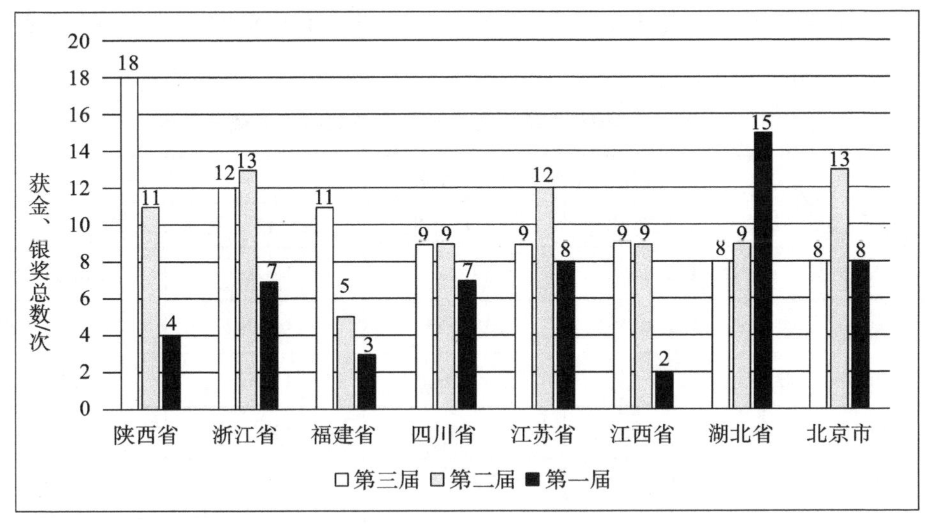

图 19　8 个省份连续三届获金、银奖总数变化图

由表 52 和图 19 可见，在连续三届大赛中，湖北省获金、银奖总数逐渐下降，并且占全国金、银奖总数的比例也在逐渐下降。在第一届大赛中，大多数省份的成绩都普遍不好，而湖北省却是唯一一个金、银奖总数突破 10 项的省份，以 15 项金、银奖排名第一，并多出并列排名第二的江苏省和北京市 7 项，取得了相当不错的成绩。而随着全国范围和国际赛道内大学生参与度的提高，竞争变得越来越激烈，湖北省在第二届和第三届大赛中获金、银奖总数分别下降了 40%和 11.11%，并在第二届大赛中落后于排名第一的浙江省 4 项，在第三届大赛中落后于排名第一的陕西省 10 项，但在连续三届大赛中排名依然靠前，都在前五名内，整体上还是取得了不错的成绩。

三、湖北省创新创业人才现状科学技术规模以及相关政策分析

(一) 人才规模

近年来,湖北省高等教育规模不断扩大,截至 2016 年 5 月,湖北省共有普通高等学校 129 所,其中中央部委属高校 8 所,省属高校 128 所(公办本科院校 28 所、民办本科高校 15 所、民办独立学院 17 所、公办高职高专院校 49 所、民办高职院校 12 所),另有成人高校 6 所。通过收集相关数据制作了 2011—2016 年湖北省大学生在校数和毕业数分布表,同时还根据此表分别制作了 2011—2016 年湖北省高等教育本专科生在校数和毕业数变化图、研究生在校数和毕业数变化图,详见表 53、图 20 和图 21。

表 53　2011—2016 年湖北省大学生在校数和毕业数分布表

年　份	普通高等教育本专科生/万人		研究生/万人	
	在　校　生	毕　业　生	在　校　生	毕　业　生
2016	140.18	39.42	12.21	3.55
2015	141.06	38.92	11.99	3.47
2014	141.97	39.09	11.67	3.26
2013	142.14	36.16	11.27	3.46
2012	138.61	35.3	11.09	3.28
2011	134.03	36.3	10.72	3.12

由图 20 和图 21 可见,在 2012 至 2016 年间,湖北省高等教育本专科在校生人数呈现出先上升再下降的趋势,2013 年在校生人数达到最高值;毕业生人数则呈现出先下降再上升的趋势,但其下降和上涨的幅度都不是很明显。而研究生在校生人数则呈现出明显的缓慢上升趋势,毕业生人数整体上也呈现出缓慢上升的趋势。

(二) 科学技术规模

本文笔者收集了相关数据,整理并制作了 2011—2016 年湖北省科学技术规模分布表(见表 54)。

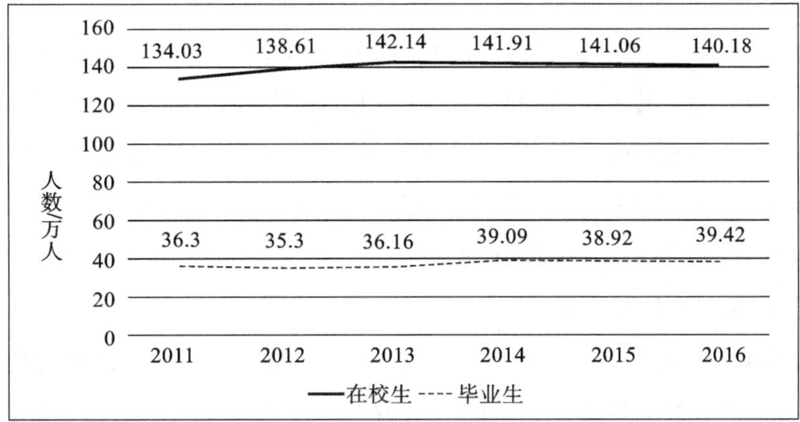

图 20　2011—2016 年湖北省高等教育本专科生在校数和毕业数变化图

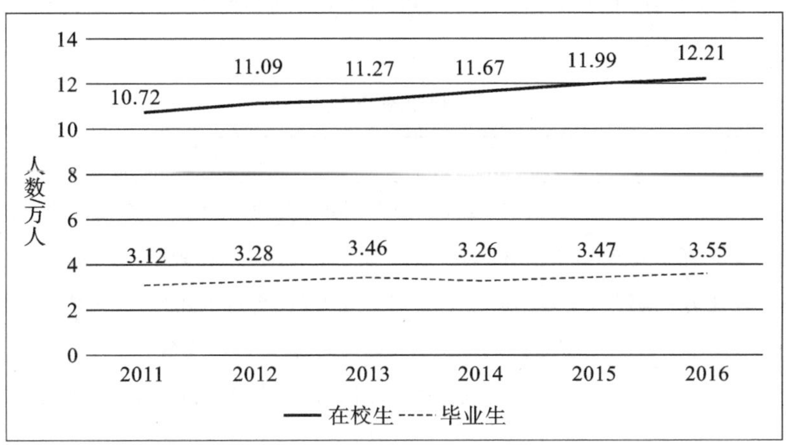

图 21　2011—2016 年湖北省研究生在校数和毕业数变化图

表 54　2011—2016 年湖北省科学技术规模分布表

年份	重大科技成果/项	签订的技术合同/项	技术合同成交金额/亿元	R&D 经费支出/亿元	国家高技术产业发展项目/个	国家资金/亿元
2011	1200	7799	121.4	330	21	6.8
2012	1567	12 908	234.6	378	49	5.64
2013	1621	14 909	418.74	450	28	11.4
2014	1778	21 969	601.74	510	20	4.48
2015	1933	22 787	830.07	565	40	71.2
2016	2022	24 248	927.73	620	6	8.3

由表54可见,在2011—2016年期间,湖北省每年登记的重大科技成果、签订的技术合同、技术合同成交金额以及科学研究与实验发展(R&D)经费支出都明显呈现出上升的趋势,其中,签订的技术合同的涨幅程度最大,2012—2016年增长率分别为65.51%、15.50%、47.35%、3.72%和6.41%。争取的国家高技术产业发展项目和国家资金在规模上没有特定规律。总体而言,2012—2016年,湖北省在科学技术方面还是取得了一定的成就。

(三) 创新创业扶持政策

这里选取了一些具有代表性意义的创新创业扶持政策,包括湖北省政府、省团委、省人力资源和社会保障厅、省教育厅、省财政厅以及市级政府部门单独或联合颁布的政策。然后从税收减免、创业补贴、小额担保贷款及贴息扶持、资金扶持及奖励等四个部分展开,按照政策先后出台顺序,分别整理制作表55、表56、表57和表58。

表55 税收减免相关政策

政 策 名 称	主 要 内 容
关于进一步做好扶持创业和促进就业工作的通知(2009-4-23)	1. 对城乡劳动者创办小企业或从事个体经营的,增值税征收率由6%(小企业)或4%(个体经营)统一调整为3%。 2. 对城镇登记失业人员、高校毕业生、失地农民从事个体经营的,在前3年内按每户每年8000元的标准依次扣减应缴的营业税、城市维护建设税、教育费附加和个人所得税
关于进一步做好普通高等学校毕业生就业工作的通知(2011-11-27)	高校毕业生在毕业年度内创办的年应纳税所得额低于3万元(含)的小型微利企业,其所得减按50%计入应纳税所得额,按20%的税率缴纳企业所得税
关于进一步做好普通高等学校毕业生就业创业工作的通知(2014-6-19)	1. 对大学生创办的小型微型企业月销售额不超过2万元的,暂免征收增值税和营业税。 2. 对大学生创办年应纳所得税额低于10万元(含)的小型微利企业,其所得减按50%记入应纳税所得额,按20%的税率缴纳企业所得税

续表

政策名称	主要内容
关于实施湖北省大学生创业引领计划的通知(2014-9-2)	毕业年度内高校毕业生从事个体经营,在3年内以每户每年9600元为限额依次扣减当年应缴纳的营业税、城市维护建设税、教育费附加、地方教育附加和个人所得税

表56　创业补贴相关政策

政策名称	主要内容
关于进一步做好普通高等学校毕业生就业工作的通知(2011-11-27)	对就业困难的高校毕业生在自主创业领取工商营业执照后,按每人2000元的标准给予一次性创业补贴
关于进一步深化全民创业工作的意见(2013-3-20)	1.对毕业后3年内在汉创业并领取营业执照、稳定经营1年以上的大学生,凭纳税证明给予一次性1万元创业补贴。 2. 支持各区创建集聚培训、实习和创业功能,建筑面积不少于2万平方米的大学生创新创业产业园,经认定的给予一次性50万元补助。 3. 鼓励创建大学生创新创业实践基地,对承担高校毕业生见习任务的,按照每人每月500元的标准给予基本生活补贴,最长补贴6个月
关于实施“青桐”计划鼓励大学生到科技企业孵化器创业的意见(2013-8-12)	对在校大学生或者毕业5年内的大学生的创业企业,初次进入科技企业孵化器、大学生创业园的,第1年给予房租全额补贴,第2～4年连续3年给予50%的房租补贴
关于进一步做好普通高等学校毕业生就业创业工作的通知(2014-6-20)	对高校毕业生(含非本地户籍)自毕业学年起3年内在我省初次创办小型微型企业或从事个体经营,领取工商营业执照正常经营6个月以上、带动就业3人以上的,可给予5000元的一次性创业补贴

续表

政策名称	主要内容
关于实施湖北省大学生创业引领计划的通知(2014-9-2)	鼓励有创业要求和培训愿望的大学生参加创业培训，毕业学年大学生和高校毕业生参加创业培训，培训时间不少于10天的，按规定给予800～1200元的一次性创业培训补贴

表57　小额担保贷款及贴息扶持相关政策

政策名称	主要内容
关于进一步做好扶持创业和促进就业工作的通知(2009-4-23)	1. 本省城乡劳动者在全省范围内自主创业的，均可在创业地申请小额担保贷款，贷款额度不超过5万元。 2. 对城乡劳动者合伙经营或创办小企业的，可按每人5万元以内、总额不超过20万元的额度实行"捆绑式"贷款
关于进一步做好普通高等学校毕业生就业工作的通知(2011-11-27)	对开展创业的高校毕业生： 1. 从事个体经营的，小额担保贷款最高额度不超过10万元； 2. 从事合伙经营或创办小企业的，可按每人10万元内、总额不超过50万元的标准进行"捆绑式"贷款，按规定给予财政贴息扶持
关于进一步深化全民创业工作的意见(2013-3-20)	1. 对在我市自主创业，从事非国家限制性行业的城乡劳动者，个人贷款最高不超过10万元；合伙经营或者创办小企业的，可按照每人不超过10万元、总额不超过50万元的额度实行"捆绑式"贷款。 2. 将小微企业、科技型企业视同劳动密集型企业，贴息贷款额度最高可达400万元；并在400万元额度内根据实际贷款额度和同期贷款基准利率的50%给予贴息补助

续表

政策名称	主要内容
关于进一步做好普通高等学校毕业生就业创业工作的通知(2014-6-19)	对我省自主创业,从事非国家限制性行业的高校毕业生: 1. 从事个体经营的,小额担保贷款额度最高不超过10万元; 2. 对合伙经营或创办小型微型企业的,可按每人不超过10万元、总额不超过50万元的额度实行"捆绑式"贷款; 3. 在贷款期限内均给予全额财政贴息
关于实施湖北省大学生创业引领计划的通知(2014-9-2)	1. 对在电子商务平台开办"网店"的高校毕业生,可享受小额担保贷款及贴息等扶持政策; 2. 高校毕业生创办符合贷款条件的劳动密集型小企业,可按规定申请不超过200万元的小额担保贷款,按贷款基准利率的50%给予贴息

表58　资金扶持及奖励相关政策

政策名称	主要内容
关于促进东湖国家自主创新示范区科技成果转化体制机制创新的若干意见(2012-9-6)	1. 对经认定的高校、科研院在东湖新技术开发区建设的新型产业技术研究院,前2年每年最高给予2000万元的运营经费支持,第3~5年每年最高给予1000万元的运营经费支持; 2. 对经国家主管部门批准的国家级企业研发机构,最高给予200万元的一次性奖励; 3. 对在东湖新技术开发区登记注册的科技型企业,符合国家科技型中小企业创新基金申报条件的,给予不低于30万元的资金支持。每年支持200家
关于实施"青桐"计划鼓励大学生到科技企业孵化器创业的意见(2013-8-12)	对科技企业孵化器内大学生创业企业的技术创新项目,符合条件的,给予10万元至20万元无偿资助
关于进一步鼓励高校毕业生在汉创新创业的意见(2014-4-28)	对高校、科研机构成立并经认定的技术转移服务机构,新列入国家级的一次性给予100万元奖励;新列入省、市级的一次性给予30万元奖励

综合分析表 55、表 56、表 57 和表 58,可以发现这四个方面的政策扶持力度和扶持范围都在逐渐上升,具体表现在税率降低、免税项目更多,创业补贴金额、资金扶持和奖励金额上升,小额贷款担保额度也更高,扶持范围则从一开始的本省城乡劳动者、失业人员和就业困难的大学生到在校大学生和只要开展创业的大学生,最后再到含非本地户籍的高校毕业生。其中,针对大学生的扶持政策最多,相关内容也更加全面和细致,门槛也较低;而对新型技术研究院、科技型企业、企业研发机构、技术转移服务机构扶持力度最强,扶持资金通常过百万,但前提是需要通过相应认定,门槛较高。

四、湖北省创新创业人才培养存在的问题

(一) 省级层面存在的问题

目前,湖北省在创新创业人才培养工作中存在的最大问题主要是创新创业政策扶持力度不够,满足不了全省人才创新创业的需求,严重阻碍了创新创业人才的培养和开发。尽管近几年,湖北省的创新创业政策在不断地完善、规范,但依然存在某些问题,主要体现在以下几个方面。

(1) 政策缺乏整体性和系统性。在政策的执行过程中并没有形成明确的职能划分,容易出现责任混乱的状况,阻碍政策的顺利实施。

(2) 某些政策门槛设置过高,限制条件较多,审批程序严格且烦琐,办理周期长。

(3) 政策扶持未能全覆盖。2015 年,湖北省仅有 3590 名高校毕业生享受小额担保贷款扶持政策,仅占全省享受贷款人数的 8.1%;贷款金额 2.98 亿元,占总放贷金额的 7.20%,未能充分满足大学生创业需要。

(4) 部分扶持政策难以落实,尤其是信贷扶持落实遭遇市场化难题。一方面,由于创业工作涉及面广,相关部门政策扶持各自运作,缺乏联动。另一方面,涉及创业工作的部门众多,但没有“牵头”和“兜底”,创业服务仍有欠缺,还存在真空地带。

(5) 资金扶持力度不够。尽管湖北省为大学生创业提供资金扶持,但从总体上来说与大学生实际创业需求还有很大的差距。

（二）校级层面存在的问题

校级层面主要存在以下几个方面的问题。

一是创新创业教育课程设置不合理。目前，湖北省大部分高校都已积极开展了创新创业教育课程设置工作，其中，武汉大学在2016上半年确定了34门创新创业通识课程，13个创新创业实训项目，显示出武汉大学对双创教育工作高度重视。然而，某些高校却在双创课程的设置中体现出了一系列问题，主要表现在：①某些高校虽是开设了创新创业教育课程，但课程总学时短、种类也少，只能说勉强达到了国家政策规定的最低要求，但远远达不到全面培养创新创业人才的基本要求；②有些高校为了节省相关教育成本，只面向少数有创业意愿的学生和个别学院开放，让本应是普遍性的创新创业教育成了少数人的特定教育；③部分高校面对所有学生都开设了总学时长、种类丰富的创新创业教育课程，但在课程设置上显得比较冗杂，缺少针对性和开放性，同时课程之间也缺少连贯性和层次性。

二是忽视人才的个性化培养。创新创业人才的培养与学生个性化教育有着密切的关系，但由于主流教育体制的制约，许多高校在教育目标的确定、课程体系的构建、教育模式的选择、教育方式和手段的运用以及教育管理模式的选择等方面都以学科为中心，实行的是共性化教育的人才培养模式，从而忽视了学生的差异性、自主性、独立性。

三是教学模式和考核方式落后。在传统教育理念的指导下，教师对教学工作的主导作用被放大，学生主体地位却得不到应有的重视，只能处于“从属”的地位。学生早已习惯了上课记笔记，下课抄笔记，考试背笔记，毕业丢笔记的学习过程和模式。学生所要求掌握的都是课本上所谓的“理论”，而不是“理论”的根源与实际应用，这样导致了理论与实践严重脱节，渐渐地学生便成了被动接受知识的容器，求知欲越来越淡薄，不仅失去了对学习的兴趣和热情，也丧失了学习的自主性，创造性思维受到了严重的抑制和束缚。

四是创新创业教育理念落后。由于当今社会对创新创业成果的评价大多以其所创造的商业价值和经济效益为标准，这种功利性的评价标准在某种程度上扭曲了大部分高校的创新创业教育理念，从而忽略了创新创业教育的真正内涵和本质，导致了某些高校认为创新创业教育就是教导学生如何获得财富和利润，并只注重对学生的创业知识和技能的传授以及相应的就业指导，而忽视对学生创新创业意识和能力的培养。

五是师资力量薄弱,教师创新创业教育教学能力低下。在我国各级各类教育资源中,教师是第一教育资源,在培养人才方面起着关键和根本性的作用,是提高全民教育质量的保证。但师资问题却是湖北省大部分高校培养创新创业人才的短板之一,主要表现在师资力量薄弱,教师创新创业教育教学能力普遍低下。

五、湖北省创新创业人才培养对策

(一) 省政府及其相关部门应采取的对策

针对上述省级层面中所存在的相关问题,湖北省政府及其相关部分可采取以下四个对策,分别是:强化政策保障,加大扶持力度;改进金融服务,建立创业金融政策体系;大力建设创新创业平台,优化创新创业服务;加快和促进科技成果转化。

1. 强化政策保障,加大扶持力度

首先要全面落实已出台的各项创新创业扶持政策和服务措施,同时可通过降低税率、提高小额担保贷款额度、增加创业补贴和相关项目资金扶持金额等一系列措施,来增加现有政策的整体扶持力度。并在未来制定与出台更加全面、更加完善的创新创业政策,来进一步提升扶持力度和覆盖面。目前,湖北省内基本上没有关于对新兴产业创业扶持的相关政策,因此,未来湖北省应加快制定新兴产业创业扶持政策,进一步推进全省范围内创新创业人才的培养。其次,各地区、各有关部门要整合发展财政和社会资金,不断优化经费支出结构,多渠道统筹安排资金,以扶持更多的创新创业主体。最后,还可鼓励社会组织、公益团体、企事业单位和个人设立大学生创业风险基金,以多种形式向自主创业大学生提供资金支持,提高扶持资金使用效益。

2. 改进金融服务,建立创业金融政策体系

大多数人才在创业初期主要面临的都是资金启动问题,湖北省要及时建立起以政府部门为主体的创业金融政策体系,即对政策的制定起主导作用。具体可通过以下三个步骤来完成。

(1) 降低门槛。按照非禁即可的原则,凡法律法规未禁止的行业和领域均向大学生等各类创业主体开放。

(2) 进一步调整、完善小额担保贷款政策，同样简化程序和降低门槛，拓展贷款范围，提高贷款额度和贴息幅度，加大对小微企业的支持力度。

(3) 创新金融服务方式，探索建立小微企业和创业专项扶持资金，引进风险投资基金，培育发展天使投资群体，鼓励社会力量设立创业基金并由政府承担一定的融资风险等方式，进一步破解回归创业的融资难题。

3. 大力建设创新创业平台，优化创新创业服务

这一对策主要可以从以下几个方面来进行努力。

一是支持武汉东湖国家自主创新示范区、省内各高新技术产业开发区、经济技术开发区等产业园区大力建设和发展科技企业孵化器等创新创业平台，并推广创客空间、创业咖啡、创新工场等新型孵化模式。

二是支持大学科技园建设，省级科技管理部门应将校园科技创业孵化器纳入科技企业孵化器管理体系，并对运行良好、特色突出、服务绩效优秀的项目进行奖励。

三是鼓励和支持行业领军企业、创业投资机构、社会组织等社会力量和民营资本积极参与或自主建设一批适应大众创新创业需求和特点的创新创业平台，例如，低成本、便利化、全要素、开放式的众创空间。

四是加强对省内所有创新创业平台的分类指导和管理，建立科学系统的绩效考核系统，定期对各类平台开展绩效考核，每年安排一定资金对绩效优秀的平台进行奖励和补贴。

五是重视创新创业服务工作，通过引导科技企业孵化器、大学科技园、大学生创业基地、公共就业人才中介机构等各类平台完善其服务功能、增强服务绩效和开展合作，过程中注重坚持数量扩展与质量提升相结合，来构建覆盖全社会的创新创业服务体系。

六是充分运用互联网等现代信息技术，建立创新创业在线管理和服务平台，面向全省人才、企业、服务机构等提供全面、系统、及时的政策、信息、研发、投资、项目、知识产权等各类服务。

4. 加快和促进科技成果转化

可以采取以下措施来改善并最终促进科技成果转化：

(1) 继续深入实施“湖北省科技成果大转化工程”;

(2) 围绕我省优势产业,依托重点创新平台,加快建设一批中试(中间性试验)基地或转化平台,通过中试来大大提高科技成果转化成功率;

(3) 构建科技成果转化联动机制,依托各市州科技部门、高校、院所、企业和中介机构,形成覆盖全省的成果转化服务网络;

(4) 建立支持采购创新产品和服务的政策体系,加大创新产品和服务的采购力度。

(二) 高校应采取的对策

高校首先要推进高校教育体制改革,其次加强教师创新创业教育教学能力建设,并建设大学生创新创业平台,推进创新创业实践活动,最后加强大学生创业指导服务,通过这一系列的措施,来培养和造就一大批创新创业人才和实用人才。

1. 推进高校教育体制改革

目前,湖北省共有 24 所高校开展了试点学院改革,共两批次,第一批 16 所,第二批 8 所,相比第一批数量有了明显下降。未来高校应该努力争取通过考核来获得更多的试点学院名额,以该方式对教育体制进行改革来推进对创新创业人才的培养与开发。此外,没有进行试点学院改革的高校也可以通过实施一系列其他工作来推进教育体制改革,包括以下几个方面。

1) 全面普及双创教育,健全创新创业教育课程体系

各高校首先应该面向所有学生开展创新创业教育,做到一视同仁,双创教育普及化。在设置创新创业教育课程时,应该摒弃传统课程的固有教学模式,多邀请一些知名学者、行业专家、创业成功者、优秀企业家与校内创新创业教育教师共同合作授课,为学生传授创业理论、创业实践和创业经验分享等方面的知识,并通过商业模拟游戏、项目小组合作或竞争、案例讨论等多种开放式教学形式来代替枯燥的灌溉式课堂教学模式,来真正地调动起学生学习的主动性和创新创业的积极性。

2) 推进教学模式和考核方式改革

各高校要不断调整和创新教学模式,尽量采取开放性和多样化的教学模式

来取代传统枯燥的灌溉式教学模式,例如,问题探究教学、小组竞争合作教学、启发式教学以及讨论式教学等,都能调动学生学习的主动性和积极性,不仅能培养

学生独立思考和解决问题的能力，还能有效开发出学生的创新创业潜能。而对教师队伍综合素质普遍较高的高校，可以引入和开展“翻转课堂”教学模式，在该种教学模式下，学习的决定权从教师转移给学生，学生在课前通过观看视频和查阅资料自主学习，课中与教师面对面地互动与讨论，一起思考、创新、实践和练习技能，学生学习也更加主动、灵活，不仅有利于培养学生的创造力和创新能力，还能推进省内教育信息化建设工作。

3）实行弹性学制

为鼓励更多的大学生创业，高校应该实行弹性学制，适当放宽学生的修业年限和休学次数，允许在校大学生保留学籍休学进行创新创业活动。同时还要设置创新创业学分，并建立创新创业学分积累与转换制度，允许将学生开展创新实验、发表论文、获得专利和自主创业等情况折算为创新创业学分，休学创业或边学习边创业的学生可申请免修创业教育相关课程。最后，建立学生创新创业档案和成绩档案，对创新创业成绩突出的学生在校内转专业、评优评先、奖学金、推荐免试研究生等方面予以倾斜。

4）以需求导向为原则，优化学科专业设置

各高校要以立足经济和社会发展需求，对接创新驱动发展战略为根本原则，进一步优化和调整学科专业设置，瞄准一流大学和一流学科，重点建设一批一流大学和一系列高水平学科，来全面提升我省高等教育整体实力和区域竞争力。因此，第一，高校应积极增设国家和省战略新兴产业发展、优势产业升级、社会建设和公共服务领域改善民生急需的应用型专业，加快发展智能装备制造、互联网金融、“互联网＋”等新业态相关应用型专业，引导部分普通本科高校向应用型高校转变。第二，围绕我省优势产业升级、新兴产业壮大和服务业提升，建成一批特色专业点和特色专业群，重点在先进制造、“互联网＋”、大数据、新能源、生命健康、现代农业等领域培育一批新的专业增长点。第三，积极开展需求量日益增加、适应“一带一路”国家战略需求的非通用语种专业。第四，完善学科专业预警、退出管理办法，建立高校专业管理公共服务平台，依据人力资源市场和薪酬等状况开展专业评估，实施高校毕业生就业和重点产业人才供需年度报告制度，定期发布“红黄绿牌”专业名单。第五，对教育教学过程中出现办学条件严重不足、教学质量低下、就业率过低等情况的专业，高校要采取有效措施，连续 2 年就业率较低的专业，应调减招生计划。现设专业已经停招或连续5年不招生的,应申请撤销。第六,各高校还要建立专业设置自律机制,严格审查专业设置基本条件,做到扩大办学自主权与优化专业布局相结合,逐步建立负面清单制度。同时强化专业建设运行过程管理,开展好专业自我评估检查。

2. 加强教师创新创业教育教学能力建设

教师肩负着培养创新创业人才的伟大使命,学生双创能力的培养关键在对教师队伍创新创业教育教学能力的培养。在此,高校需要做到以下两点。第一,提高优秀教师数量,尤其是创新创业教育课程类教师。高校可以面向全国引进部分优秀教师,也可以聘请知名科学家、创业成功者、企业家、风险投资人等各行各业的优秀人才来担任本校专业课程和创新创业课程的兼职教师,并同时制定兼职教师管理制度。第二,提高教师质量,加强教师的创新创业教育教学能力建设。高校可以加大教师培训力度,不断调整培训内容和创新培训形式,并制定系统和科学的教师培训机制。高校也可以安排专业课程教师和创新创业教育教师到企业去"挂职锻炼",并保证每年至少一个月的锻炼时间。此外,还可以鼓励教师去从事科技成果转化和服务企业研发,然后把国际前沿学术发展、最新研究成果和实践经验融入课堂教学,以提高提升自身的创新创业能力来提高双创教育教学能力。最后,明确教师创新创业的教育责任,完善专业技术职务评聘和绩效考核标准,加强创新创业教育考核评价。同时,还要加快完善高校科技成果处置和收益分配机制,支持教师以对外转让、合作转化、作价入股、自主创业等形式将科技成果产业化,并鼓励带领学生进行创新创业活动。

3. 建设大学生创新创业平台,推进创新创业实践活动

大学生只有真正地参与到创新创业实践活动中,创新创业能力才能得到实质性的提高。因此,高校应加快建设大学生创新创业平台,进一步推进创新创业实践活动。首先,各高校应向在校生开放各类科技创新资源,开放情况纳入各类研究基地、重点实验室、科技园评估标准,促进高校科研项目的市场化、产业化。此外,各高校要充分利用大学科技园、经济技术开发区、工业园、农业产业园、科技企业孵化器、城市配套商业设施、闲置厂房等现有资源,建设大学生创业园和孵化基地,作为创业教育实践平台,为大学生提供创业场所。还可以和科研院所合作联合共建科

技创业孵化器，为科技创业、技术转移、成果转化和创新创业人才培养提供实体空间和服务平台。最后，高校还应定期举办创业大讲堂、创业俱乐部、创业沙龙、创业咖啡、创业论坛等交流活动，搭建大学生创业交流平台，为自主创业大学生及时了解政策和行业信息、学习积累创业经验、寻找合作伙伴和投资创造条件。还可以组织开展大学生学科竞赛、创新创业大赛、职业技能大赛，支持学生参加各类科技创新、创意设计、创业计划等专题竞赛。在办赛过程中，切勿追求参赛人数和项目数量，而是要注意坚持以赛促教、以赛促学、以赛促练、以赛促创的原则，突出比赛的实际效果，逐步扩大赛事的影响力，来整体推进大学生创新创业实践活动。

4. 加强大学生创业指导服务

高校还应进一步加强和完善校内大学生创业指导服务体系，整合相关职能部门力量和一切可利用资源，来充分发挥校内人才就业服务机构的指导作用，具体面向所有大学生提供创业培训、政策咨询、项目开发、开业指导、创业培训、融资服务、跟踪扶持等“一条龙”服务。推进大学生“众创空间”建设，为学生及时提供政策和市场信息、项目对接、融投资服务。加强大学生创新创业俱乐部建设，推进“创业湖北”“青桐汇”“我是创客”等进校园，引导和促进大学生在鄂创业就业。积极落实国家和省关于大学生创业培训的支持政策，联合社会力量共同开展大学生创业就业培训。

六、总结

本研究主要运用调查法，并借助湖北省统计局相关统计数据以及湖北省教育厅、科技厅、财政厅、人社厅所公开的相关数据资料，首先对湖北省连续参加三届中国“互联网＋”大学生创新创业大赛的情况进行了综合分析，然后根据相关数据分别从人才规模、科学技术规模、创新创业扶持政策三个方面分析了湖北省创新创业人才的现状，在此基础详细分析和指出了湖北省创新创业人才培养中存在的主要问题，其中，省级层面中存在的问题主要是创新创业政策扶持力度不够；校级层面中存在的问题主要有五点：①创新创业教育课程设置不合理；②忽视人才个性化培养；③教学模式和考核方式落后；④创新创业教育理念落后；⑤师资力量薄弱，教师创新创业教育教学能力普遍低下。最后提出了湖北省创新创业人才培养模式的对策，其中，省政府及其相关部门应采取的主要措施有以下几点：①强化政策保障，加大扶持力度;②改进金融服务,建立创业金融政策体系;③大力建设创新创业平台,优化创新创业服务;④加快和促进科技成果转化。高校应采取的主要措施有以下几点:①推进高校教育体制改革;②加强教师创新创业教育教学能力建设;③建设大学生创新创业平台,推进创新创业实践活动;④加强大学生创业指导服务。

作者单位:湖北大学商学院 湖北省人才发展战略与政策研究中心

大众创业、万众创新背景下湖北省就业创业工作对策研究

张　力

一、研究背景

湖北省在推动"双创"政策落地、扶持"双创"支撑平台、构建双创发展生态等方面大胆探索、勇于尝试、成效显著。例如，省市地方政府始终致力于优化政策供给、强化主体培育、加强金融支持、办好赛事活动、注重典型引路，不断优化环境，营造浓厚氛围，极大地激发了全社会"双创"热情和活力，为湖北产业转型升级和新旧动能接续转换提供了新引擎。

推进"双创"，促进充分就业创业，应让一切有利于创业创新的思想活跃起来，使一切领域的创业创新潜能充分发挥起来，把人民奔小康的强烈愿望转变成创业创新致富的巨大动力，让一切劳动、知识、技术、管理和资本的活力竞相迸发。我国政府坚持把改革作为根本动力，实施创新驱动发展，大力发展八大产业，构建劳动者就业创业的新高地。优化创业创新环境，制定扶持政策，降低准入门槛，强化创业服务，加强宣传引导，鼓励和支持不违背法律法规和政策规定的各种形式创业创新，最大范围地凝聚改革力量，最大能量地释放制度红利，最大限度地激发创造活力。充分就业创业是必要且切实可行的。但实现这一目标，需要有新的构思，好的政策及更为协调一致的政治意愿。要围绕创新驱动发展战略，把推进"双创"摆到经济社会发展的突出位置，提上重要议事日程，将促进充分就业创业作为推进"双创"的重要内容，纳入各地各部门的政绩考核范围，从政治上、经济上催生各级各部门扎实推进"双创"工作的紧迫感和责任心。要进一步转变政府职能，增加公共产品和服务供给，建立统一透明、有序规范的市场环境，充分运用法律、行政、经济、社会舆论等手段，保护各类创业创新者权益，支持各类市场主体不断开办新企业、开

发新产品、开拓新市场，培育新兴产业，形成小企业“铺天盖地”、大企业“顶天立地”的发展格局。全省建有各类企业孵化器300多家，在孵企业达到16 000多家，孵化器场地面积1200多万平方米，各类众创空间近200家，其中省级以上众创空间80家。新建了一大批小微企业创业基地、大学生创业示范基地、创业孵化示范基地、电子商务示范基地，培育了光谷创业咖啡、青桐汇、青创会等一批典型的创业创新服务平台。2016年全省新登记市场主体82.75万户，新增注册资本(金)13 594.05亿元，城镇新增就业人数90.6万人，基本实现“创业者有平台，就业者有岗位”，全年共登记重大科技成果2022项，签订技术合同2428项，成交金额927.33亿元，同比增长11.7%；高新技术产业增加值5574.54亿元，同比增长13.6%，占全省GDP的17.3%。“双创”效应初步显现，有力地促进了全省经济发展提质增效。

统计年鉴数据表明，我国人力资源总供给大于总需求的基本态势没有变。人口红利正在逐渐消失，受经济增速下行压力的影响，人口红利恰好与经济总量的规模效应相抵冲。另一方面，随着高校的扩招，大学毕业生的数量持续迅猛增加，近几年大学毕业生的就业形势日趋严峻，如果不能有效地解决其就业问题，不但会造成人力资源的浪费，还会影响整个社会安全与稳定，由此大学生就业创业问题已经引起社会与各级政府的高度重视。大众创业、万众创新，是扩大就业、实现富民之道的根本举措。推进大众创业、万众创新，就是要通过建设服务型政府、转变政府职能，营造公平竞争的创业环境，使有梦想、有意愿、有能力的各类市场创业主体“如鱼得水”，通过创业增加收入，实现创新支持创业、创业带动就业的良性互动发展。通过推进大众创业、万众创新的新局面，可大幅度增加有效供给，扩大就业、增加居民收入；增强微观经济活力，加速新兴产业发展是新时期解决大学生就业难的主要举措。因而解决当前湖北省就业创业难题，就必须从大众创业、万众创新的视角出发，对当前的就业与创业教育资源供需状况进行细致的分析，并基于此提出相对应的工作政策建议。因此，基于大众创新、万众创业的视角分析湖北省大学生就业创业工作对策问题，具有重大的实践指导价值。

本课题基于大众创业、万众创新的大背景，在对湖北省就业创业现状与存在问题进行分析的基础上，提出促进湖北省大学生就业创业工作的有效对策和建议。

二、湖北省创业就业现状

湖北是我国的科教资源大省，在校大学生超过 140 万人，在校研究生 12 万人，拥有各类科学研究和开发机构 2000 多个。广大大学生和科技人员积极响应号召，投身创业创新热情高涨，形成"在鄂学习、离鄂发展、回鄂创业"的人才回流态势，有效推动"双创"蓬勃开展。我们注重为科研人员打造"以人为本、尊重知识、尊重创造"的创新创业环境，让科研人员敢创业、能创业、创成业。调查显示，在湖北，"80后"仍是创业主力军，同时创业者年龄正在走向年轻化。后起之秀"90 后"在"互联网＋"的背景下，在创业领域后来居上。高学历人群创业的较少，硕士及以上学历的创业者仅占 4.8%，大专和本科学历创业者占 85.6%。

湖北省双创参与者的年龄与学历结构如图 22 所示。

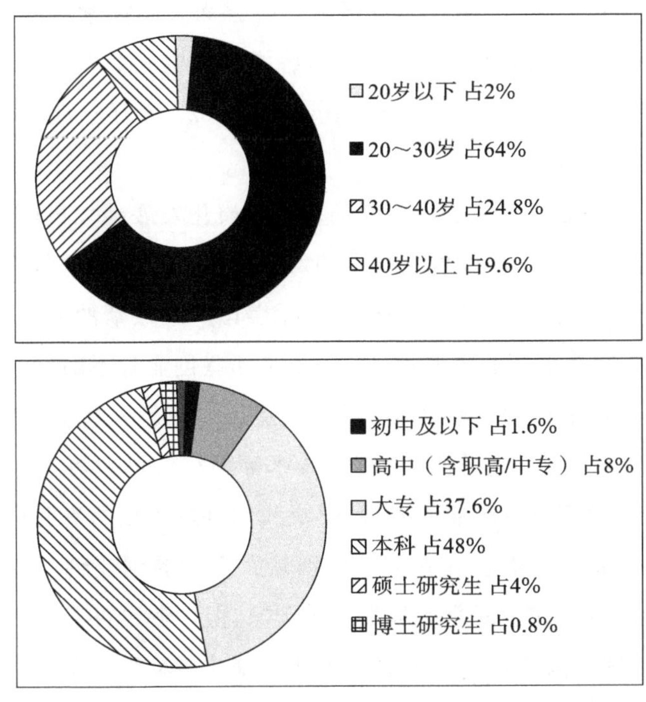

图 22　湖北省双创参与者的年龄与学历结构①

① 数据来源于大楚网。

调查显示,88%的创业者表示没有享受过政府创业扶持政策,25%的创业者认为当前创业环境存在的主要问题是贷款和融资困难。如何完善创业扶持政策,亟待解决的是金融贷款扶持和创新项目扶持。

三、湖北省创业就业情况

“大众创业、万众创新”就是要通过加强全社会以创新为核心的创业教育,弘扬“敢为人先、追求创新、百折不挠”的创业精神,厚植创新文化,不断增强创业创新意识,使创业创新成为全社会共同的价值追求和行为习惯。推进“双创”,就是要通过转变政府职能、建设服务型政府,营造公平竞争的创业环境,使有梦想、有意愿、有能力的各类市场创业主体“如鱼得水”,通过创业增加收入,让更多的人富起来,带动更多的人就业。近年来,湖北着力营造“双创”氛围,大力推进大众创业、万众创新,在扶持双创支撑平台、构建双创发展生态等方面大胆探索,全省现有各类企业孵化器 300 多家,在孵企业达 16 000 多家,各类众创空间 200 多家,其中省级以上众创空间 80 多家。2016 年,全省新登记市场主体 82.75 万户,城镇新增就业 90.6 万人,双创效应初步显现。

一方面,要大力推动初创企业不断涌现和规模化发展。大量研究表明,初创企业是创新的源泉。历史上许多重大技术和发明的商业化最初都是由这些企业完成的。同时,初创企业也是就业增加的引擎。据美国一个最新的分析报告,近年来在美国新增的 20%就业中创业企业占 3%。正是那些创业者不断创造出新的产品和服务,深刻改变了我们的生产和生活方式,创造了大量就业机会。当前,也正是那些在清洁能源、生物医药、先进制造、信息技术等领域的创业者,推动着新能源、生物、新一代信息技术等新兴产业的发展,解决我们全球面临的资源环境健康等重大挑战。另一方面,要大力推进现有企业特别是大企业的创业创新。对创业理论和实践的研究表明,尽管许多创业者都是白手起家,但创业也可以在现有企业内部进行。现有企业特别是大企业更需要弘扬创业精神才能赢得更多的利润和企业长久的发展,大企业由于具备人才、技术、品牌、市场等优势,是创新发展的“野战军”,在推进大众创业、万众创新中具有举足轻重的地位,不仅表现为大企业可以通过收购中小企业使创新产品快速实现商业化,还表现为大企业本身可以培育、孵化出许多小企业。目前我国许多大企业也正在积极推进创业创新,在大众创业、万众创新中发挥着重要作用。例如，腾讯、金发科技、达安基因等大型企业围绕全产业链需求，有针对性地创办孵化器，孵化培育了大量科技型创业企业并形成集聚效应。海尔提出要把企业员工由原来的雇佣者和执行者变成创业者和合伙人，大力推进企业内部“自创业”，实现企业由出产品到出创客的转变。

就业创业事关经济发展和民生改善大局牵动着每一个家庭。为推动大众创业、万众创新，打造经济发展新引擎。2015 年 8 月，湖北省政府新闻办召开新闻发布会，发布省政府《关于做好新形势下就业创业工作的实施意见》(鄂政发[2015]46 号)。该政策被称为“湖北积极就业创业政策 4.0 版”，涉及五个方面 12 条意见，直接助推大众创业、万众创新。具体内容见表 59。

表 59 湖北省促进创业就业十二条新政

序号	双创新政	具体举措举例
1	鼓励大学生在湖北创新创业	毕业 3 年内的大学生，可申请 5000 元的一次性创业补贴；毕业 5 年内的大学生和在校大学生可享受每年最高 1.8 万元的场租水电费补贴
2	积极营造大众创业创新氛围	开展创业型城市创建工作，举办“创业湖北”创业大赛、“创业湖北”大讲堂、创业沙龙、创业赶集会等活动，营造鼓励创业、宽容失败的时代风尚
3	大幅降低市场准入门槛	坚决推行“三证合一”“一照一码”“先照后证”“一址多照”，实行“一个窗口”受理、网上并联审批
4	“众创空间”有补贴	大学生创新创业基地、留学人员创业园、回归创业基地、创业见习实训基地等，并给予场租、水电费、宽带网络、公共软件等补贴
5	支持风险、天使投资发展	引导社会资金和金融资本支持创业活动，壮大创业投资规模，加大对中小微企业的融资支持力度
6	创业担保贷款“超越”国家规定	贷款对象由国家规定的“五类人员”，拓展到在我省依法开办个体工商户，自主、合伙经营及创办小微企业的各类城乡劳动者，贷款额度为个人最高 10 万元、合伙最高 50 万元，在贷款期限内给予全额财政贴息

续表

序号	双创新政	具体举措举例
7	加大减税降费力度	对高校毕业生、登记失业人员、退役士兵等符合条件人员创业，在3年内以每户每年9600元为限额按规定扣减税，在国家标准基础上上浮了20%。创业企业吸纳登记失业半年以上人员就业，可在3年内以每人每年5200元为限额按规定扣减税，在国家标准基础上上浮30%
8	鼓励和支持网络创业	对未进行工商登记注册的网络商户创业者，可认定为灵活就业人员，参加社会保险及享受灵活就业人员扶持政策，其中在网络平台实名注册、稳定经营、信誉良好的网络商户创业者，可享受创业担保贷款及贴息政策
9	促进科研人员创新创业	对高校、科研院所等事业单位专业技术人员离岗创业的，经原单位同意并签订合同，可在5年内保留人事关系，与原单位在岗人员同等享有参加职称评聘、岗位等级晋升和社会保险等方面的权利
10	鼓励农民工返乡创业	整合创建一批农民工返乡创业，大力发展农产品加工、休闲农业、乡村旅游、农村服务业等劳动密集型产业项目
11	扶持失业人员和低保家庭成员创业	实行积极就业创业家庭低保渐退制度，对自主就业创业的低保对象，在核算家庭收入时，可以扣减必要的就业创业成本
12	项目化推进各类群体创业	实施大学生创业扶持项目，按规定给予2万元至20万元的无偿扶持，创业项目在创业地申请，不受户籍、生源地的限制。实施大学生科技创业专项、残疾人就业创业计划、农民工回归创业工程

四、湖北省各地双创工作政策及存在的问题

2015年以来，湖北省各地大众创业、万众创新工作成效初显，普遍取得了良好的工作开局和不俗的工作成绩。现有各级各类科技企业孵化器500余家，国家级科技企业孵化器44家，在孵企业达到16 000多家，孵化器场地面积1200多万平方米，各类众创空间近200家，其中省级以上众创空间80家。新建了一大批小微企

业创业基地、大学生创业示范基地、创业孵化示范基地、电子商务示范基地，培育了光谷创业咖啡、青桐汇、青创会等一批典型的创业创新服务平台。2017 年上半年，湖北省新登记各类市场主体 36.21 万户，注册资本(金)6652.51 亿元，城镇新增就业人数 60.58 万人。“双创工作”效应初步显现，有力促进了湖北经济发展提质增效。例如，近期武汉大学和华中科技大学被国务院批准为国家高校/科研院所类“双创”示范基地，武汉市江岸区、荆门高新技术产业开发区和黄冈市罗田县，被国务院批准为第二批国家区域类“双创”示范基地。加上 2016 年国务院批准的武汉东湖新技术开发区，在湖北的国家“双创”示范基地已有 6 家，位列全国前茅。

同时，湖北省政府还批准启动了实施省级“双创”示范基地建设，首批确定了 14 家省级“双创”示范基地。其中，区域示范基地 7 个，为武汉市江岸区、武汉市硚口区、襄阳高新技术产业开发区、宜昌高新技术产业开发区、宜昌市西陵区、荆州市荆州区、荆门高新技术产业开发区；高校院所示范基地 5 个，为武汉科技大学、湖北工业大学、湖北理工大学、武汉生物工程学院、襄阳职业技术学院；企业示范基地 2 个，为烽火科技集团有限公司、武汉爱帝集团有限公司。与此相配套，其他各地级市也相应制定了配套政策与措施。

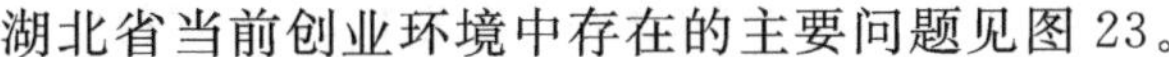
湖北省当前创业环境中存在的主要问题见图 23。

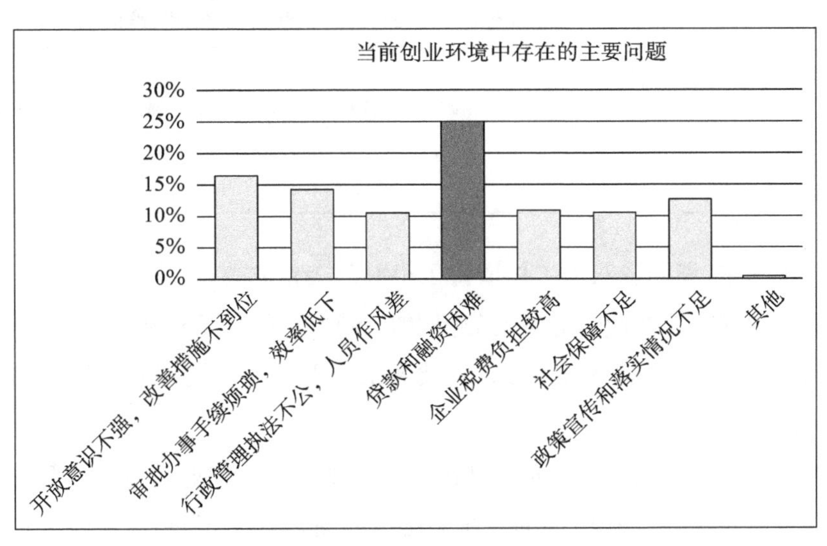

图 23　湖北省当前创业环境中存在的主要问题

湖北省各地级市双创政策与举措见表60。

表60 湖北省各地级市双创政策与举措

城市	双创政策措施	举措
武汉市	打造“双创”升级版	增量崛起、存量变革,打造创业创新“新引擎”
随州市	成立了市委和市政府最高领导组成的推进大众创业、万众创新工作领导小组	出台了《关于进一步深入推进全民创业的意见》《关于支持全民创业的实施方案》《关于分解进一步推进全民创业工作任务的通知》《随州市科学技术奖励办法》《随州市促进科技企业孵化器发展实施办法》《随州市鼓励自主创新和促进科技成果转化实施办法》等政策,从多个方面鼓励、支持全民创业创新
孝感市	1+2+N	“1”就是《中共孝感市人民政府关于大力推进创新创业加快建设创新城市的意见》; “2”就是《孝感市创建国家知识产权示范城市实施方案》和《孝感市创建国家级创业型城市实施方案》; “N”就是与《中共孝感市人民政府关于大力推进创新创业加快建设创新城市的意见》相配套的若干政策措施
襄阳市	成立全国首家创业服务局——襄阳市创业服务局	指导、协调全市全民创业、小微型企业发展和企业家服务工作

虽然近年来,湖北省双创工作取得了很好的工作成效,但还是存在许多制约创新创业的因素存在。制约创业活动的因素有多种多样,但是现在,创业环境无疑是其中最重要的根源之一。概括起来,湖北省的创业就业环境存在着以下两个方面的突出问题。

一是在市场竞争制度不完善的情况下极大地压缩了创业的空间。我国的市场经济体制虽然经过多年的发展并得到了逐步的完善,但不公平竞争问题依然比较突出,市场当中的垄断势力依然十分强大,中小型民营企业在市场竞争中处于明显的不平等地位,难以得到更广阔的发展机会。

二是创业法治环境不健全加大了创业的风险。市场经济是法治经济，创业者在创业过程中及其初创企业的运营过程中都将遇到大量的法律问题。长期以来，由于社会法治观念相对淡薄、部分法律缺失以及有法不依现象的存在，导致权钱交易、寻租等行为的存在，增加了企业开办和运行的成本，恶化了创业环境，打击了创业者的信心。还有一些初创企业陷入领导权和分配权的内耗和法律纠纷之中，这样的案例也不在少数。图 23 为湖北省当前创业环境中存在的主要问题。

五、加强就业创业指导服务有效性的对策

推动大众创业、万众创新，对进一步激发全社会创新创业活力，打造湖北经济发展的新引擎，实现“建成支点，走在前列”的战略目标具有非常重要的作用。各地政府主动服务，认真履职，积极搭建各种公共技术服务平台，降低全社会创业门槛和成本，为大众创业、万众创新创造良好的环境。要深刻认识新形势下促进创业带动就业工作的重要性，增强促进大众创业，万众创新的意识，采取切实的有效措施，优化创业环境，鼓励和扶持更多劳动者自主创业。同时，要树立创业新理念，推动创业就业的转型，推动创业形态的创新，推动创业就业模式的转型。建议将创新创业作为湖北未来发展的主导战略、核心战略，加快列入湖北省“十三五”规划编制之中，研究制定指导性文件，明确创新创业支持政策，在财税、金融、人才等政策方面要明确、具体地实行普惠制，确保在基层能够落地。

1. 凝聚社会共识，大力营造有利于创新创业的良好社会环境

通过大学生创新创业项目，在学校营造创业的氛围，通过学校、政府、企业一起开展创业竞赛活动，组织各类创业活动，开展创新创业教育，“以创业带动就业”，把企业、企业家引进校园，为学生创业就业搭平台、找出口、开展订单式培养、真正实现“项目共赢、企业共享、人才共育、共同发展”。组建一批创业创新公共机构，开展各类公益讲坛、创业论坛、创业培训等活动，丰富创业创新服务平台形式和内容。

培育一批创业创新培训机构，把创业创新培育和创业素质教育纳入职业教育体系，实现全社会创业教育和培训制度化、体系化。打造一批企业创新技术中心，引导和支持有条件的领军企业创建特色服务平台，面向企业内部和外部创业者提供资金、技术和服务支撑。发展一批创业创新区域平台，依托工业园区、产业新城、高校等创业创新资源密集区域，建设具有全省乃至全国影响力的创业孵化示范基

地,支持创新工场、创客空间、社会实验室、智慧小企业创业基地等新型众创空间发展。建立一批知识产权运营平台,完善知识产权快速维权与维权援助机制,缩短确权审查、侵权处理周期。一方面,尊重创新创业的基本规律。积极倡导敢为人先、宽容失败的创新文化,树立崇尚创新、创业致富的价值导向,大力培育创业精神和创客文化,将奇思妙想、创新创意转化为实实在在的创业活动。放宽对创业者的限制,例如允许大学生休学创业、科研人员停薪留职创业,让创业者在相对可控的状态下进行创业,降低创业成本。另一方面,广泛开展宣传活动,凝聚全民创业共识,营造创新创业良好氛围。应充分利用新闻媒体等舆论工具,包括广播、电视、报纸、杂志等传统媒体,也包括微博、微信等新媒体,加大对全民创业的宣传力度。坚持开展“创业大赛”“创业挑战赛”“青桐会”等形式,评选“创业明星”和 “创业精英” 等活动,宣传创业政策,推广创业成功经验,提供鲜活的创业信息,为初始创业者创业和企业加快发展助力,实现创业要素融合,助推企业健康成长。此外,高校和企业合作成立创业导师团,组织专业人士、创业成功人士为创业者提供创业专业指导,实施开展长效有针对性的帮扶活动。

2. 以大众创业万众创新拓展就业空间

提高思想认识,树立创业新理念推动大众创业,万众创新,激励创业是拓宽就业渠道、推动实现更高质量就业的重要基础,是培育新的经济增长点、增强经济发展活力的重要引擎。

创业是致富之源、创新是进步之魂。落实新时期促进就业创业的总体要求,必须树立正确的科学发展观,实施创新驱动发展战略,服务供给侧结构性改革,在推进“双创”的同时,更应关注充分就业创业的实现,促进经济提质增效升级,为共筑中国梦奠定基石。目前,我国创业创新理念还没有深入人心,善于创新、勇于创业的能力还不足,鼓励创新、宽容失败的良好环境尚未形成。中央政治局常委、国务院总理李克强做出重要批示,批示指出:就业是民生之本,就业稳则心定、家宁、国安。近年来,各地区各部门积极作为,在经济下行压力加大的情况下实现了就业的持续增加,成绩来之不易。当前,我国经济发展进入新常态,处于动能转换“衔接期”,确保就业稳定面临新的机遇和挑战。要坚持实施更加积极的就业政策,突出抓好高校毕业生、就业困难人员等重点群体就业;坚持以大众创业、万众创新拓展就业空间,以服务业、新兴产业加快发展扩大就业容量;坚持简政放权、放管结合、优化服务,用改革的办法搭建更优创业平台,用市场的力量创造更多就业机会,推动经济持续健康发展,促进社会公平正义。

要深入实施就业优先战略,切实抓好各项就业创业政策落实。一要保持经济稳定增长,坚持把稳定和扩大就业作为经济运行合理区间的下限,为就业增长提供坚实基础。二要推动创业创新,通过进一步简政放权、深化改革,清障减负做“减法”,搭台助力做“加法”,有效带动就业。三要完善社会托底政策,积极做好失业保险、职工安置、就业援助等工作,有效化解失业风险。四要加强职业培训,加快发展现代职业教育,扩大培训规模,提高培训质量,提升就业能力。五要强化公共服务,充分运用现代科技手段提升服务水平,营造良好的就业创业环境。要突出高校毕业生这一重点,拓展高校毕业生就业空间。从人才培养各主要环节着力,促进招生培养就业一体化,开展多样性和个性化就业指导服务,不断提升毕业生就业能力。深化高校创新创业教育改革,主动对接行业产业需求,健全课程体系,强化创新创业实践,加快培养大众创业、万众创新生力军。全面落实各项帮扶政策,鼓励更多高校毕业生到基层从事公共管理和社会服务,到中小微企业就业,到部队效力。深入实施大学生创业引领计划、离校未就业高校毕业生就业促进计划等,确保高校毕业生就业形势总体稳定。积极组建“优秀创业人物事迹报告团”,邀请近年来涌现的优秀青年创业人物,走进各县、市、区和职业技术学院,以演讲或报告形式,与创业者和大学生面对面,传授创业技能,交流创业经验,分享成长感悟,以提升创业者的创业、就业、择业认知。

3. 准确把脉、统筹协调,加大创新创业政策扶持力度

加强政策集成,进一步加大简政放权力度,优化市场竞争环境。完善创新创业政策体系,加大政策落实力度,降低创新创业成本,壮大创新创业群体。从政策上来看,降低创业门槛,减轻企业负担,培育创业主体,推动以创业带动就业。尽快制定普惠或普适型支持政策,支持重点放在营造创业环境,如租金、网络、培训等,以及降低创业者成本与风险方面,如兜底社保、补贴的基本医疗和社会养老保险等。

创新创业人才管理的一个原则便是“人尽其才、人尽其用、因材施用”。要将不同类型、不同层次的个体恰当地发挥其最大功效,首先要了解该个体属于哪一类哪一层的。地方政府在国家“大众创业,万众创新”精神的指导下,对创新创业类人才的管理,可依据他们的创新及创业能力、专业背景、文化素质、年龄、风险承受力,甚

至包括其个性特征和诚信度等方面实施划分。依据层次类型定政策细则,一方面可以构建一个较为完善有机的政策体系,另一方面也将有效地控制政策的成本投入,提高政策收益。对湖北省地方创新创业人才政策的行政体裁的研究发现,地方政策在实际工作中的落地可操作性不够强。探究最本质原因,如果所有政策操作细则出台,势必会大幅度增加政府的财政支出,但是其政策细则的实际收效却未必理想。这也是为何地方政府在现行的创新创业人才政策适用对象上更偏向"收益率高"的高层次人才。因此,需要寻找一种途径,使地方政府的财政投入和政策投入获得人才收益最大化。因此,可以将创新创业人才实施分类分层管理作为制定和促进政策落地操作的有效途径之一。

湖北省应进一步转变政府职能,完善公平竞争市场环境。在全省建立"一表申请、一窗受理、三证联办"和"先照后证"工商登记便利化机制;积极推进知识产权交易,加快建立湖北省知识产权运营公共服务平台,研究商业模式等新形态创新成果的知识产权保护办法,加强创业知识产权保护;把创业精神培育和创业素质教育纳入国民教育体系,实现全社会创业教育和培训制度化、体系化。探索建立部门权力清单、审批负面清单、市场监管清单"三张清单"制度;深化商事制度改革。加快实施工商营业执照、组织机构代码证,落实"先照后证"改革,推进全程电子化登记和电子营业执照应用。与此同时,加快完善创业课程设置,加强创业实训体系建设。加强创业创新知识普及教育,使大众创业、万众创新深入人心。加强创业导师队伍建设,提高创业服务水平。加快推进社会保障制度改革,破除人才自由流动制度障碍,实现党政机关、企事业单位、社会各方面人才顺畅流动。

4. 加快创新创业网络建设,完善各类创业创新公共技术服务平台建设

根据大众创新创业的需要,建立具有较强专业服务能力的众创空间。众创空间是适应互联网时代创新创业特点的新型创业服务机构,是创客与众筹、众包的结合空间,是创意、创业、创造与投资的结合空间。推进众创空间建设,对进一步完善创新创业生态系统建设,激发大众创新创业活力,帮助创业者实现就业具有重要意义。

其次,加快发展"互联网+"创业网络体系,建设一批小微企业创业创新基地、电子商务产业园(基地),促进创业与创新、创业与就业、线上与线下相结合。不断完善各类创业创新公共技术服务平台建设,降低全社会创业门槛和成本。公共技

术服务平台包括创业创新政策平台、融资平台、孵化平台、培训平台、人才服务平台、信息平台等，平台建设要形成网络、建成体系，各平台数据能开放共享，鼓励大型互联网企业和基础电信企业向创业者开放计算、存储和数据资源，能为创业创新者提供实实在在的帮助。应大力发展第三方专业服务。加快发展企业管理、财务咨询、市场营销、人力资源、法律顾问、知识产权、检验检测、现代物流等第三方专业化服务，不断丰富和完善创业服务。在平台形式上，应大力发展创新工场、车库咖啡等新型孵化器，做大做强众创空间，积极发展“互联网+”创业服务。

5. 扩充创新创业服务对象，完善面向“大众创业”的政策体系

首先，无论是从国家推进“大众创业、万众创新”的历程活动来看，还是从中央政府的发文内容来看，大学生将是大众创新创业的核心群体之一。这主要取决于两个方面的原因。一方面，近年来我国大学毕业生就业人数不断增加。中国当前由产业转型升级过程中创造的高端就业岗位增长要远低于这些大学毕业生数量的增长，他们能胜任的就业岗位在供给上存在严重缺口。大学生自身应树立广义的就业观念，培养良好的个性品质。在“大众化就业”时代，大学生必须调整就业观和就业期望值，树立大众化的就业观。正确认识自我，认识社会职位要求，找准自己就业的社会定位，要按市场经济需求实现就业方式的多样化。同时，大力宣传自身就业能力是用人单位所看重的，也是顺利实现就业的先决条件和必要条件，引导毕业生主动提升其综合素质，突出个体优势，增强自己的就业能力。而另一方面，推进“大众创业、万众创新”能有效地发挥大学生的创新力，同时也能以创新创业带动创新就业，进而缓解各高校毕业大学生的就业老大难问题。过往国家及地方政府对大学生这类群体的政策更多地集中在促进就业问题上，虽也有激发大学生创新创业，但相对来说涉及篇幅较少、指导意见较为模糊，不利于有效落地操作、成功创新创业，因此，从本质上来说，激发大学生创新创业可以看作是高质量的就业。而目前国家对大学生就业的政策导向将由就业转为创业、由创业带动就业；对大学生政策内容也从人才的流动、培养、激励、保障等方面给出了较为明确可行的指导意见。具体来说，针对大学生就业创业工作涉及多个部门交叉管理的问题，政府应当建立相关职能部门会商机制，整合政策、资金、平台等资源，形成合力共同推动大学生就业创业工作。一是提升服务水平。一方面，政府可以通过出台减税、表彰等政策，鼓励企业与有关部门联合设立大学生创业基金，由企业冠名并对创业项目进行

审批,全权发放免息贷款或资金支持。另一方面,创业指导部门可以通过设立大学生创客空间,搭建投资者与创业者、创业项目的交流平台,鼓励和引导风险投资支持大学生创业项目。二是拓宽就业渠道。一方面,进一步完善和落实中小微企业吸纳毕业生的社保补贴、培训补贴、税费减免等优惠政策。针对中小微企业特点,主动组织中小微企业集中开展校园招聘活动,引导毕业生到中小微企业就业。另一方面,继续加大政策引领和服务保障,积极引导大学毕业生到基层工作,开发更多基层公益性岗位。同时,结合我市在旅游休闲、现代农业等新兴领域的发展需要,鼓励高校毕业生面向农业新技术、新品种研发、现代农业经营管理、生态旅游景点营销推广等领域就业。

其次,科技及海外人才向来是我国创新创业人才政策的主要受益客体,过往各级政府在科技人才政策或海外人才政策的制定上基本形成了较为完善的体系,其中较为知名的如深圳、苏州、杭州等发达城市。但分析其受益客体对象,范围是较为狭窄的,大部分仅适用于高层次的"科技人才"和"海外人才",与国务院当前所提及的"科技工作者"和"海外人员"的界定范围存在差异,后者更强调的是"普通"的科技工作人员和"一般"的海外留学归国人员。因此,在"大众创业,万众创新"的改革浪潮中,国家在科技、海外创新创业人才政策的导向上将受益客体扩大化,并且重点完善人才流动、激励及评价等环节的政策内容,由此激发更多的科技和海归人员创新创业的积极性。

再次,企业员工这一类群体一般都受过一定的教育和职业培训,有着较为丰富的从业经验和行业资源,具备一定的经济风险承受力;此外,他们通过多年的工作阅历,也积攒了各类人脉关系。因此,企业人员虽然没有高层次人才优越的学历背景和杰出的创新项目,但是如果这一类群体一旦有创业的想法和项目,并付诸行动,其成功率是比较高的。目前,很多社会运营的创业孵化器中,90% 以上的创业人员均为 30～40 岁,有着若干年企业从业经历的人员。而另一方面,大多数的天使投资人更愿意将资金投向企业人员的创新创业活动。过往政府对企业一般员工的创新创业扶持力度并不大,但在当前大众创新创业的形势下,中央政府明确发挥政策工具的力量,加大对该类人群在人才流动、培养、激励及评价等方面的创新创业活动的扶持力度,以此推进创新创业新态势。构建完善的政策支撑体系,制定扶持创业创新的财税政策。统筹安排各类支持小微企业和创业创新的资金,设立创业创新引导基金,落实扶持小微企业发展的各项税收优惠政策,完善促进中小企业发展的政府采购政策,为创业创新者提供财税支持。出台深化金融市场改革政策,优化资本市场,创新银行支持方式,丰富创业融资新模式,解决中小企业融资难的问题。激发创业创新主体活力,重点在支持科研人员创业、大学生创业、市外人才来潜江创业方面,提出更有效、更具可操作性的支持政策。拓宽创业创新投资渠道,建立和完善创业投资引导机制,发展国有资本创业投资,推动创业投资“引进来”与“走出去”,支持创业创新起步成长,带动更多人就业。

最后,我国农民及农民工问题一直是国家政府关心的焦点,而对农民及相关人员的创新创业也是政府所提倡和鼓励支持的。为推进“大众创业,万众创新”这一举措,政府并没有忽略我国这一数量最为庞大的群体。但是,目前农民或者农民工的创新创业的内容和形式较为宽泛,可以是农业生产、经营及销售环节,也可以是展开城镇劳动服务业;同时,由于城乡二元制的户籍制度的限制,该类群体本身文化素质偏低等原因,也使得农民及农民工在创新创业的路上遇到的困难较多。因此,湖北省应通过完善创业服务体系、落实创业政策扶持,加大对农民工返乡人员及农民创业扶持力度,多举措抓实返乡农民工创业工作。由上述政策梳理中可见,在农民创新创业人才政策的落户、培训及社会保障等环节上,湖北省政府需要下大力气提出相对具体的改革意见。同时,搭建供需平台促进就业。抓住农民工集中返乡和农闲时要外出就业的时机,举办专题招聘会和常规招聘会,为企业和农民工搭建就业供需平台。强化服务扶持创业,将小额担保贷款、“贷免扶补”等就业创业扶持政策向农村劳动力、农民工返乡人员倾斜,上门服务、优先发放,以扶持农民工创业带动就业。

作者单位:湖北大学商学院、湖北人才发展战略与政策研究中心

供给侧改革背景下湖北省高校就业创业工作对策研究

周勇涛　陈前玉

一、前言

当前伴随着我国高等教育体制改革的进一步深化，加强和促进大学生就业创业工作，解决大学生和城镇居民的就业难问题，已成为摆在党和各级政府面前迫切需要解决的重要课题。分析《中国统计年鉴》近5年公布的数字发现，我国人力资源总供给大于总需求的基本态势没有变。根据2016年年度人力资源和社会保障事业发展统计公报，2015年全国人力资源的总供给和总需求分别是1715万人和1400万人，在全国范围内仍然有966万(2015年年底)失业人员需要再就业。然而在这一背景下，许多地方、行业以及企业却同时在为招不到满足自身发展需求的员工而烦恼。导致这一问题存在的原因，除了就业市场信息不对称的问题和双方期望值差异外，更主要的原因是因为劳动者的技能和素质不能有效地满足新产业、新岗位的需求，即就业结构性矛盾突出。

同时，伴随大学毕业生供给总量的持续增加，我国经济发展的速度却在不断放缓。例如，从2012年至2016年，我国国民经济(GDP)增长率分别为7.8%、7.7%、7.4%、6.9%、6.7%。大学毕业生供给总量的持续增加与经济发展速度的渐次放缓，毕业生供需矛盾将更加突出。大学生本来应该是创业活动的主力军，但在我国却并非如此。虽然近年来教育部门采取多种措施扶持大学生创业，但真正敢于创业的大学生寥寥无几。目前，我国大学生创业的比例仅为毕业生总数的1%左右，而在发达国家，这一比例一般占到20%～30%。另外，我国大学生的创业成功率也比较低，在最高的浙江省也只有4%，广东则仅为1%，而全世界大学生的平均创业成功率是20%。长期以来，我国高等教育在四个方面存在问题。

一是大学人才培养与科技创新之间的脱节，难以承担起科技创新的重任。

二是大学人才培养与国家经济社会发展需要之间存在脱节，难以满足经济社会发展对创新创业人才的需求。

三是大学校内、校外之间存在脱节，难以快速承担起服务社会的责任。经过调查走访，高校学生和社会用人单位在就业能力方面的评价(见图 24)存在很大的差异。

四是高校教师与学生之间存在脱节，学生难以融入教师科研实验之中，所学知识难以转化为生产力。目前湖北省的就业创业工作普遍在推广模式、技术、发展路径及政策实施上遇到了发展瓶颈，由此导致教育资源分配不均、复合型人才匮乏、核心竞争力低等问题的出现。而解决当前就业创业等重大难题，继而继续深化教育体制改革，就必须从供给侧改革视角对当前的教育资源供需状况进行细致的分析。

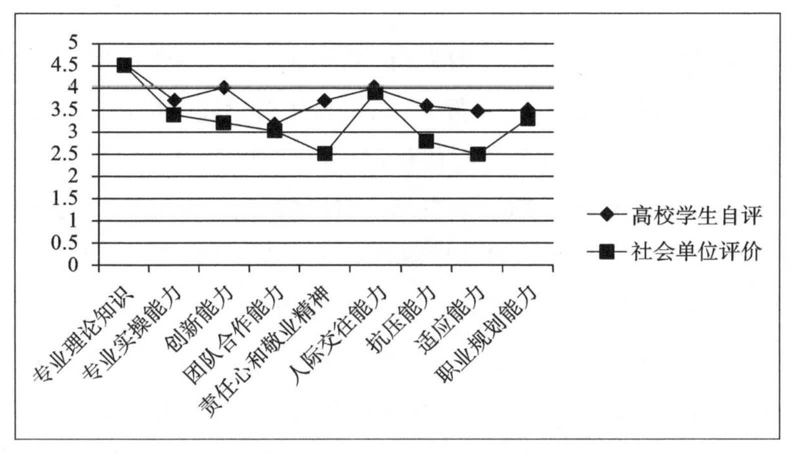

图 24　高校学生和社会用人单位在就业能力方面的评价

教育领域的供给侧改革：一方面有助于提高教育供给端的质量、效率和创新性，使其更贴近学生的知识需求和创业素质培养，做到既能满足学生个性发展的需要，又能对准未来社会的市场需求；另一方面有利于丰富教育供给结构，为在校大学生提供丰富多元、可选择的创业教育资源、教育环境和教育服务模式。在供给侧结构改革的背景下，高校要深化教育改革、优化人才培养模式、提高人才培养质量、提升大学生就业创业能力、鼓励自主创业、实现高质量就业，对经济发展和社会稳定具有重要意义。供给侧改革,即从提高供给质量出发,用改革的办法推进结构性调整,矫正生产与创新要素的扭曲配置,提高供给结构对需求变化的适应性和灵活性,进而促进经济社会持续健康发展。

从需求侧转向供给侧,表明我国经济发展的思路已经发生了重大改变。从创业就业教育改革的角度来说,供给侧改革的核心就是提高创业的生产率,通过创业带动就业,由于就业结构性矛盾的存在,湖北省为了破解大学生就业难题,就必须着力于大学生综合素质和就业创业能力的提升,从高等学校人才培养的供给侧发力,抢占创业就业制高点。因此,基于供给侧改革视角分析湖北省大学生就业创业问题,并提出相关工作对策与建议具有重大的实践指导价值。本课题在对湖北省就业创业现状与存在问题进行分析的基础上,基于供给侧改革视角,提出有效促进湖北省大学生就业创业工作的对策建议。

二、湖北省创业就业现状

近期,湖北省人力资源与社会保障厅的数据显示,2017 年上半年,全省城镇新增就业 49.17 万人,同比增长 0.39 万人,完成全年目标任务的 70.2%。全省城镇登记失业率 2.6%。全省就业形势总体稳定。

2017 年上半年,我省积极实施"我选湖北"计划。截至 2017 年 7 月中旬,全省建立大学生实习实训基地 1148 家,提前超额完成全年建立 1000 家的目标任务;全省接收大学生在鄂实习实训 10.75 万人,完成全年任务的 37.4%。从产业分布来看,第三产业新就业人员占 54.9%,同比增加 19.19%;第二产业新就业人员占36.7%,第一产业新就业人员占 8.4%,均同比减少,与我省产业结构调整方向相符。从行业分布来看,新就业人员主要集中在制造加工业(22.4%)、批发零售业(13.6%)、住宿餐饮业(13.3%)。民营企业、个体经济、灵活就业日益成为新增就业的主渠道。同时,虽然创业对就业市场的带动效应初步显现,但目前存在的问题和挑战依然严峻。具体来说,目前湖北省创业就业过程中存在以下急需解决的问题。

1. 首先创业意识和氛围不够

由于缺乏创新、创造意识和承担风险能力,不少就业者不是运用所掌握的知识和技能,主动寻找创业机会,闯荡市场,而是等政府扶持,靠关系就业,有的甚至宁愿吃救济、吃父母的也不积极就业,更谈不上创业。

2. 就业工作重点不断变化，就业援助政策的调整跟不上形势

当前，高校毕业生、城镇就业困难人员、农村转移劳动力等人群已成为就业重点扶持对象，但有的就业援助政策还停留在过去，跟不上发展的需求。如地方反映公益性岗位补贴政策3年到期后，对部分就业困难人员面临因政策到期而重新失业的风险没有后续援助政策。

3. 技能教育与岗位需求不匹配，劳动力结构性矛盾依然突出

由于地方制造业的快速发展，企业用工对高技能人才的需求呈逐年递增态势，但城镇失业人员和农村牧区劳动力的技能素质相对偏低，就业领域较窄，而新成长劳动力存在知识结构和技能水平不能与市场良好对接的问题，造成用工难，就业也难。

4. 创业教育不足导致创业意识和创业人才缺乏

目前我国的整个教育体制依然没有摆脱应试教育的框架。虽然，我国高等院校已逐渐从应试教育向包括就业教育、创业教育在内的素质教育转变，但总的来讲我国高校的创业教育仍然处于初级阶段，大部分学校不仅缺乏对创业教育的理性认识，而且创业教育还没有融合到高校人才培养的整体体系之中。此外，创业教育的另一个源头职业技术教育也发展相对缓慢。由于社会对职业技术教育的认可程度不够高，职业技术学校的生源状况不佳，学生素质低。再加上国家对职业技术教育的投资仍远远低于普通教育，富有技能实践经验的教师数量不足，致使许多职业技术学校的毕业生质量不高，缺乏创业所必需的基本素质。

三、创业就业的分析框架：基于高等教育供给侧改革的视角

国家主席习近平在2015年11月10日中央财经领导会议上，提出“在适度扩大总需求的同时，着力加强供给侧结构性改革，着力提高供给体系质量和效率，增强经济持续增长动力”。李克强总理在“十三五”规划中明确提出“激发创新创业活力，推动大众创业、万众创新，释放新需求、创造新供给”的要求。对于高校人才培养供给侧改革来说，更需要在政府的指导下，积极引入市场机制，探索多种方式的、科学的、灵活的人才培养机制，促进人才培养与产业结构调整相适应。

供给侧结构性改革旨在调整经济结构，从而使要素实现最优配置。提升人力资本，优化劳动力资源配置，是供给侧结构改革的重要内容，也是夯实供给基础的

关键。目前在供需基本面保持相对稳定的前提下,我国就业结构性矛盾更加突出,就业稳定性更加脆弱,实现更高质量就业的压力加大。要缓解这些矛盾,就业必须与经济改革联动,要深入开展就业供给侧改革。随着人才供给侧结构性改革工作的深入,高校就业创业教育已成为改革的重要内容。其原因在于:就业创业教育有助于发挥学生的就业主体性,更好地适应未来人才市场。供给侧结构性改革对大学生就业势必会产生深刻影响,主要表现为:一方面有助于提升毕业生的岗位职业能力,另一方面有助于缓解就业压力,提升毕业生的竞争力。

本报告认为人才培养和成果转化是高等教育在“供给侧”能够推进创新创业的关键动力。结合高等教育文化传承的社会功能与学风建设对科学研究和人才培养的重要性,本文形成“供给侧”综合改革框架(见图 25)。具体来说,在创新创业人才培养方面,高等教育应从创新创业要求入手,通过改变高校人才培养理念,引进产业发展需求,强化应用导向,以“互联网+”全面改革高校学习与科研模式,助推“创新创业”人才成长;在产学对接机制方面,高等教育应立足于《中华人民共和国促进科技成果转化法》修正案的政策红利,借鉴国外先进经验和成功模式,从高校创新体系与产业创新发展对接的角度,研究如何构建新型科技成果转化机制,解决产业发展共性问题,促进战略性新兴产业发展与传统产业转型升级,提高科技成果服务社会发展的效率与效果。对学风建设,高等教育应以世界一流大学和世界一流学科为标杆,结合中国国情,通过塑造立德树人、创新求实的学风,构建孕育与培养创新创业文化的高等教育环境。

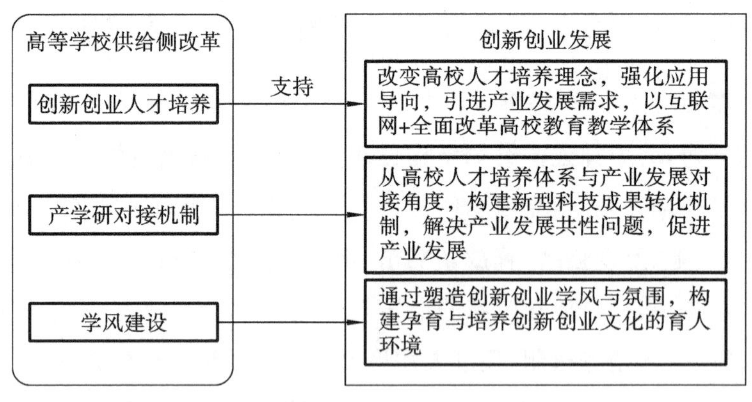

图 25 高等学校推动创新创业的供给侧改革

1. 更高质量就业供给侧改革的逻辑前提

目前,包括湖北省在内的多数高校教育仍然侧重于传统理论知识学习,对职业技能的培养相对滞后。随着供给侧创业结构调整的深入,人才培养应注重提升毕业生的就业创业能力。如通过开展多种方式的就业创业实训活动,增强大学生的职业竞争力和生存能力,实现大学生的自我价值。就业创业教育促进了毕业生的社会化。就业创业教育能够拓宽学校与社会的衔接,引领学生从就业创业实践中获得更多的职业技能,提升毕业生对社会的认知、对社会环境的适应,为就业创业奠定职业基础。实现更高质量就业,必须准确把握我国经济发展进入新常态的特殊背景、大学毕业生供给总量增加的客观现实以及实现更高质量就业的战略任务,这是推动大学生更高质量就业供给侧改革的逻辑前提。

首先,这是经济发展进入新常态的特殊背景。经济发展新常态是推动实现更高质量就业供给侧改革的重要背景。“经济发展进入新常态,是我国经济发展阶段性特征的必然反映,是不以人的意志为转移的必然趋势。”经济发展与就业直接相关,经济发展进入新常态导致大学生就业供需矛盾更加复杂。在经济新常态下,我国呈现出经济发展速度放缓、经济结构优化升级、经济发展动力转换等三大特征。经济发展速度放缓,必然导致新增就业岗位相应减少,与此同时以大学生为重点的就业人群却在不断增加,这就使得大学生就业的供需矛盾更加突出。经济结构优化升级,必然会催生更多新职业、新业态、新经济,尤其是以现代服务业为代表的第三产业将获得迅速发展的机会,这必然导致对人才的要求更高,结构性失业的问题更加凸显。创新驱动发展战略的实施,使得创新创业人才的培养更加紧迫,这就要求高校必须深化创新创业教育改革,转变大学生创新创业观念,提高大学生创新创业能力。可见,经济发展进入新常态这一特殊背景,客观上要求高校通过就业供给侧改革,转变大学生就业观念,提高大学生就业创业能力,以更加优化的人才供给适应经济发展新常态。

其次,大学毕业生供给总量增加的客观现实。大学毕业生供给总量增加的客观现实是推动实现更高质量就业供给侧改革的重要缘由。自我国高等教育实现大众化以来,大学毕业生呈现逐年递增态势。

最后,推动实现更高质量就业的战略任务。实现更高质量就业的战略任务是解决重大民生问题、推动经济社会可持续发展的根本所在。更高质量就业是指充分的就业机会、公平的就业环境、良好的就业能力、合理的就业结构、和谐的劳动关系。可见,要实现更高质量就业,就需要从供给和需求双方共同着力。其中,提高劳动者的就业能力属于供给侧内容;就业机会、就业环境、就业结构等则属于需求侧内容;和谐劳动关系则是供需矛盾平衡的结果。

2. 创业就业供给侧改革的逻辑要求

实现有业可就、就业满意和创新创业,既是就业供给侧改革的目标,也是破解大学生就业难、推动实现更高质量就业的逻辑要求。

1) 实现"有业可就"是基本要求

"有业可就"是实现更高质量就业的基本要求,也是就业供给侧改革的首要目标。"有业可就"是指大学生只要想就业就都有获取工作岗位的机会。"有业可就"是建立在劳动者供给与市场需求相对平衡的基础之上的,但是劳动力的供需总量平衡并不意味着能够自然实现劳动者"有业可就"。就当前经济社会发展形势而言,市场所提供的就业岗位总量基本能够满足大学生的就业需要,但大学生"有业不就"的现象仍然较为突出,甚至已成为大学生就业难的主要原因。"有业不就"有不同的表现形式,原因也有多种,但根本原因还是由大学生就业观念固化与就业能力局限造成的。因此,要实现"有业可就"的基本目标,必须转变大学生的就业观念,提高大学生的就业能力,这是大学生实现更高质量就业供给侧改革的基本要求。

2) 实现"创新创业"是必然要求

在供给侧改革中,产业转换带来了传统产业就业吸纳能力下降的同时,引发了新兴产业的快速发展。虽然新兴产业并没有能提供足够的就业岗位,但为大学生的未来创造了更多的可能性。在时代的新需求面前,大学生群体自身的创造力、创新力、洞察力以及专业性都远远超出社会生产工人,尤其表现在计算机、金融、互联网等中高端行业方面。对于大学生而言,充分发挥自身优势,能够在新生产模式下获得较强的就业竞争力。这种优势还会随着产业转换速度的增加而变得愈加明显。"创新创业"是实现更高质量就业的必然要求,也是就业供给侧改革的更高目标。"创新创业"是创业的最高形式,以促进学生创新意识、创业精神和创新创业能力增强为目标。目前,我国经济发展进入新常态,传统的以要素驱动经济发展的模式已经难以为继,但面对就业难题,经济发展又必须保持一定增长速度。正如李克强总理指出的“稳增长根本是为了保就业”，要实现稳增长就必须走创新创业之路。青年大学生作为创新创业的生力军，“青年是国家和民族的希望，创新是社会进步的灵魂，创业是推动经济社会发展、改善民生的重要途径”。创新创业既是时代赋予青年大学生的责任和使命，也是青年大学生更好地实现人生价值的重要抓手。只有通过创新促进创业，才能更好地推动经济发展，创造出更多的就业岗位，从根本上解决就业难题。因此，深化高校创新创业教育改革，推动大学生创新创业，是大学生实现更高质量就业供给侧改革的必然要求。

3）实现“就业满意”是根本要求

“就业满意”是实现更高质量就业的根本要求，也是就业供给侧改革的根本目标。“就业满意”是指大学生的就业期望与实际获得就业岗位之间的契合度，契合度越高，大学生的就业满意度就越高，契合度越低，就业满意度就越低。大学生的就业满意强调的是就业者对自身就业状况的一种主观心理感受。因此，就业是否满意因人而异，即便面对同一职业，不同的人的满意度也会迥然不同。大学生在就业过程中频繁跳槽、“有业不就”等现象，实质上是对现有就业岗位不满意的表现。当前，部分大学生就业满意度低的原因在于，大学生自我定位不准、职业期望超越现实。要实现大学生满意就业，不仅需要为大学生创设良好的就业条件和就业环境，还需要调整大学生的就业预期，帮助大学生制定科学的职业生涯规划，这是大学生实现更高质量就业供给侧改革的根本要求。

四、加强高校就业创业指导服务有效性的对策

随着“大众创业、万众创新”时代的到来，高等学校应紧跟步伐，提高对就业创业教育的认识，整合政、校、企等多方资源，找准定位，创新人才培养模式，多途径提升大学生就业创业教育，为地方经济发展提供人才保障。供给侧结构改革是用改革的办法矫正供需结构错配和要素配置扭曲，减少无效和低端供给，扩大有效和中高端供给，促进要素流动和优化配置，实现更高水平的供需平衡。供给侧改革牢固树立并切实贯彻“创新、协调、绿色、开放、共享”的发展理念，是关系我国发展全局的一场深刻变革，供给侧改革具有重大战略意义和深远历史意义。在此背景下，高校必须实施教育改革和创新战略驱动，通过完善教育教学体系，优化学科结构和专业设置，建设高水平师资队伍，强化实践教学；加强职业指导，提升高校就业服务质

量;健全人事代理制度,促进人才合理流动和优化配置,培养出高质量的综合素质人才,达到供需匹配,使大学生能够充分就业、合理就业,成功创业。

综上所述,要开创湖北省更高质量的创业就业局面,就必须把握市场需求。优化人才培养结构、转变供给观念增强就业核心能力、改革教育方式落实创新创业教育,这是推动大学生更高质量就业供给侧改革的逻辑实践。

1. 深化教育教学改革,加强创新创业人才教育

在供给侧改革中,产业结构调整升级倒逼高校学科改革,开展了一系列创新创业教育、校企联合培养、中高端技术培训等教育活动。从目前来看,高校教育紧贴时代变革、产业发展,紧跟国家经济政策,大大提高了大学生的职业认知水平,使其走到行业发展前沿,以全新的职业理念、高超的专业水平要求自己以满足新时期经济常态下社会产业发展的需求,实现人才供给与需求之间的协调平衡。与以往教学相比,现代大学生高等教育向"多专多能"方向培养,以全方位的素质教育给大学生就业创造良好的前景。

针对上述问题,我们必须从深化就业创业供给侧改革入手,全面提升人力资源的综合素质和专业技能水平,改善人力资源供给结构和层次,从根本上缓解人力资源供需结构性矛盾。一方面,必须从转变人力资源供给方观念入手。理性把握就业创业形势,合理定位待遇标准,有效缩短择业周期,结合自身综合条件,确立"先就业、后择业"和"自主创业、自谋职业"的就业观。另一方面,必须从提升劳动者综合素质入手。人力资源的供给侧改革,关键是要提高供给方的劳动者素质,特别是技能水平和创业能力,增强人力资源在市场就业竞争中的适应性和竞争力,最大限度地降低市场中人力资源的闲置率,实现其真正意义的就业更加充分,同时提高就业的稳定性。

促进就业是一个系统工程,无论是舆论宣传、信息采集、政策落实、跟踪服务,都要靠基层的就业工作者去做。只有充分调动他们工作的积极性和主观能动性,才能为服务对象提供优质便捷的公共就业服务,才能顺利实现服务对象的综合素质和技能水平的提升,才能使闲置的劳动者转化为市场需求的人力资源,在实现就业创业的过程中实现自身价值,推动经济社会的健康发展。

1)优化专业结构,增强课程设置合理性

就业创业教育作为高等教育改革的主要内容,要纳入高校人才培养实践中,注

重大学生就业创业教育，转变求职者，尤其是大学生的就业理念，增强大学生就业创业能力，提升大学生就业创业思维，将就业创业知识与高等教育相融合，并渗透到人才培养的全过程，提升大学生的社会适应能力。

高校的专业设置应反映企业市场的新需要，适应就业市场不断变化的人才需求。高校要健全创新创业教育体系，将创新创业教育作为深化高等教育综合改革的突破口，淡化学科之间的界限，重视学科专业之间的交流和融合。夯实专业基础，探索建立跨院系、跨学科、跨专业交叉培养创新创业人才的新机制。

对传统专业进行改造和深化时，如果开设的专业不能适应市场需求导致就业不理想，可实行隔年招生甚至停止招生。高校应科学准确地判断企业市场未来的发展趋势和需求变化，积极关注企业经济发展方式的改变，包括以新一代信息技术、节能环保、新能源、生物、高端装备制造、新材料、新能源等为代表的新兴战略性产业的发展，增设具有市场潜力的新专业，实现专业设置与社会需求合拍。通过不断调整专业设置以及学科结构，加强与经济社会发展的适应性。

创新创业课程设置应突出专业特色，能够和专业课程有机融合在一起，将创新创业教育渗透到高校教育教学的每一个环节中，提高学生在专业教育过程中的参与性、创造性和主动性，强化学生的创新意识。高校要本着“宽口径、厚基础、适应性强、突出重点和全面发展相结合”的原则，增设综合性跨学科的创业系列课程。鼓励学生跨专业、跨学科选修，使学生能够自主选择专业、课程，增强其通识教育。为学生打造专业学术、交叉复合和就业创业等多路径差异化的成才通道。另外，高校应根据学生创业与专业方向，采取因材施教的教学方法。

2）提高创新创业师资队伍的质量

师资队伍是高校创新创业教育的重要保障，培养大学生创新创业能力离不开高素质的师资队伍。现在很多高等院校从事就业创业教育的师资力量主要来自部分行政教师或专业教师，缺乏在企业或行业工作的相关经验。即使有些教师拥有“双师证”，也仅停留在理论层面，企业工作经历和实践经验还有待进一步丰富。另外，高校为学生传授就业创业教育理念及知识，大多还都采用就业指导课和讲座的形式，虽然主讲人员有些是从企业聘请的客座教授，或者是相关企业的管理人员，但由于没有形成一个完整的教学体系，传授给学生的信息未免过于零散，教学效果不明显。

因此,提高高校创新创业师资队伍的质量是促进大学生创业就业最为紧迫的任务之一。具体措施有两点:建立创新创业教育的专职师资队伍,配足配齐配强创新创业教育专任教师。开展高校创新创业教师全员培训,定期邀请专家到校进行创新创业教育知识讲座,提升教师的理论素养。组织教师参加国际国内的创新创业领域学术交流和专题研讨会,拓宽教师视野,使教师能够接触更广更深的相关理论,不断提高教师的教学水平和指导学生进行创新创业实践的能力水平。鼓励教师到企业挂职锻炼,积极参与课题项目研发设计等实践活动,增强教师实践技能,丰富教师的教学内容,完善创新创业教育的理论和实践体系。

从社会各界积极聘请成功企业家、创业投资家、律师、工程技术和管理类专家等担任实践教师队伍,他们的成功经验对学生创业技能能够提供强有力的支持,也可为大学生创业项目把脉诊断,从团队建设、市场开发、风险管理等进行指导分析。加强创业孵化基地建设,强化创业交流和实践指导。高校要加强大学科技园、大学生创业孵化园以及校外创业孵化基地等各种创新创业实践教育平台的建设,深化校校、校企、校地合作,开展丰富的社会实践教学,实现"产学研"相结合。对大学生参与的优质创业项目,高校通过完善科技成果市场化定价机制,多种渠道筹集资金等方式积极鼓励成果转化。另外,高校要充分利用学校科研项目,让专家教授们用自己的科技项目,带领大学生团队,发挥专业优势,发现优质项目,寻找创业机会。强化对大学生的创业训练和创新意识培养,提高大学生创新创业能力。高校积极为大学生构建创新创业实践平台,通过组建创客空间、创业过程辅导和创新创业沙龙等活动,激发大学生的创新意识。组织学生参加各种创新创业比赛,尤其是具有研发、设计性的科技创新活动,提高大学生的创业能力和团队合作精神。深化"双创"教育综合平台的应用,营造学习氛围,帮助学生实现创业梦想。

3)加强专业教育的前瞻性和引领性

高校大学生对所学专业的发展前沿认知不足,影响到自我定位与职业选择。为此,高校应加强专业教育的前瞻性和引领性。首先,扩大校企研发的影响范围。通过联合校外资源,对在专业研究方面有突出表现的学生进行深度培养,从事有实际意义的研发工作,从而大幅度提升自我能力。高校对专业比赛、科研立项以及校企研发的重视和发展,一定能够促进专业教育的前瞻性和引领性,为社会培养出顶层设计人才。其次,鼓励参加大学生专业比赛。通过文献学习、资料调查以及比赛技能锻炼，提升大学生对专业前沿发展的认知，形成较为完整的独立操作技能。最后，鼓励支持大学生科研立项。通过与学校教师的学术探讨、自我实践摸索，对常规的生产方式、工作流程和原理进行改进，锻炼自我发现问题、解决问题的能力，成为专业的引领者。

2. 推进就业服务“转型升级”，提升创业就业服务质量

1）拓展就业市场，丰富就业资源

良好的就业市场是高校毕业生成功就业的充分条件，高校除了与用人单位加强联系，建立稳定长期的供需合作关系，更应发掘新的就业岗位。密切关注国家有关经济改革的相关政策，大力开拓就业岗位。结合地方经济需要，高校应深入挖掘新技术、新产业、新业态带来的就业机会。供给侧改革会使第三产业的比重上升，尤其是金融保险、节能环保、电子商务等服务业和旅游休闲、社会工作等生活性服务业会有大量的用工需求。高校应抓住机会，开拓新的就业市场，适时邀请和本校专业相符或相近的单位进校召开专场招聘会，为广大学子创造求职应聘的就业平台。

2）拓宽发布渠道，确保就业信息精准推送

就业信息畅通是毕业生成功就业的必要条件。高校要充分有效地利用“互联网＋”技术，及时向毕业生发布就业信息。就业部门应积极联系用人单位，搜集市场招聘信息，将毕业生求职意愿与企业招聘岗位相对接，实现智能化供需匹配，为毕业生精准推送就业信息。利用多媒体技术，开展定制服务，为毕业生“送岗位、送政策、送指导”，及时有效地将用人信息传达给毕业生，实现就业服务个性化、信息化。充分发挥校园双选会的作用，通过举办分层次、分类别、分行业的专场招聘活动，为毕业生提供较多的选择机会，提高招聘活动效率。

3）加强就业指导，使毕业生转变就业观念，调整期望值

高校应加强就业指导，引导学生关注自身的职业发展，转变求职观念，调整就业期望值。岗位本身没有好坏，无论是城市还是基层，只要能够发挥特长，达到人职匹配、生活工作平衡、幸福指数高，就体现了质量。随着就业市场的多层次、多元化发展，在中小微企业、社会组织就业以及自主创业的比例会越来越高。中小微企业是经济转型、消费经济时代的主要推动力，大部分是属于服务行业，人才需求量大、求贤若渴。高校毕业生选择就业岗位时不可能处于同一个水平面，人人皆白领

的情形是不可能出现的,会有相当一部分大学生投身于上述行业。高校在就业新常态背景下,高校要不断丰富职业指导的内容和形式,积极组织专家讲形势、师生讲感受、校友讲经验,引导广大毕业生树立正确的人生观、价值观和成才观,把创新精神和创业意识的培养融入思想教育中,激励更多高校学生在基层成才、在就业创业实践中成才。

3. 完善人事代理体系,促进人才合理配置和流动

1) 加大人事代理宣传力度,优化毕业生档案内容

高校要充分发挥教育引导作用,使毕业生认识到人事档案的重要性,提高其对人事档案的重视程度。通过校园网、微信群等各种媒介宣传人事代理的相关政策,通过讲座、海报的形式让毕业生了解办理人事代理的程序和注意事项。为用人单位全面了解毕业生的基本情况,高校应对大学生档案内容进行创新,除了保留现有的内容,如在校表现情况、学习成绩以及老师评价等,还应增加学生在校期间参加的创新创业实践活动、能力业绩状况、个性特点测评、职业生涯规划和诚信等方面的记录,保证毕业生档案的有效性和真实度,为毕业生在人才流动中提供依据。

2) 推进人事档案网络信息化管理

每年都会有大量的高校毕业生人才流动,对此,应加快网络信息化管理建设,保持信息畅通和及时更新,提高大学毕业生人事代理办事效率,促进人才更加合理地流动。第一,高校应加快档案管理网络化建设,实现大学生电子档案的查找、修改、打印和维护等一体功能。第二,人事代理机构通过人事档案信息网络化的建设,可以对毕业生的人事档案进行动态化管理,及时更新档案内容,体现人事档案的时效性,提升档案的使用价值,为用人单位甄别人才提供有效依据。第三,人事代理机构要和高校、用人单位加强网络化建设。人事代理机构可以为高校提供真实有效的招聘信息、就业动态以及人才测评系统;高校可以为人事代理机构提供高质量、供需匹配的毕业生人才资源,促进人才资源的有效分配。人事代理机构和用人单位建立网络联系,可以实时准确地掌握用人单位的招聘需求,能够及时反馈给高校或毕业生,并快速准确地找到认知匹配的高校毕业生资源;用人单位可以从人事代理机构获取毕业生的基本情况,招聘合适的毕业生。第四,各地区要加快网络一体化建设,建立全国联网的高校毕业生档案管理系统。满足人才信息和招聘信息的共享,提高国家的人事代理水平,促进异地间的人才招聘和流动,从而实现人

才资源的优化配置。

4. 优化创业环境，为创业就业浪潮保驾护航

为迎接我国第四次创业浪潮的到来，要促使大众创业、万众创新局面的全面形成，就需要将优化和完善创业环境作为政策的着力点。具体措施有以下几点。

第一，加快营造公平竞争的市场环境，为创业企业的大量涌现“腾笼换鸟”。打破各种形式的市场垄断，破除市场进入障碍，是扩大创业企业活动领域、提高创业成功率的关键所在。必须按照市场在资源配置中发挥决定性作用的基本原则，加快垄断企业改革的步伐。国有企业必须尽快摆脱对行政垄断的依赖，依靠自身的核心竞争力，在市场经济的公平竞争中找到自己的立足之地。破除行业进入壁垒，尤其要打破形形色色的“玻璃门”“弹簧门”“旋转门”，使创业企业能够在公平的市场竞争中产生和壮大。

第二，加大简政放权的力度，多管齐下降低创业成本。简政放权有利于厘清政府和市场的关系，激发市场活力。不过，在简政放权过程中，一些部门取消下放的审批事项中有实质意义的项目不够多，特别是束缚企业生产经营、影响创业创新的事项取消下放不够。还有一些审批事项下放后，一些地方政府并未真正落实到位，“最先一公里”和“最后一公里”问题仍较为突出。因此，推进简政放权，简化创业手续、降低创业成本，落实各种优惠政策，就必须打破地方和部门的利益，政府职能改革要拿出“真刀真枪”、拿出“真金白银”，才能使创业者的创业之路更加通畅。

第三，进一步完善创业的法制环境，为创业者提供坚强有力的法律“安全伞”。完善的法制环境有助于保护创业者的积极性和创造性，有助于保护他们通过创业形成的财富和权力。实际上，完善的法律制度对降低市场的交易成本，使创业者形成稳定的市场预期，都有积极的作用。当前要坚持“依法治国”的理念，对一切依靠勤劳致富的劳动者必须予以有效保护，只有在完善的法制环境下，劳动者的创业热情才能充分涌现出来。

第四，加快形成完善的创业教育体系，提高全民的创业意识。创业能力的培养问题，要求把创业能力提高到与目前学术性和职业教育同等的地位。创业教育的实施和创业型人才的培养需要一个庞大的教育教学组织系统，各级各类学校要把

培养创业型人才放到教育工作的首要位置,努力构建科学合理、运转协调有效的组织管理体系,为创业型人才培养提供组织保障与环境条件。需要特别提出的是,创业教育不能仅限于大学阶段,更应该"从娃娃抓起"。只有尽快形成一套从义务教育到高等教育、贯穿职业终身的创业教育体系,才能使创业意识在全民扎根,更多的创业人才能源源不断地涌现出来。

作者单位:湖北大学商学院、湖北人才发展战略与政策研究中心,

湖北大学商学院 2017 级研究生、企业管理专业

“互联网＋”背景下创新创业金融人才培养模式研究

朱小梅　汪天倩

一、引言

（一）研究背景

2014 年 4 月 21 日，马化腾在《人民日报》中首次公开提出“互联网＋”的概念。2015 年 3 月 5 日，李克强总理在十二届全国人民代表大会的政府工作报告中第一次提出了“互联网＋”的行动计划，行动计划指出要推动移动互联网、大数据、云计算、物联网等和现代制造业的有机结合，促进工业互联网、电子商务和互联网金融的健康发展。此后，“互联网＋”的概念渗透到了经济发展的各个环节，特别是人才发展和产业融合上。“互联网金融”的概念是由谢平教授在 2012 年 4 月的“金融四十人年会”上提出的。2012 年、2013 年互联网金融的各种模式在实践当中得到了充分的发展，对传统的金融行业产生了很大的冲击和影响。2015 年，“互联网金融”的概念被写入了政府工作报告，相关规范发展的指导意见也开始出台。

在这样的时代背景下，新型的金融业态逐渐形成，新型的金融人才需求越来越强烈。《2016 年中国互联网金融人才白皮书》的调查结果显示，互联网金融产业链中所有类型的人才都存在着巨大的需求缺口，未来 5～10 年，我国互联网金融行业的人才需求缺口将达到 100 万左右。因此，研究如何完善金融专业新型人才的培养模式，培养金融领域具有较强学习能力和创新精神、善于灵活运用专业知识和信息技能的跨行业复合型人才，不仅能够提升学生的综合能力和就业竞争力，更好地满足金融领域新的人才需求，也能使学生更好地适应新型金融业态发展的要求。

与此同时，2010 年 5 月，教育部发布了推进高等学校创新创业教育和大学生自主创业工作的相关文件，提出创新创业教育是适应国家发展战略和经济社会需要而产生的一种新的教学理念和模式。《国家中长期教育改革和发展规划纲要(2010—2020)》也提出,要加强就业的创业教育,促进教学、科研和创新创业教育的良性互动。2011年10月25日,时任教育部部长助理林惠青在第四届全国大学生创新年会上指出,学生创新精神和创新能力的培养既是创新型国家建设的迫切需要,也是提高人才培养质量的根本路径。党的十八大以来,习近平总书记多次提到创新驱动,而每一次几乎都涉及人才问题。十九大报告中也明确指出,创新是引领发展的第一动力。2018年两会期间,习近平总书记再次强调,发展是第一要务,人才是第一资源,创新是第一动力,中国需要走创新驱动发展的道路,新旧动能才能顺利转换,才能真正地强大起来。人才是创新活动的根基,创新驱动实质上是人才驱动。由此可见,探索高校创新创业人才的培养模式是新时代背景下一个深刻且实际的话题。

(二) 研究目的及研究意义

随着国家"互联网+"行动计划的提出和推进,互联网金融业的影响越来越深远。技术创新与金融的协同发展推动了互联网金融的演进。人才作为重要的生产要素,在互联网金融未来的发展过程中发挥着越来越大的作用。在"大众创新、万众创业"的背景下,金融专业创新创业人才的培养是未来金融业转型升级的关键所在。此外,对"互联网+"背景下金融专业创新创业人才培养模式的研究也是新时期普通本科高校向应用技术型转变的重要步骤。"探索本科层次职业教育"从2014年被教育部首次提出,到《关于加快发展现代职业教育的决定》《现代职业教育体系建设规划(2014—2020年)》颁布,国务院和教育部正在积极引导和推动地方本科院校向应用技术类型转变。湖北省以武汉市为核心,集聚了众多的教育资源,为了缓解大学生就业的压力,推动创新型国家的建设,更应该积极调整人才培养模式。因此,开展"互联网+"背景下金融专业创新创业人才培养模式的研究有着十分重要的理论意义和实践意义。

二、我国高校金融专业创新创业人才培养的现状及存在的问题分析

(一) 我国高校创新创业人才培养模式的现状分析

在国家创新驱动战略的推动下,为了提高大学生的创新创业能力,我国高校积

极开展了大学生创新创业教育，效果已经初步显现，但也存在一些明显的问题。

我国创新创业教育的发展大致可以分为两个阶段(见表61)。

表61　我国创新创业教育的发展阶段

创新创业教育的发展阶段	阶段的标志性事件
第一个阶段：1997—2002年4月 (自主探索阶段)	1997年，清华大学发起了首届大学生创业计划大赛 1999年，全国大学生创业大赛开始举行
第二个阶段：2002年4月至今 (试点阶段)	2002年，教育部确定9所试点院校 2010年，教育部出台推进高校创新创业教育和大学生自主创业工作意见 2010年，全国高校创业教育指导委员会成立

第一个阶段从1997年至2002年，这一阶段是各高校对创新创业教育自主探索的阶段。第二个阶段从2002年4月至今，在教育部的推动下，高校的创新创业教育进入了试点阶段。2010年，相关指导性文件出台，明确高校要积极开展创新创业人才培养，鼓励学生自主创业，这是教育系统深入学习实践科学发展观、服务创新型国家建设的重大战略举措，更是深化高校教学改革、培养学生创新精神和实践能力的重要途径。

历经了两个基本阶段20多年的发展，我国的创新创业教育主要形成了三种类型的模式。

第一种类型的模式是以中国人民大学为代表的创新创业教育模式，主要侧重于培养学生的创业意识，构建创新创业的知识体系，提高学生的综合素质。这种类型教育模式的特点在于创新创业教育很好地融入专业教育中，最有特色的是将第一课堂和第二课堂结合起来进行创新创业人才培养。在第一课堂中，将创业相关的课程如"创业管理""风险投资""企业家精神"等融入专业人才的教学计划中，采取参与式的教学方法，鼓励学生的创新思维，改革传统的考试考核的方法。在第二课堂中，鼓励学生参与创新创业实践活动，并通过创新创业教育讲座和创业比赛等形式，形成了以专业为依托，以创新项目和创业社团为组织形式的创业教育实践集体，很好地提升了学生的综合素质。

第二种类型的模式是以北京航空航天大学为代表的创新创业教育模式，主要侧重于通过创新创业实践活动的开展来提高学生的创业技能。这种类型教育模式的特点在于商业化的运作，最有特色的是在校园里同时设立了“大学生创业园”和“创业管理培训学院”。大学生创业园主要负责的是和学生创业相关的具体事务，比如给学生创业提供适当的资金补助、提供技术咨询服务等。此外，还特别设立了大学生创业基金，为学生创业初期提供一些必要的融资服务。创业管理培训学院负责给学生传授“企业的设立、研发、管理”等和创业直接相关的基本知识。

第三种类型的模式是以上海交通大学为代表的创新创业教育模式，主要侧重于学生创新能力的培养，将创新教育作为创业教育的基础。这种模式的特点在于把学生创新能力的培养看成创新创业教育的重点，最有特色的是在专业知识传授过程中强调学生基本素质的培养。秉承“教学到教育的转变”“专才到通才的转变”“传授到学习的转变”的指导思想，学校投入了8000多万元建立了若干个创新基地和实验中心，向各个专业的学生全天开放，强化学生的实际操作能力。该校研究生创设的学子创业有限公司已经成功入驻了上海“慧谷”科技创业基地，说明了这种创新创业教育模式的优势所在。

总体而言，我国高校现有的创新创业人才培养的途径比较有限，主要集中在三个方面。一是通过开设创新创业人才培养的理论课程，采取传统的教学方式——教师讲授，该方式过于强调理论知识的传授，学生的参与度比较低，学生积极性不高，很难真正提高学生的创业实践能力。二是通过举办各种类型的创业大赛，用比赛的方式督促学生学习创业的全过程，并配合教师创新创业的项目指导，使学生对创业过程有更加深入的了解。举办创业大赛有助于培养学生的创业实践能力和自主学习能力，是培养学生创新创业能力较为理想的方法，但也存在为了比赛而比赛的情况，创业大赛往往流于形式，不能真正达到创新创业人才培养的初衷。因此，如何合理地设计创业比赛的每个环节，通过创业大赛培养学生创新创业的能力，是未来高校和政府急需解决的问题。三是高校和企业之间合作，建设创新创业实习基地，让学生进行仿真训练。从现在的现实情况来看，这种方法可以最大化地帮助学生了解并接触真实的市场环境与行业现状。尤其是企业孵化器还能够及时发现大学生手中好的创业项目，并给予一定的资金和技术支持。但是，这一途径目前也存在一些问题，主要原因在于校企合作不紧密，高校处于单方面行动的境地。

（二）我国高校金融专业创新创业人才培养模式的现状分析

近年来，教育部提出将创新创业人才培养纳入学生的专业教育、文化素质教育中，建立一个多层次、立体化的创新创业人才培养体系，并同时借鉴国外高校的一些经验和做法，我国各高等院校的金融专业在创新创业教育的人才培养方案、师资建设、课外活动及校企合作方面进行了一定的探索和实践，取得了一定的效果，金融专业目前的创新创业人才培养模式呈现出以下特点。

1. 创新创业人才培养和专业教育初步融合

根据创新创业人才培养的一般性要求，很多高校的金融类专业把人才培养计划做了调整，力求在不影响原有专业教育和文化素质教育的情况下，将创新创业的理论知识和实践技能融合到教学课程中。在理论课程的设置方面，很多高校金融专业的人才培养方案中增加了“创业基础课程”“大学生职业发展和就业”“创业就业指导”等创新创业的相关课程，这里面涉及大学生的创业基础、职业发展规划、就业指导等综合性的知识内容。在实践教学课程的设置方面，很多高校的金融专业开设了“大学生经贸模拟股份有限公司”“模拟办税服务厅涉税业务的办理”等创新创业的实训项目，通过金融实验室软件和硬件设施为学生的实习实训提供演练的平台。人才培养计划的这种调整体现了创新创业课程和专业课程的融合，以及创新创业实践活动和实践教学之间的结合。

2. “双师型”师资队伍的建设在逐步加强

创新创业人才培养离不开一支高水平、有创新创业实践经验的师资队伍，金融专业的很多核心课程也是实务性较强的课程，比如商业银行经营管理、证券投资学、保险学等，更需要理论水平扎实且实践经验丰富的教师来授课。因此，近年来很多学校金融专业在引进高端人才时，都特别重视引进有在金融机构和企业工作经验的教师，提高本专业“双师型”教师的比重。并对教师利用寒暑假到企业挂职实践锻炼给予一定的补贴支持。在管理和考核上，要求“双师型”教师承担实习实训课程的教学工作，并指导学生参加银行、证券模拟职业技能大赛，对考核优秀的“双师型”教师给予更多的职称晋升及项目申请的机会。根据现有的统计数据，教育部初步估计，到2020年左右，我国高校金融类专业“双师型”教师的比重将达到40％左右，很多高校的金融专业正在努力建设一支专业理论深厚、熟悉行业发展动态、工作经验丰富、实践教学能力突出的“双师型”教师队伍,这对培养创新创业的应用型人才和指导学生的创新创业非常重要。

3. 合理利用课外活动强化金融专业的创新创业教育

很多高校的金融类专业都逐渐意识到想要进行更为有效的创新创业教育,相应的人才培养不能仅仅局限于教学计划中,而是要利用更多的课外时间来进行。例如中国人民大学财政金融学院的信用管理专业(金融专业的一个分支)开展了第一课堂和第二课堂的结合式教学,将课堂设在实务第一线,将理论和实践紧密结合,培养学生扎实的理论功底和良好的实践能力。信用管理专业作为新兴的应用型金融类专业,自 2001 年创建以来,积极对传统的教学模式进行改革,学院选取了关伟教授讲授的“企业信用管理”课堂等专业选修课作为试点,推进教学改革,探索应用型创新创业专业人才的培养模式,并创设了教学上的“3+1”形式和人才培养上的“2+2”模式。教学“3+1”形式是指“开放式”教学视野、“启发式”教学方式、“沙盘演练式”教学方式等教学手段,采取“请进来”“走出去”的方法,做到理论教学和实践考察相结合。人才培养“2+2”模式是指建设校内专业教师、校外实业专家相结合的师资队伍,广泛建立学生实习基地并定期举行“信用管理活动月”活动。在信用管理活动月中,通过参观金融机构和企业一线,开展“校外企业课堂”,组织学生参观中国人民银行印钞造币总公司,让学生直观地了解印钞的流程及我国的货币发展史;参观进出口银行,让学生学习了解银行如何利用信用评级的方法进行风险管理,同时了解政策性银行在国家产业政策实施过程中的地位;参观光大银行,让学生了解光大银行在企业贷款中的评级方法、抵押物选择以及光大银行对中小企业的贷款政策等。第一课堂和第二课堂的结合式教学,让学生走出课堂,走进金融机构,在实践中学习理论,这对大学生的职业规划有着重要的指导意义。

此外,近年来,很多高校金融类专业开始组织学生积极参与创新创业类训练项目,同时全国性质的专业竞赛开展得如火如荼,比如,银行服务创新大赛、投资理财大赛、炒股模拟大赛、全国高校商业精英挑战赛每年都在连续开展。学院也积极组织学生参加职业技能培训,鼓励学生参加金融专业相关的培训和考试,取得相应的资格证书,比如银行从业证书、证券从业证书,这些培训和考试使得学生的各项技能都得到了有效的提高,增强了学生的创业能力,为未来的创业奠定了专业技能基础。

4. 根据专业需要强化校企合作

近年来很多高校金融专业实践基地、产学研基地的广泛建设标志着校企合作的进一步加强，学院认识到校企合作可以更好地让创新创业和教学之间形成一个良性的循环。例如西北工业大学将企业的生产场地作为学生实践教学课堂，学生在企业的生产场地进行创新创业的实践活动；或者让学生参加公司的研发工作，使学生在学习的同时也参与了创新创业实践活动。依托产学研基地和实习基地，学院应该聘请企业里有丰富企业工作经验和创业经验的人士到学院讲授创新创业相关课程，做创新创业主题讲座或进行指导学生创业实践项目。另外一个重要的校企合作方式就是学院安排学生到企业实习，企业成为学生创新创业的实践现场，各院系教师和企业人员共同参与指导学生创新创业，比如，将人才培养计划中的商业银行情景模拟等实践性的教学课程搬进银行进行实际运行，通过真实环境的模拟培训，帮助学生提高创新创业的实践能力。

(三)"互联网+"背景下我国金融专业创新创业人才培养存在的问题分析

整体来看，我国高等院校金融专业对大学生创新创业人才培养的重视程度普遍都有所提高，但在培养学生的创新创业意识、创新创业的实践能力及创新创业实践指导上仍然存在着比较大的欠缺，还没有形成比较成熟完善的创新创业教育体系，其存在的问题主要体现为以下四个方面。

1. 对创新创业人才培养的认知不足

随着高校毕业生就业分配制度的改革和市场经济体系的逐步完善，大学生毕业后的就业压力越来越大，在这样的社会背景下，创新创业人才培养被看作是提高大学生的就业技能、拓宽就业渠道的重要手段，被各级政府和各高校大力推崇，但这其中带有浓厚的功利主义色彩。这种功利主义色彩使得金融专业的创新创业并未成为高等教育的主流部分，各高校金融专业更没有把创业意识和创业精神的培养作为人才培养的基本目标。金融专业大学生的创新创业教育流于形式，教育的重点主要放在毕业生身上，侧重于对毕业生进行一些非系统的就业指导。创新创业教育没有在大一入学阶段就开始有意识地宣传和引导，也没有贯穿大学四年学习的全过程。此外，仍然有不少的学生、家长和教师认为金融专业的毕业生应该到金融机构、机关单位和国有企业的财务部门获得一份稳定的工作才算就业，创业只是无业可就时的一种无奈的选择。很多家长、学生和教师认为金融专业学生的就业形势比较好,创新创业人才培养没有太大的必要,这种片面、狭隘的认知严重影响且制约了金融专业学生创新创业教育的开展和大学生的创业激情。

2. 创新创业人才培养相关的课程体系尚未形成

相关调查显示,很多高等院校金融专业开设的课程比较混乱,教学目标不够清晰,教学体系不够完善。首先,很多高校金融专业对创新创业相关课程的重视程度还不够,将创新创业设置为一门选修课,甚至有些高校只是通过讲座的形式向学生介绍创新创业的内容,没有形成一套完整的创新创业人才培养体系,也缺乏创新创业实践能力培养的权威性指导教材,因此,学生难以真正地掌握创新创业的知识和技能。其次,大部分高校的创新创业课程是比较宽泛的,没有根据专业特点进行针对性的人才培养,创新创业课程设置没有和金融专业知识联系在一起,学生学习的仅仅是宽泛的理论知识,缺乏创新创业的专业指导。此外,创新创业人才培养与专业教学脱节比较大,各类课程间的逻辑关系还不够完善。

3. 创新创业人才培养的师资力量比较匮乏

创业实践人才的培养和专业课程创新教育之间的融合是现阶段创新创业人才培养的重中之重,想要更好地实现两者的深度融合、互相促进,教师自身需要具备扎实的理论功底和丰富的实践经验。教师理论知识水平和创新创业的实践能力直接关系到课程的教学质量,金融专业的实践性较强,需要更多的双师型教师作为创新创业课程体系建设的保障。但从现状来看,绝大部分高校金融专业中从事创新创业教育课程的教师虽然学历很高,有较强的专业理论知识,但实践经验相对缺乏,没有接受过系统完整的创新创业人才培养课程体系的学习和培训,缺少创业实践的经历。在教学中,更多的还是以政策和理论代替了实际操作,难以达到创新创业人才培养的目标。可以说,“双师型”教师资源的相对匮乏是阻碍金融专业创新创业人才培养体系进一步完善的主要因素。

4. 创新创业人才培养的实践平台不够广阔

创新创业人才培养具有很强的实践性,需要通过不断的实践才能检验教育的成效,但现阶段由于政策、环境、资金及运作机制的不完善,金融专业开展创新创业人才培养主要是依靠金融实验室的模拟操作和大学生的创业大赛,缺乏大学生创新创业教育实践的广阔平台,这对大学生创业能力的培养非常不利。

三、湖北省高校金融专业创新创业人才培养现状及存在的问题分析

近年来,在"大众创新、万众创业"的背景下,湖北省各高校的金融专业普遍提高了对创新创业人才培养的重视程度,在课程体系设置、师资队伍的建设、学生参与情况及创新创业的支持保障情况等方面较以往都有了较大的改善,无论是在内容上还是在形式上都得到了很大的发展。下面就湖北省各高校金融专业目前创新创业人才培养的发展现状进行分析和总结。

(一) 湖北省各高校金融专业创新创业人才培养的现状分析

1. 金融专业创新创业类课程设置情况分析

根据湖北省高等学校教育教学公共平台的调查统计数据,湖北省各高校金融专业创新创业理论课程的设置正在逐步建立,80%左右设有创新创业的指导性课程,部分高校的课程开设情况见表 62。目前,最为常见的创新创业课程的开设形式就是必修课、选修课及知识讲座。

表 62　2017 年湖北省部分高校的金融专业创新创业理论课程开设情况

院　　校	高校的类型	设置的创新创业课程名称	创新创业课程的类型
华中科技大学	985 高校	科技创业	选修课
华中农业大学	部属重点高校	创业基础课	选修课
中南民族大学	部属重点高校	开启神奇的创业之旅	选修课
湖北大学	省属公办高校	创业基础 创业学概论	必修课
武汉科技大学	省属公办高校	企业管理 创业理论课程 大学生创业优惠政策宣传	选修课
汉口学院	省属民办高校	大学生职业能力和就业创业问题探析 创业前期的准备工作 创业成功的案例分析	选修课

2017 年湖北省高校金融专业创新创业人才培养的开展形式见表 63。

表 63　2017 年湖北省高校金融专业创新创业人才培养的开展形式

开 展 形 式	频　　次	占比/(%)
选修课	286	23.4
必修课	225	18.4
知识讲座	379	31.1
社团活动	95	7.8
渗透到其他课程中	86	7.0
融合在就业指导中	100	8.2
其他	49	4.0

从表 62 和表 63 中可以看出,湖北省各高校金融专业创新创业课程设置中系统性、长期性的必修课比较少,授课内容主要还是侧重于培养学生的创业意识、普及基础性的创业知识,培养创业能力素质类的课程比较少,还没有设立创新创业人才培养完整的课程体系,也没有将创新创业的人才培养纳入教学计划及学分体系之中。

此外,湖北省各高校金融专业开展了各种类型的创新创业实践性课程,其中创业类社团活动、创业竞赛及创业类社会实践这三种形式超过了 80%(见表 64),丰富多彩的实践性课程对理论课程起到了很好的补充作用,同时也扩大了创新创业人才培养的覆盖面,提升了创新创业人才培养的效果。

表 64　2017 年湖北省高校金融专业开展创新创业实践课程的形式

实践性课程开展的形式	占百分比/(%)
创业技能测评	78.4
创业竞赛	85.2
创业类社团活动	84.2
创业类社会实践	81.3
企业参观	71.2
商务模拟活动	70.0

整体来说,湖北省各高校金融专业创新创业教育课程设置缺少专业针对性,覆盖面不够广泛,主要针对的是有创业意愿、有创业想法的学生,对没有创业意愿和

创业想法的学生，创新创业教育的投入及宣传工作做得并不充分，创新创业人才培养的广度和深度都有待加强。

2. 师资队伍设置情况分析

根据湖北省高等学校教育教学公共平台的调查统计数据，目前承担湖北省各高校金融专业创新创业人才培养的师资力量主要包括校友、成功的创业者、行业内专家、政府人员及学校行政管理部门的人员、企业孵化的管理者及商学院老师（见表65）。各高校金融专业从学校管理部门、政府机关、企业等聘请了大量的校外工作人员、企业家等人员来担任院系创新创业项目的指导教师和创业实践导师，兼职教师的队伍逐渐完善。

表65　2017年湖北省高校金融专业创新创业人才培养的师资队伍组成

各高校金融专业创新创业人才培养的师资队伍组成	已有/(%)	期盼/(%)
成功的创业者、校友、行业专家	65.1	58.1
政府机关及学校管理部门的人员	29.4	23.6
企业孵化管理者	26.3	31.9
商学院老师	25.5	21.5
经济理论专家	22.7	33.2
技术专家	16.0	38.2
风险投资专家	11.1	33.5
法律专家	7.9	22.9

兼职老师师资力量在不断壮大，但专职教师的师资力量还有待加强。大部分高校金融专业创新创业专职教师队伍大多是由就业指导中心、团委等职能部门的工作人员组成的，虽然这些专职教师有一些学生活动指导的经验，但他们比较缺乏专业的理论知识；另一部分专职教师虽然具备金融专业的理论知识，但又缺乏实践经验。

3. 学生参与创新创业教育的情况分析

根据湖北省高等学校教育教学公共平台2017年的调查数据显示，湖北省高校金融专业当中曾经有创业经历的学生参与创新创业教育的程度要明显高于没有创业经历的学生。在参与形式上，以创新创业专题讲座和创业技能测评这两种形式为主,其他形式参与的频率非常低;学生对创新创业教育参与形式的知晓程度更低。

2017年湖北省高校金融专业学生参与创新创业教育的情况见表66。

表66 2017年湖北省高校金融专业学生参与创新创业教育的情况

学生类型	有创业经历的学生	没有创业经历的学生
参与创业专题讲座占比/(%)	68.4	5.2

从表66中数据对比的情况可以看出,有创业经历的学生对创新创业教育的需求度和认可度更高。针对这种现状,各高校应该积极引导学生参与到创新创业教育中来,努力培养没有创业经历的学生对创新创业的兴趣,进一步挖掘学生创新创业的潜能。

4. 支持保障情况分析

近年来,各高校金融专业都开始建立具有管理和运营功能的企业孵化器、创业实习基地等。但相关的资金和硬件方面的投入同大学生创新创业的实际需求之间还存在一定的差距。通过表67(2017年湖北省高校金融专业学生对创新创业教育不满意的主要因素)可以看出,在有创业经历的学生中,对学校创新创业教育最不满意的地方就是资金支持。

表67 2017年湖北省高校金融专业学生对创新创业教育不满意的主要因素

不满意因素	占比/(%)
资金支持	38.0
创业氛围	27.6
师资力量设置	26.8

此外,在创新创业相关的政策制定和实施上,很多高校的金融专业仍然处在起步阶段。比如,对创新创业教师实践指导课程工作量的认定方法、职称评定方法等直接关系到教师切身利益及创新创业师资队伍建设的具体政策都还没有明确;对学生参与创业所获得的学分如何在升学、出国交流时进行学分置换的政策也还在制定之中。三峡大学在这一点上做得相对较好,学校规定学生通过参加创新训练营并取得的结业证书,可以直接置换学分,参与创新创业活动与保研也是直接挂钩的。

从平台建设来看，近年来，湖北省各级主管部门与各高校结合，结合金融专业学生的创新创业需求，逐步建立了各种创新创业的平台，比如企业孵化平台、项目展示平台、宣传培训平台、人才汇集平台、投融资对接平台，等等。但学生对这些创新创业实践平台的知晓度和参与度都不高，能够利用好这些实践平台资源的学生更是非常少。总的来说，各高校和社会力量之间要进行更为深入的合作，利用好社会资源解决创新创业人才培养中存在的主要问题。

（二）湖北省高校金融专业创新创业人才培养存在的问题分析

整体来说，近年来湖北省各高校金融专业在"大众创业、万众创新"的国家战略实施以后，都提高了对创新创业人才培养的重视程度，也取得了较大的进展，成果显著。但是，湖北省各高校金融专业的创新创业人才培养水平还是参差不齐的，存在一些不容忽视的问题，这些问题集中体现在以下四个方面。

1. 创新创业课程体系建设不完善

在教学体系上存在的一个共同问题就是创新创业课程体系设置不完善，目前只有少数高校的金融专业制定了有针对性的课程大纲，其中包括创新创业意识、理论知识、实践能力及创业实务操作等各个方面的内容，力求实现创新创业人才培养的系统性和完整性。目前，各高校之间还没有统一的、权威性的创新创业的指导教材，更没有金融专业相关的指导教材，很多学校使用本校自己编写的校级教材。湖北省教育厅就业指导中心指出，湖北省有关创业基础课程体系的教材已经出来了，但是还没有成为通用的版本。很多高校的金融专业都是把创新创业相关的课程作为选修课，作为必修课的较少；开展各种类型的创新创业的专题讲座只能给学生提供一些碎片化的知识，实际操作型课程比较缺失。总的来看，各高校的金融专业还没有形成多层次、立体化的创新创业人才培养的课程体系，课程体系建设比较落后。

2. 师资队伍质量不高

在师资队伍的建设上，湖北省各高校金融专业虽然较以往相比，师资队伍的组成类型更加多样化，但是教师的专业能力，特别是专职教师队伍的建设还不能满足创新创业人才培养的要求，具备丰富专业金融理论知识和管理实践经验的老师比较少。目前各高校金融专业教师主要还是以自我学习的方式掌握创新创业的相关技能。师资队伍的建设还是以“请进来”为主,“走出去”的比较少,有机会到企业一线学习挂职或是进行创业实践的教师也比较少,各高校金融专业的专职师资质量不高,创新创业人才培养的师资的专业素质有待进一步提高。

3. 创新创业人才培养的覆盖范围不够广泛

虽然创新创业人才培养在一定程度上提高了大学生的创新创业能力,但目前湖北省各高校金融专业存在的一个共同问题就是,学生参与到创新创业教育的比率太低了,创新创业人才培养的效果不显著。目前各高校金融专业的创新创业相关课程大多只是针对有创业意愿和创业想法的学生,创新创业人才培养的覆盖面不够广泛。究其原因,主要有两个方面:一方面是各高校还没有树立正确的创新创业人才培养观念,创新创业人才培养应该是针对所有学生,培养学生的创新创业意识,应该是覆盖所有学生的通识教育,而不是只针对有创业意愿的学生;另一个方面,很多高校金融专业受到现有师资力量的制约,无法将创新创业相关课程纳入必修课学分体系中。因此,各高校金融专业在创新创业的人才培养中,要树立正确的人才培养观念,克服困难,扩大创新创业教育的覆盖面,努力提高学生的参与程度,让学生对创新创业有更多的了解,激发学生创新创业的热情,培养学生对创新创业的兴趣。

4. 创新创业人才培养的支持保障力度不足

在创新创业的支持保障方面,各高校金融专业通过与政府部门、企业的合作,聘请了各类企业的管理人员到学校开展创业讲座、创业比赛,担任创业实践导师,指导学生的创新创业活动,并取得了一定的效果。但是,各高校金融专业基本都存在同社会力量交流不足、合作不够深入的情况。很多高校金融专业提供的创新创业培训都属于基础性的,只适合于没有任何创业基础的学生,对已经创业的学生来说则不太实用,更高一级的专业化创新创业的培训比较缺失,湖北省高等学校教育教学公共平台2017年发布的调查统计结果显示,80%以上金融专业的学生反映走出校园以后能够接触到创新创业的机会和平台非常少,学校也没有这部分资源。可以看出,目前湖北省各高校金融专业的创新创业教育不能满足学生的需求,学校应该加强同专业创业服务机构的合作,争取为学生提供更多的创业平台,使学生能够接触到更多的资源,为学生的创新创业提供必要的支持保障。

四、"互联网＋"背景下高校金融专业完善创新创业人才培养模式的思路

针对现阶段我国各高校金融专业创新创业人才培养模式存在的主要问题，对未来如何完善金融专业创新创业人才培养模式提出以下几个方面的对策建议。

(一) 树立正确的创新创业人才培养理念

目前，很多高校的金融专业对学生的创新创业教育仍然存在认识不足、重视程度不够的问题，将创新创业教育误解为"培养企业家"和"解决就业问题"。这样的误解使得创新创业教育成为个别学生的典型性教育或是在毕业生的教育上急功近利。因此，树立正确的创新创业人才培养理念，明确"教什么""怎么教"，革新金融专业的人才培养方案至关重要。

1. 明确创新创业人才培养的目标

明确培养目标，即明确创新创业相关教学活动所希望达到的效果。在制订金融专业的创新创业人才培养计划中，向全体学生开设"创业教育""创新创业职业规划"等基础课程，把培养学生创新创业的意识作为人才培养的首要目标。同时，要大幅度增加实践教学的课时量，依托现有的创业社团组织重塑创新创业理念，把培养学生的创业知识、技能，培养基本的创业素养作为人才培养的最终目标。此外，在"互联网＋"新形势下，金融专业创新创业人才培养还要更多地考虑如何引导学生的创业激情、创业兴趣和职业内的创新创业、岗位营销创业(比如银行理财、保险、证券经纪人、互联网理财销售等)相结合，促进创新创业精神贯穿于个人职业发展的始终。

2. 丰富多样化的教学手段

多样化的教学手段、教学方法可以帮助学生更好地学习创新创业的技能，提高创新创业的能力，也是正确的创新创业人才培养理念的集中体现。"互联网＋"时代，信息载体开始多元化，多媒体课件、电子教案、远程教学、慕课、微课、翻转课堂等都应该成为主要的教学手段，利用新的教学手段和教学工具让学生更好地感受到创办企业在社会发展中的重要作用，引导学生对小微企业的创业和管理过程有更深的感知和了解，让学生对创新创业教育的重要性有更好的把握。在这一点上，

美国百森商学院模式非常值得学习和借鉴,学院不再采用传统的理论讲授的方式,而是将理论和实践环节很好地融合在一起,创造了一个生动活泼的教学环境,通过课堂播放纪录片、实地参观创业公司等形式,将创业过程的每个环节融入教学现场。

(二)构建完整的创新创业课程体系

目前,很多高校金融专业创新创业人才培养的形式比较单一,创新创业课程体系缺乏系统性、规范性和整体性。“互联网+”新时代背景下,要从规范课程设置、拓宽课外创新创业教育的渠道、设计多元化教学环节三个方面完善创新创业相关课程体系的构建。

1. 规范创新创业的课程设置

首先要通过通识平台向金融专业一年级学生开设“大学生职业规划发展规划”“大学生创业指导”等和创新创业相关的公共基础课,将这些课程按照必修课的要求对学生的学习结果进行考核,让学生在入学之初就对创新创业有基本的认识。同时在大二、大三更高年级中开设“创业计划”“大学生 KAB(know about business,了解企业)创业基础”“企业管理”“创业财务”“市场营销”“人力资源”“法律”等和创业能力培养相关的公共选修课程,要求金融专业的每位学生都要选修一定的学分。此外,根据金融专业的不同研究方向,分别开设银行、证券、保险、互联网金融等具有一定专业特点的创新创业选修课,要求每位学生至少要选修一门。通过设置完整的课程体系,能够更好地鼓励学生扩大知识面、打好专业基础、完善知识结构,积极参与和专业相关的社会实践活动。在大四毕业生中,根据学生创新创业的实际情况,创新相关实践性课程的设置,开设一些“创新思维开发”“创业心理学”等选修类课程,进一步激发学生的创新思维,提高学生制定创新创业方案及识别商机的能力。

2. 拓宽课外创新创业人才培养的渠道

在课外教育的平台上,各高校金融专业可以通过建立创新创业工作室或创业实践基地来增强学生的创业体验;通过学生社团营造创业的氛围;通过科研创新项目锻炼学生创业分析的能力;通过创新创业专题讲座激发学生的创业热情;通过寒暑假的社会实践活动提高学生的社会适应能力。各高校金融专业要关注不同学生的个性化需求，根据每个学生的自身特点，提供有针对性的创业实践指导。比如，可以尝试设立“创业健康门诊”，在创业过程中遇到困难的学生可以在创业健康门诊得到单个指导、会诊指导、授课指导、咨询指导等不同类型的创业指导，给学生的创新创业提供“一站式”服务。

3. 设计多元化的教学环节

在规范课程设置、拓宽课外教育渠道的基础之上，各高校金融专业可以尝试建立“第一课堂”和“第二课堂”，通过教学环节的创新，实现两个课堂的良性互动。在第一课堂上，可以尝试开展基础性试验教学环节和创意性试验教学环节。在第二课堂上，可以尝试开展社会性实践教学环节和合作性实践教学环节。在两个课堂不同的教学环节中，应该采用不用的教学形式(见图 26)。通过多元化的教学环节能够更好地帮助学生消化、吸收创新创业相关的知识技能。

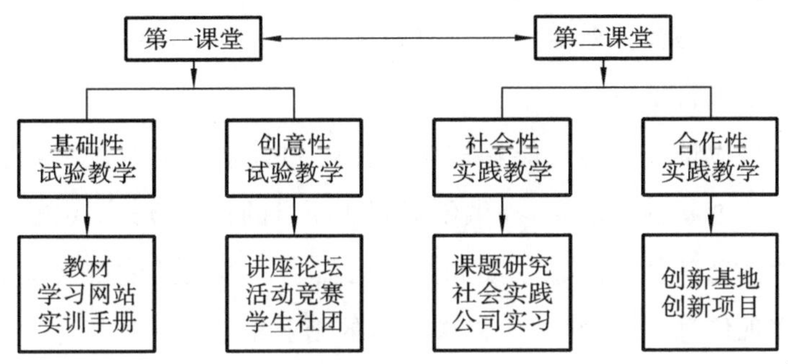

图 26　创新创业教学环节设计结构图

(三) 加强创新创业人才培养师资队伍的建设

创新创业师资队伍的建设重点在于提高师资队伍的质量。首先，要着眼于提高专职教师创新创业的教育教学能力。可以尝试建立金融专业创新创业的教研室，建设一批有创新创业实践经验和科研能力的师资队伍，对其他教师开展创新创业相关的培训。其次，要特别加强对青年教师创新创业的相关培训，支持青年教师利用业余时间到企业实习实训、合作交流，鼓励教师积极参与金融行业的各项创新创业实践活动。学校可以每年按计划选拔几名创新创业的指导教师参加国家、省市及学校组织的指导资格的培训，作为未来创新创业资源库的人才储备。此外，要完善教师创新创业人才培养的考核制度，将教师创新创业人才培养的成果作为教师职称晋升、绩效考评及岗位聘用的重要指标，提高创新创业指导教师和“双师型”

教师的待遇,对在学生创新创业项目指导中取得突出成绩的教师进行表彰和奖励。最后,还要坚持不断地引进校外优秀的师资力量。高校的金融专业要和银行、证券、保险各行业中有代表性的企业保持密切的联系,聘请金融机构的管理层、专家、创新创业的成功者等担任金融专业的创业导师,形成校内外联合培养的模式。

(四) 建设多元化的创新创业实践平台

建设一个多元化的创新创业实践平台可以更快更好地提高学生的创新创业技能。在"互联网+"新时代下,各高校金融专业可以尝试建立线上和线下两个创新创业的实践平台。

1. 线上平台

互联网技术的发展对各高校线上平台的建设有着很大的促进作用。线上平台可以促进各高校金融专业更好地整合优质资源,给学生提供及时、全面的创新创业的服务和指导。各高校金融专业可以尝试从微信平台、官网平台和互联网的互动平台三个方面来进行推进。

微信公众号应该是目前最能够被学生接受和分享的平台之一,它不仅可以及时地发布最新的创新创业信息,提供创新创业项目的报名方式,还能够更好地满足不同类型的学生创新创业信息收集和查找的需求。微信的建群功能、朋友圈功能可以快速地实现信息共享,给学生提供更多的创业渠道。

建立官网综合性服务平台,是产学研办学理念的集中体现。在综合性平台上建立学术专家库、技能专家库、行业和技术信息库及图书资料库等各种资源库,给学生提供最新的市场、技术和人才信息,通过信息的整合和交流,进一步激发学生创业的灵感。同时,也要加强同兄弟院校金融专业之间的信息融合,共享高校间优质的师资力量、实践活动、项目比赛、实习基地,最大化的实现资源的有效利用。

互联网互动平台的建设主要是依托各高校金融专业的仿真模拟实验室,通过实习实训软件来模拟金融机构及一般工商企业的运营过程,利用互联网平台远程互动、可视化的特点,使学生在仿真的环境中更清晰地了解创业流程及相关的能力要求,学生在虚拟平台上的操作会有一定的成就感,这也有利于进一步激发学生的创业激情。另外,可以尝试在互联网平台上设置远程课堂,利用互联网信息传输的高效,最大限度地提升学生的创业素质。此外,创业贴吧、创业论坛都是互联网平台的有效形式。

2. 线下平台

和线上平台相比，线下平台是现实生活里创立的实践平台，学生可以真实参与的实践场所。线下平台的建立需要高校、企业、政府间的合作才可以完成。其中，高校是主要的工作承担者，政府部门是重要的推动者，企业是关键的参与者。线下平台的建设成本比较高，但是效果比较显著，可以营造校园创新创业的氛围。线下平台的建设比较典型的形式有创业实践平台和金融创新实验室。

创业实践平台的建设需要院系、企业和政府的三方协作才可以更好地完成。例如，2013 年，武汉商学院金融专业成立了一家“茶语心啡”的茶餐厅和创新创业的培训机构——光彩创业学院，院系争取到了武汉市统战部及相关部门的资金支持，并联系相关企业给培训机构配置了有创新精神和创业经验的老师和学生。茶餐厅自开业以来，运转良好，收获颇丰。茶餐厅这一创业实体集理论培训、实践平台于一身，集合了酒店管理知识、市场营销知识、金融财务知识的理论和实践。

金融创新实验室不同于普通的仿真操作实验室，主要是给学生创新创业的实践活动提供一些基础设施，满足学生课余时间参加创新创业活动的基本需求，培养学生创新创业的兴趣。可以尝试建立大学生创新创业模拟体验室，提高学生的实际动手能力。

作者单位：湖北大学商学院

湖北省高校创业示范基地建设的评价研究

史金平　高　鹏　郑　晚　黄　壮

一、湖北省高校创业示范基地发展现状

（一）湖北省高校创业示范基地建设背景情况

深化高新创业教育改革，是国家实施创新驱动发展战略、促进经济提质增效升级的迫切需要，是推进高等教育综合改革、促进高校毕业生更高质量创业就业的重要举措。党的十八大对创新创业人才培养做出重要部署，国务院对加强创新创业教育提出明确要求。近年来，高校创新创业教育不断加强，取得了积极的进展，对提高高等教育质量、促进学生全面发展、推动毕业生创业就业、服务国家现代化建设发挥了重要的作用。

大学生创业基地是高校建设或与地方政府、行业企业合作建设的大学生创业实习实训与成果孵化基地，是开展创业教育、创业实习、创业服务，促进大学生自主创业的重要实践平台。其主要任务是以基地建设为载体，整合和利用校内外各种资源，开展创业指导和创业培训，接纳大学生创业实习实训，提供创业项目信息和创业项目孵化的软硬件支持，为大学生自主创业提供支撑和服务，积极支持、大力推进大学生自主创业工作。

为贯彻落实《湖北省中长期教育改革和发展规划纲要（2011—2020 年）》，增强大学生创新创业精神与能力，大力推进大学生自主创业工作，根据《国家中长期教育改革和发展规划纲要（2011—2020）年》《国家中长期人才发展规划纲要》和《教育部关于大力推进高等学校创新创业教育和大学生自主创业工作的意见》（教办［2010］3 号）精神，湖北省教育厅决定，在全省高校组织实施大学生创业示范基地建设计划。经湖北省教育厅认真学习研究，先后出台了《省教育厅关于组织实施"湖北省大学生创业示范基地建设计划"的通知》（鄂教学［2010］7 号）、《省教育厅

关于印发<湖北省大学生创业示范基地评选细则(试行)>的通知》(鄂教学[2011]9号)和《省教育厅关于加强高校大学生创新创业俱乐部建设的通知》(鄂教学[2013]1号)等重要通知文件。

湖北省教育厅坚持以评促建,旨在通过示范基地认定,期望建设一批形式多样、各具特色、成果显著的省级大学生创业示范基地,充分发挥其示范辐射效应,带动全省高校大学生自主创业工作。

(二) 湖北省的科教资源与创新创业态势

湖北省是科教大省,最大的优势是科教优势,最大的资源是创新资源。全省高校总数126所,其中中央部委属高校8所,地方高校118所;普通本科高校68所,高职高专58所。在校大学生142万人,其中本科86.4万人,研究生12万人。全省高校有一级学科国家重点学科17个,国家实验室和国家重点实验室18个、国家工程技术研究中心17个,有两院院士46人、"千人计划"127人、"长江学者"特聘教授213人。武汉市是著名大学城,有高校81所、大学生100多万人,号称世界在校大学生人数最多的城市。

湖北省委、省政府对大学生创新创业工作十分重视,主要领导亲自推动,全省上下强力打造创新创业新生态,极大地激发了大学生创新创业热情。2013年至2015年,湖北省高校毕业生自主创业人数年均增长率分别为29.7%、23.8%、38.2%。湖北省连续3年在教育部召开的创新创业教育工作会议上做交流发言。

2016年,湖北省在校生创业人数比2015年增长8.64%;2016届毕业生自主创业人数比2015年增长20.12%。大学生创业工作位居全国前列。湖北省在两届中国"互联网+"大学生创新创业大赛中取得优异成绩:2015年首届大赛获奖20项(金奖5个、银奖10个、铜奖5个);2016年获奖32项(金奖5个、银奖4个、铜奖23个)。

(三) 湖北省高校创业示范基地建设现状

2016年湖北省教育厅对湖北省大学生创业示范基地申报,进行了一次评选及复评工作,即第五批湖北省创业示范基地评审。共收到了华中科技的大学等23所高校的申报材料,其中,华中科技大学等12所高校已经在2012—2013年期间被评定为湖北省大学生创业示范基地的高校,参加此次复评;长江大学等11所高校是

2016 年新申报的高校，参加本次复评。

2016 年获得湖北省大学生创业示范基地称号复评的高校有华中科技大学、武汉理工大学、武汉科技大学、湖北工业大学、武汉生物工程学院、咸宁职业技术学院等 6 所；新评上的高校有长江大学、荆楚理工学院、武昌首义学院、武汉设计工程学院、湖北交通职业技术学院等 5 所。部分大学生创业示范基地关于创新创业的具体现状如下：

1. 参加复评并获得创业示范基地的高校

1）华中科技大学

建立了完整的创新创业教育课程体系和实践体系，创新创业氛围浓厚，依托该校启明学院、创业社区等资源为该校大学生提供专业化指导服务和孵化场所，成功打造了“恋爱笔记”等科技型企业，该校点团队、联创团队、冰岩作坊等学生团队在社会和业界广受关注。该校创新创业团队科技含量突出，团队数量、创业质量处全省领先水平，该校参与创新实践活动人数达到 2 万余人，学校学生创业基地面积达 28 900 平方米，每年投入 4000 万元用于该校学生创新创业活动。

2）武汉理工大学

该校坚持实践为先的教育方式，遵循创业人才成长规律和企业生成规律，建立了大学生创新创业园、企业孵化器、企业发展加速器，形成了“创新创业、企业孵化、加速提升”的“三级链接、三级递进”大学生创业孵化基地、扶持大学生自主创业成效明显。该校创业园一期面积达 7000 平方米，2015 年园区企业年产值突破 1.5 亿元，2016 年迄今园区年产值超过 2000 万的企业有 5 家。该校创业项目主要是与学科结合紧密的高新科技类、互联网技术类、文化创意类、软件开发类等经济效益明显项目。该校创业园区服务保障、创业指导师资、大学生创业项目数量、团队数量处全省领先水平。

3）湖北工业大学

一是该校将创新创业教育落实于人才培养的顶层设计，建立了“创新创业竞赛平台”“创新能力训练平台”“创业实务与咨询平台”“投融资平台”“孵化与加速平台”等五类平台，为大学生创新创业提供了专业化服务。二是基地建设成效明显。学校建有 2500 平方米大学生创业孵化器，入驻团队 157 个，创业人数 717 人，2015 年创业园区年产值达 960 余万元。三是服务体系颇有特色。结合该校优势专业，专门设有艺术品交易市场，建立校园艺术品经纪人制度，对交易品进行原创鉴别和建议性定价。

4）武汉科技大学

学校高度重视创新创业工作，起步早，发展快，机制全，平台建设屡获认可，团队孵化成绩斐然，创业典型不断涌现，社会媒体频繁聚焦，创业工作效果显著。

5）咸宁职业技术学院

该校一是走产业化的创新创业发展道路，建设“大学科技园”优化创业基地建设，建设“创业学院”培养创新创业型人才，建设“产业学院”培养产业化创业型人才。二是走差异化的创新创业发展道路，政、校、行、企共建“创业基地”打造创新创业新平台，建设“万讯创客城”，充实“创业助力基金”，建设“新道创新创业教育基地”培养创新创业人才。

2. 新申报并获得创业示范基地的高校

1）长江大学

该校学生创业团队达到了 55 个，参加学校创业团队总人数达到了 415 人，占到在校全日制普通学生总数(34 512 人)的 1.2%以上。创业项目现有 79 个，创业项目与所修专业明显关联的项目占总项目数的 4/5 以上。科技类、产品类、发明创造类项目占创业总项目数的 47%，大学生创业公司中有 9 家公司已申请专利。

2）武昌首义学院

近年来，该校紧紧围绕人才培养中心工作，本着“统一规划、整合资源、规范运作、分步推进”的工作思路，以培养学生创新创业能力为核心，以创业实践项目为载体，实现了创业教育普及化、创业实践项目化、创业管理规范化和创业指导全程化的创新创业教育体系，打造出整合创业资源空间、培育创业文化空间、提升创业能力空间的创新创业“三维空间”，促进了人才培养模式的创新，提升了人才培养质量。依托该校南湖讲堂、青春创业大讲堂、科技学术节等平台为该校大学生创业营造了浓厚的创业氛围。该校已投入 200 万元资金，用于该校大学生创新创业活动，该校建成的大学生创业实践基地、大学生创意园给大学生提供达 2000 平方米的创业孵化场所，目前该校已有 49 个项目近 600 余名大学生入驻该校创业基地。

3）武汉设计工程学院

该校以艺术设计为主题成立现代信息化的大学生创业中心，对文化创意类项目进行大力扶持。特别是该校在创新创业上,近2年的关注和投入大大增加,现在学校已经投入使用的创业基地面积达到5100平方米。每年在创新创业工作的专项资金投入上都在500万左右。现有专职创业导师61位、兼职创业导师33位;有65个创业团队,其中学生创立的有48个,教师牵头的有17个。创业基地更是做到了外面有旗帜,进校有标示,进门有氛围,出来有成果。

4)湖北交通职业技术学院

一是结合学校特色专业开展分类指导,二是开拓社会资源,给学生创业提供良好的知识基础与广阔的社会资源。

华中农业大学、中南财经政法大学、湖北中医药大学、湖北经济学院、湖北文理学院、湖北科技学院、江汉大学、武汉轻工大学、湖北商贸学院、武汉软件工程职业学院、襄阳汽车职业技术学院等11所高校,有的虽然已经是示范基地,但场地、人员、经费投入、制度建设等方面没有大的变化,创新创业教育方面也没有新的突破,有的是新申请的高校由于起步较晚,尚未形成规模效应,基地建设虽有较大的场地、资金投入也较多,但进驻的学生团队数量、创业项目数量、创业质量等方面还有待加强。

(四)湖北省高校创业示范基地的总体成效及不足

自2012年起,湖北省教育厅每年组织评选出10所高校的创业基地为省级大学生创业示范基地。“湖北省大学生创业示范基地”实行动态管理,每2年复评1次。截止到2016年,湖北省教育厅已连续开展4个批次的创业示范基地的评选、一个批次的复评工作,已评出武汉大学等45所高校的大学生创业基地为“湖北省大学生创业示范基地”。

从2012年起,每年平均有19所高校申请参加湖北省教育厅举办的省级大学生创业示范基地的评选活动。截至2017年,在6年的时间里,湖北省全省绝大多数高校,都积极投入和开展大学生创新创业工作和大学生创业基地的建设工作。湖北省教育厅关于以评促建,通过示范基地认定,期望建设一批形式多样、各具特色、成果显著的省级大学生创业示范基地,充分发挥其示范辐射效应,带动全省高校大学生自主创业工作的思路基本得到落实。

多年的高校创业示范基地评选工作,对湖北省高校创业基地的深入开展起到了良好的示范和激励作用。

湖北省大学生创业示范基地，充分发挥了示范辐射效应，带动了全省高校大学生自主创业工作，但也存在一些问题，极个别院校在获得省级大学生创业示范基地称号后，对大学生创业工作的积极性有所减弱，自身投入增加较少。场地、人员、经费投入、制度建设等方面没有大的变化，创新创业教育方面也没有新的突破。

二、湖北经济学院创业示范基地建设案例分析

(一) 湖北经济学院创业示范基地现状

湖北经济学院作为全省唯一的一所省属财经类普通本科院校，形成了以经济学、管理学为主干，法学、文学、理学、工学、艺术学等相关学科协调发展的学科专业体系和以“两有三实”(有思想、有能力，实践、实用、实干)为特色的人才培养体系。近年来，学校依托现代服务业学科群，以创业园(湖北亿慧科技孵化器有限公司，以下简称为“亿慧孵化器”)建设为龙头，以培育、孵化一批大学生自主创业实体，培养一批职业经理人、企业家为目标，努力探索学校特色的大学生创新创业之路。

2013 年被湖北省教育厅授予“湖北省大学生创业示范基地”，2014 年被湖北省人社厅认定为“湖北省大学生创业孵化示范基地”。2013—2015 年期间，共有 26 支创业团队入选湖北省大学生创业扶持项目，17 支创业团队入选武汉市大学生创业扶持项目。自主创业学生武汉艾特凯集团股份有限公司总经理张凯、武汉未镭云字节网络服务有限公司创始人罗百顺等人先后入选武汉市“大学生创业先锋”。学校创业团队中 15 人(团队)获国家级、省级创新创业大赛奖励。

湖北经济学院大学生创新创业教育实践基地见表 68。

表 68　湖北经济学院大学生创新创业教育实践基地

学　院	基地名称	级　别
金融学院	金融学院大学生创新活动基地	省级
会计学院	武汉宏信会计师事务有限公司藏龙岛办事处	院系级
法学院	法辉律师事务所藏龙岛办事处	院系级
旅游与酒店管理学院	大学生旅行社创业实践计划	国家级
工商管理学院	大学生创新创业教育实践基地	院系级
工商管理学院	中百藏龙学院	校级

续表

学　　院	基地名称	级　　别
信息管理学院	信息技术研究中心	院系级
信息工程学院	电子工程系创新实验室	院系级
统计学院	大学生建模分析与科研创新基地	院系级
艺术学院	经世龙腾工作室	院系级
体育经济与管理学院	大学生素质拓展综合实训实践基础	校级

截至2016年6月,学校共有大学生创业团队82支,孵化器管理的创业实体55个,带动就业300余人。在今后的发展中,学校创新创业工作将继续坚持科学化发展道路,坚持特色创业理念,打造多元化创业文化引领、自主学习、教育培训、指导帮扶、创业实践的创新创业生态圈,做强孵化器,让创业的学生懂方法,更理性地去创业,提高创业成功率,有效推动学校大学生创新创业工作,更好地培养创新创业人才,为建设湖北、实现中国梦贡献一份力量。

2015年湖北经济学院创业示范基地基本情况见表69。

表69　2015年湖北经济学院创业示范基地基本情况

项　　目	层　　次	数　　量	备　　注
在校生规模数/人(具体到个位数,截至2016年6月)	研究生	205	
	本科	15 324	
	高职高专	295	
创业基地面积(建筑面积/平方米)	校级场地	4212	
	院系场地	1482	
	合作场地	400	
近2年创业工作经费投入/万元	2014年	60	
	2015年	63.6	
创业项目/个	科技类(A)	22	
	产品类(B)	7	
	服务类(C)	26	

续表

项　　目	层　　次	数　　量	备　　注
创业指导师资队伍/个	专职指导教师	2	
	兼职创业导师	104	
在校学生创业人数/人	研究生	0	
	本科	394	
	高职高专	0	
在校学生创业团队/个	学生创立	80	
	教师牵头	2	

(二) 基地建设基本情况

湖北经济学院不断加强大学生创新创业教育实践基地建设，成立了亿慧孵化器，亿慧孵化器总面积 4212 平方米，并专门开辟了 1500 平方米的场地供大学生创业团队专用。

1. 三个校级大学生创新创业教育实践基地

1）亿慧孵化器

湖北经济学院于 2012 年建立了大学生创业园，为更好地服务大学生创业，学校于 2014 年注册成立了亿慧孵化器，创业园“升级”为孵化器，主要为大学生创业提供企业孵化、企业管理咨询、投资咨询及配套技术咨询等服务。孵化器位于湖北经济学院西区，是湖北省教育厅授予的“湖北省大学生创业示范基地”，省人社厅认定的“湖北省大学生创业孵化示范基地”。公司以孵化器建设为载体，以创业项目孵化、创业培训咨询服务为抓手，搭建了高起点的大学生创业孵化平台，开展了高质量的大学生创业培训指导服务活动，取得了高水平的大学生创业孵化成果。截至 2016 年 6 月，孵化器管理的大学生创业实体 55 家。孵化器为大学生创办企业免费提供“一站式”工商注册、财务、税收、法律等全方位咨询服务，同时为在孵项目提供“八项免费服务”：免费为入孵的大学生企业提供办公场地（免 3 年房租、物业管理费）、办公设备、空调、网络宽带服务、网站托管、创业培训和创业咨询，另给予每家企业每月 25 元的水电费补贴，通过提供全方位的服务，助力企业快速孵化、成长壮大。近年来，孵化器不断加强建设、规范管理、完善制度，建立了企业准入、培训、监督、考核、退出五大机制,促进孵化器的管理现代化、科学化。未来,公司将进一步加大投入,以孵化器建设为龙头,以培育、孵化一批大学生自主创业实体,培养一批职业经理人、企业家为目标,有效推进具有特色的大学生创新创业之路。

2)淘宝创业实验室

淘宝创业实验室成立于2009年4月,是学校和淘宝大学合作建立的电子商务专业实践实训和创业教育研究基地。淘宝创业实验室划分了技术部、企划部、运维部、物流部等业务部门,采用公司化管理模式,并引进真实的电子商务运营项目,从最基础的淘宝网店到综合性的电子商务解决方案,为学生提供多层次的实践实训平台,使学生不出校门,就能深入了解商业环境、企业电子商务运作模式及岗位工作流程,形成了以校企深度合作、产学研一体化为特色的电子商务创业人才培养模式。

实验室以专业前沿及需求为主线,积极组织或参与创业教育、创业研究、创业实践、创业大赛等活动,取得了丰硕的成果,在全国电子商务企业和高校电子商务专业中都有着良好的口碑和较高的知名度,被淘宝大学授予"最佳合作伙伴",是淘宝大学全国200多所高校中获此殊荣的唯一一所。

3)武汉亿维达信息科技有限公司

武汉亿维达信息科技有限公司成立于2011年,公司紧密依托湖北经济学院产学研合作创新平台,集聚行业、高校等优质社会资源,发挥跨学科多领域人才优势,形成了一支以数位博士领衔,以青年科研人员为主,学生积极参与,充满创新能力和创业激情的高端研发设计队伍。公司服务涵盖了电子信息及软件工程、网络工程、计算机系统集成、信息系统开发安装技术服务技术咨询、计算机硬件级周边设备、网络产品、办公自动化设备、光电一体机等服务。目前,公司已成为我校大学生创新创业教育实践的重要基地。

2. 五个校企(地)合作场地建设

学校与企业共建了一批大学生创新创业共建基地。学校与武汉光电谷科技企业孵化器有限公司、武汉岱家山科技企业孵化器有限公司、武汉商立置业发展有限公司、武汉恒瑞创智科技企业孵化器有限公司、中百集团等签署合作协议,共建大学生创新创业基地。亿慧孵化器的大学生创业企业在毕业后,可以直接入驻相关孵化器,并享受"优惠"待遇。2016年,学校与中百集团联合建立的中百藏龙学院,培养创业人才，已于2017年开始正式招生。通过拓展校外大学生创业基地，更好地整合了校内外各种创业资源，极大地带动了学校创业团队建设与发展。

（三）基地配套建设

1. 创业经费

学校每年根据学生缴纳的学费，按照0.5%的比例预算大学生创新创业专项经费。在此基础上，学校不断加大创业经费的投入，2014年总计投入资金60万元，2015年投入大学生创业经费63.9万元。并将大学生创业经费（专项经费）纳入学校统一管理，制定了《湖北经济学院大学生创业基金管理办法》《湖北亿慧科技孵化器有限公司财务管理制度（试行）》，明确规定资金的使用范围，由财务处负责监督使用，专款专用，不得挪作他用。

2015年年度创业示范基地建设项目资金使用情况汇总见表70。

表70　2015年年度创业示范基地建设项目资金使用情况汇总

年　　度	资 金 投 入	
2015	资 金 来 源	金额/元
	省教育厅大学生创业示范基地扶持资金	200 000
	省人社厅大学生创业孵化示范基地扶持资金	236 000
	学校配套大学生创业专项基金	200 000
	总投入	636 000
	资 金 支 出	
	资金使用情况	金额/元
	大学生创世班创业团队培训实践活动费用	9850
	大学生创业活动支出	3390
	大学生创业工作宣传费用	500
	大学生创业赛事费用	5650
	创业基地场地和配套设施建设费用	224 474.1
	大学生创业团队奖励扶持	116 000
	支付2015年年度房租	190 918
	总支出	550 782.1

2. 创业服务

学校建立了完善的创新创业指导服务体系。亿慧孵化器对决定创业的学生提供全程指导(含创业前一对一个性化专业化的“前置辅导”)、持续帮扶和一站式服务。依托亿慧孵化器,学校为大学生创办企业免费提供“一站式”工商注册、财务、税收、法律等全方位咨询服务,同时为在孵项目提供“八项免费服务”,对符合条件的在校大学生给予创新学分。

培育了创新创业文化。开展了创业计划大赛、大学生创业奖励申报、“创业之星”评比等一系列活动,鼓励学生参与创新创业工作,并成功挖掘出一批优秀创业项目,涌现出了一些大学生创业优秀典型。通过奖励资助这些优秀大学生创业项目,帮扶大学生进行创业项目孵化,宣传大学生创业先进个人,进一步激发了学生的创业热情和创业潜能,引导更多的学生参与创业实践活动。

3. 组织保障

为增强学生的创业意识和创业能力,培养创业人才,全面统筹和部署大学生创业工作,学校于 2012 年成立了大学生创业指导委员会,由校长担任主任,其他校党政领导担任副主任,招生就业处、院长办公室、教务处、学生处、校团委、科研处、财务处、实验教学中心等行政单位的负责人和各教学院系院长(系主任)为委员,创业指导委员会的成立,从领导层面为开展、指导全校大学生创业工作提供了组织保障。

为做实大学生创业工作,学校在招生就业处设立了大学生创业辅导中心,由招生就业处牵头负责全校大学生创新创业工作,招生就业处指定了专人负责大学生创新创业工作。与此同时,各院系也成立大学生创新创业工作领导班子,分管学生工作的书记(副书记)主抓大学生创业工作并担任创业导师,各院系配备了大学生创业工作专(兼)职工作人员。这样,学校从上到下明确了每个单位的责任,并且将大学生创新创业工作列为年终考核的目标,与单位及个人的年终绩效奖金直接挂钩,从组织、机制上确保了大学生创业工作的落实。

4. 创业导师队伍建设

学校高度重视创业指导教师队伍建设,建立了创业导师资源库,由校、政、行、企等各方面的企业家、专家或教授等人员组成。目前,已建立了一支跨专业、跨领域、多层次的创业导师队伍,以一对一、一对多、多对多的灵活方式,为孵化企业、初创企业提供针对性的创业辅导,及时解决大学生创新创业过程中遇到的问题。

从2016年开始，学校一方面公开招聘产业教授，另一方面，出台政策，鼓励老师到企业挂职锻炼，提高指导水平。近几年，有30多位老师到企业挂职锻炼。为进一步提高导师的水平，学校一方面将校内的创业导师派出去学习、交流，另一方面，学校还在校内举办了创业培训班，请专家对全校辅导员、分管学生的书记和副书记以及分管教学的副院长（副主任）进行了为期2天的培训，进一步提高了老师指导学生创新创业的能力与水平。

（四）湖北经济学院基地建设成就

通过以上各项举措，湖北经济学院人才培养质量和创新创业指导服务水平以及学生满意度不断提升，创新创业工作取得一些成绩。近3年，在校大学生自主创业比例超过2%，孵化器累计有94个创业实体办理了营业执照，其中，创业失败16家（占17.0%），停业11家（占11.7%），转让或被兼并4家（占4.3%），正常营业63家（占67.0%）。94家创业实体中，据不完全统计，成活3年及以上的有24家，占25.5%。

1. 学校创新创业工作获得的表彰和奖励

湖北经济学院大学生创业园（亿慧孵化器）于2013年被省教育厅授予“湖北省大学生创业示范基地”，2014年被省人社厅认定为“湖北省大学生创业孵化示范基地”；2013—2015年期间，共有26个大学生创业团队入选湖北省大学生创业扶持项目，17个大学生创业团队入选武汉市大学生创业扶持项目；学校获得2014年“创青春·精彩在沃”湖北省大学生创业大赛“优秀组织单位”称号。

2. 学校大学生创业团队和个人所获荣誉

2016年7月，武汉市画缘经世文化传播有限公司的“艺拍即合”网项目在教育部高校电子商务类专业教学指导委员会主办的第六届全国大学生电子商务“创新·创意·创业”挑战赛全国总决赛荣获一等奖；2016年5月，学校“旅拍App”和“寻找最美记忆”两个团队分别获得2016年“创青春”湖北省大学生创业大赛终审决赛答辩银奖；2016年5月，学校物流与工程管理学院Morning队和“艾爱队”荣获“学创杯”2016全国大学生创业综合模拟大赛湖北省省赛（本科组）二等奖；2016年5月，创业校友韩高科荣获2016年“湖北青年五四奖章”；2015年9月，经济学系胡适、王聪、周菊芳、贡维盛、王德涛和工商管理学院王皓炜六位同学组成的创业团队在“2015年海峡两岸青年大学生实作型创新创业大赛”中，荣获三等奖；2013年，武汉眸画影视广告传播有限公司徐衍在湖北省“诸葛亮杯”大学生创业大赛中荣获三等奖，2014 年 8 月入围“全国大学生创业大赛”决赛；金融学院学生创业团队在 2013“建行杯”全国大学生创业竞赛中荣获银奖；信息管理学院学生创业团队在第四届全国高校“创意创新创业”电子商务挑战赛中荣获二等奖；2014 年 6 月我校旅游与酒店管理学院的“土家茶食坊”团队在第四届全国高校餐旅类专业大学生创业大赛中荣获二等奖；“协家”App(互联网＋公共服务)项目获得 2015 年海峡两岸青年大学生实作型创新创业大赛三等奖；古风醇设计有限公司的作品《古风醇》获得湖北省第二届文化创意大赛时尚生活创意类入围奖；武汉艾特凯集团股份有限公司总经理张凯、武汉未镭云字节网络服务有限公司负责人罗百顺先后入选武汉市“大学生创业先锋”；武汉马邦文化创意有限公司的“小黑马”团队代表湖北省参加了 2013—2014 DI 创新思维亚太地区北京国际邀请赛，荣获一等奖；武汉云上天下影视传媒有限公司拍制的作品《IN 武汉》荣获武汉市第二届微电影大赛银鹤奖、最佳影片奖和最佳摄影奖，拍制的另一部作品《城市 2》荣获第 22 届金鸡百花电影节“美丽中国梦”微电影大赛银鹤奖、最佳剪辑奖，等等。

(五) 创业基地运行存在的问题

1. 运行模式的挑战

创业孵化基地是在学校开展的企业，而且由学校和政府主管，使学生认为大学生创业孵化基地是不以营利为目的的社会公益性机构。抑制了其他投资者的投资兴趣，使投资资金短缺，导致入驻企业运行困难。项目经营管理人员的大量时间都用来筹集资金，在培育创新企业方面，就会无暇顾及，使创业孵化基地的运行效率大大降低。

2. 创业教育体系不完善

学校大学生创业孵化基地在创业教育体系方面存在一些问题，主要是因为师资力量较为缺乏，没有老师进行专业的创业指导。创业教育没有完整的理论框架，权威的教材体系尚未形成，导致创业方向不是太明确。虽然学校大学生创业基地已粗具规模，但依然存在项目孵化制度不完善、缺乏严谨的审核和管理机制、公司成长发展空间有限、团队成员间的专业配比及团队梯度设置不合理等现实问题。有的团队具备专业的知识背景，却因为缺乏好的创业项目而导致创业不成功；有的创业项目虽然有发展前景，却不具有后续发展能力。此外，创业团队的成员组成专业单一，梯度配比也不科学，经常会出现“一人分管多职”的现象，导致运营效率低下、专业领域不能深入，运营效益不高等问题。

3. 缺乏实质性突破

湖北经济学院在2013年被湖北省教育厅授予“湖北省大学生创业示范基地”，虽然已经是示范基地，但场地、人员、经费投入、制度建设等方面没有大的变化，创新创业教育方面也没有新的突破，如图27和图28所示，在2016年与2017年湖北经济学院基地建设指标情况大体一致，并未发生实质性的改变。

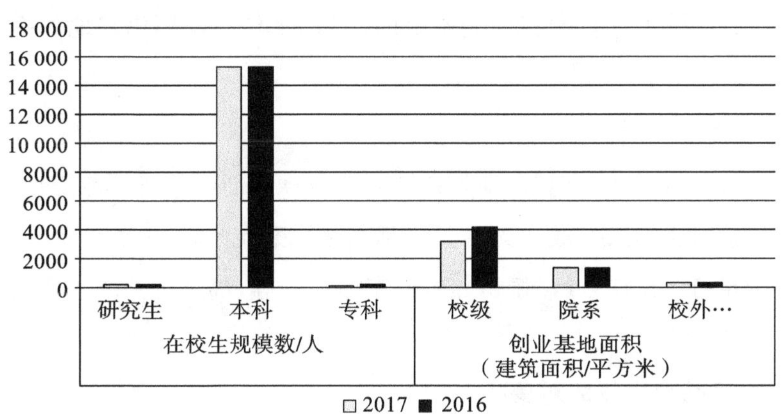

图27　2016年和2017年创新创业基地在校学生规模与产业基地的面积

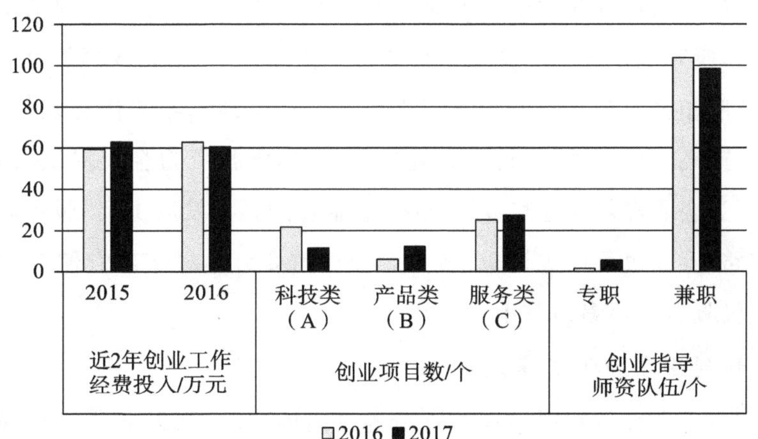

图28　2016年和2017年创新创业基地相关指标

4. 资源支持力度不足

虽然湖北经济学院不断加大学生创业工作的投入力度，但是由于处在校园，学生普遍缺乏市场化的创业经验，风险意识不强，无法应对外来风险。而且没有系统化的管理经验，容易陷入被动状态。在创业初期，缺乏启动资金和人才，并且，湖北经济学院为大学生提供办公场所和一些基本设施，能大大减少创业学生的基础固定成本，但其货源、运输、宣传等开支都需要企业自己筹划资金。其次，大学生创业孵化基地的客户限于本校学生，不与社会市场相联系，无法有效地使用社会资源。同时，由于学校、政府给予帮助有限，导致创业孵化基地产品成本过高，而且品种款式有限。在校大学生很少购买创业基地的产品，使其创业孵化基地的企业不能得到长久有效的发展。

5. 宣传力度不够

目前，学校在宣传“双创”特别是有针对性地宣传创业示范基地方面明显不足，学校创业的氛围还尚未形成。无论是广播电视、报纸杂志、网络平台等新闻媒体，还是大街小巷的宣传广告牌、橱窗、条幅、车体广告等，都有进一步加大宣传力度的空间。

(六) 加强基地建设的对策

1. 发挥创业基地链接资源的作用

高校、政府、企业等在大学生创业教育过程中都扮演着非常重要的不可替代的作用。因此，应充分发挥创业基地链接资源的作用，形成创业教育的合力。学校要积极联系政府相关部门落实国家关于大学生创业基地的相关优惠政策，如税收优惠、财政扶持等。也要积极与行业企业进行链接，学校可为企业提供人才储备，创业基地也可为企业提供人才培养和选拔，让企业的人力发展走上“服务高校即服务自己”的道路，企业也可以拉订单，按照企业的需要订单式培养它们需要的创新创业人才，积极吸引企业参与其中。

2. 加强创业导师队伍建设

大学生由于受自身知识、经验、资金等方面的限制，其创业项目需要外界给予辅导和帮助，大学生创业孵化基地建设过程中的创业导师队伍建设尤为重要。创业不仅需要有理论基础的导师，更加需要具有实践经验的导师，湖北经济学院建立了一支专兼结合的创业导师队伍，一共有 106 名教师，其中专业指导教师 2 人，兼职指导教师 104 人，兼职创业导师资源较丰富，还应多发展专业指导教师人数。学校应充分发动校内老师参与，从具备较为扎实系统的教育学、经济学、社会学、管理学、人力资源管理和心理学等基础知识，热心公益、愿意投身大学生创新创业教育工作的老师中挑选，建立相应的激励机制，引导教师积极投身大学生创业教育工作，形成校内创业导师库。定期组织参加培训，提升理论水平，带领学生参加各级各类创新创业类比赛等创业实践。同时，创业过程中，实践经验比理论学习更加重要。针对学校教师缺乏创业实战经验，应聘请企业家、创业成功人士尤其是创业成功校友、投资人担任校外创业导师，开展创业论坛，对项目进行一对一的跟踪辅导。将校内导师的理论知识和校外导师的实践经验相结合，共同提升大学生创业的成功。

3. 加大创业扶持经费投入

湖北经济学院 2014 年至 2016 年经费投入分别是 60 万元、63.6 万元、61 万元，在经费投入上没有实质性的改变，应加强经费投入为学生科技创业、发展创业搭建必要的平台，给予专项资助，解决他们创业初期资金不足的问题。同时，学校还要积极争取地方政府、行业企业的支持，多渠道筹措资金，对进入基地创业的学生给予资金、技术、智力以及政策咨询、法律援助等多方面的支持与帮助。根据许多国家测算，在市场竞争条件下，新办中小企业的成活率一般不超过 30%，而经过孵化器的孵化和培育，新办中小企业的成活率一般都高达 80%以上，充分显示了孵化器对中小企业成长的重要作用。学校设立学生创新创业基金，资金来源包括学校经费拨款、社会捐赠与孵化器运营经济收益提成等，学校设立大学生创新创业基金管理委员会进行管理。创业基金主要用于支持大学生创新创业项目，重点支持处于研发阶段的项目。

4. 加强资源投入

学校应建立多层次的创业系列课程。设置必修课、选修课、讲座、普及教育、精英培训等多种形式的创业教育课程教学体系，加强课程建设，使受教育的学生覆盖面广、参与人数多、受益学生多，从而提高学生创业精神与创业(创新)能力；其次建立创业基地网站，丰富网站内容，使学生能够及时浏览、学习、参与有关创业信息、课程建设以及成功案例；或者制作创业刊物，介绍创业相关知识、创业成功事例及交流平台;参加创业项目推介活动,参加创业项目展览会,向创业扶持机构和其他市场机构推荐优秀创业计划。进行创业研究活动,对创业校友和一些企业家发放调查问卷,对问卷进行统计分析,发表相关文章等,以此来提升学生的创业素质,应对创业中面临的风险和挑战。

5. 加大宣传力度

努力让创业基地的企业"多"起来。充分利用广播电视、报纸杂志、网络平台等新闻媒体,以及学校的宣传广告牌、橱窗、条幅、车体广告等,全方位、多角度地宣传基地及创业就业扶持政策,切实加大创业基地的宣传力度,特别是加大对企业和成功小微企业先进典型的宣传,介绍成功经验,宣传突出事迹,激发引导广大创业企业(团队及个人)入驻基地创业的激情。

(七) 小结

湖北经济学院在大学生创新创业教育方面组织机构较健全,管理制度较完备,建设目标比较科学合理,场所建设比较充裕,但在经费投入、创业导师队伍建设、资源投入以及创业宣传等实际运行方面还存在着一定的不足,其产生的社会效益和经济效益的效果不显著。近几年经费投入并未发生变化,其经费投入总量也不高,对后期创业基地发展有着阻碍性的影响,学校应加强与政府的联系,积极寻求政府对学校的财政支持,同时,也要加强在创业示范基地运行过程中的建设,整合各方面资源,采取积极举措,建设校内外结合的学生创业示范基地。

三、湖北省创业示范基地建设的评价体系及其优化

为贯彻落实《湖北省中长期教育改革和发展规划纲要(2011—2020年)》和《关于组织实施"湖北省大学生创业示范基地建设计划"的通知》(鄂教学〔2010〕7号)精神,推进湖北省大学生创业基地建设与自主创业工作,湖北省教育厅于2011年12月制定《湖北省大学生创业示范基地评选细则(试行)》。具体内容如下:

(一) 创业示范基地现有评价体系

1. 基地场所建设(30分)

1) 校级场地建设(18分)

学校设有校级大学生创业基地(场地),本科院校应达到500平方米以上,高职院校应达到300平方米以上,且有相应的配套设施。学校创业场地使用面积应达

到生均 0.05 平方米以上。

2）校企(地)合作场地建设(7 分)

学校积极利用地方政府、企业的资金和场地共同建设大学生创业基地，供本校学生使用，由学生创业团队支配的基地面积达到 300 平方米以上。

3）院系场地建设(5 分)

半数以上的院系结合专业和创业需求建有学生创业场所；充分利用和依托高校科技园、软件园、产业园、产学研基地以及工程中心、重点实验室、实训中心等现有条件，帮助学生开展创业实践。

2. 基地配套建设(35 分)

1）资金保障(15 分)

学校有专项资金支持大学生创业基地建设。创业基金应达到上年学校年度学费总收入的 0.5%，其年度使用率要达到 60%以上。

2）组织保障(5 分)

学校党政领导高度重视大学生创业基地建设与自主创业工作，列入了重要议事日程。创新大学生创业基地建设与自主创业工作的体制机制，创造性地推动工作。学校及院系明确了分管领导和专门人员。

3）创业教育与实践(5 分)

将创业教育纳入课程体系，记入学分。大力推进大学生创业教育、创业实践、项目孵化，为大学生接受创业教育、参与创业实践、项目孵化提供技术、信息、资金、场所、设备等方面的支持和服务。

4）创业导师队伍建设(5 分)

重视创业指导教师队伍建设，积极选配优秀青年教师担任创业指导教师，创造条件选送他们到创业企业挂职锻炼，提高水平；积极从社会上聘请企业家、创业成功人士和专业人员担任兼职创业导师，充分发挥他们的特殊作用。

5）制度建设(5 分)

大学生创业基地管理、基金管理与自主创业工作等制度健全，管理规范，科学高效。

3. 基地建设成效(35 分)

1) 人数规模(15 分)

创业团队是形成创业孵化项目的基础与前提。学生创业团队本科院校应达到50 个以上,高职院校团队应达到 30 个以上。参加学校创业团队总人数应达到在校全日制普通学生总人数的 1%以上。

2) 项目数量(15 分)

创业项目数量占在校全日制普通学生总数的 2‰以上。

3) 项目质量(5 分)

创业项目质量:

(1) 与所修专业明显关联的项目占总项目数的 3/5;

(2) 科技类、产品类、发明创造类项目占创业总项目数的 2/5 以上。

根据以上《湖北省大学生创业示范基地评选细则(试行)》,湖北省教育厅对湖北省高校创业示范基地的评价提出了 3 大项 11 小项具体标准,包括场所建设、资金保障、组织保障、创业导师队伍建设、制度建设、创业团队人数规模、创业项目数量与质量等多个指标。分别从示范基地场所建设方面、基地配套建设方面以及基地建设成效方面进行综合评价。

通过对高校的自评报告汇总分析,近年来给予奖励经费的 10 所示范基地的各项指标在湖北省教育厅提出的基本标准基础上,普遍有大幅度增长。一是创业基地面积大幅度增加。2015 年 4.4 万平方米,2017 年 6.5 万平方米,增长了47.73%。二是创业经费投入持续增加。2015 年 1385.36 万元,2017 年 1451.9 万元,增长了4.80%。三是创业项目数大幅度增加。2015 年 629 个,2017 年 762 个,增长21.14%。四是创业指导师资队伍力量大幅度增强。2015 年 480 人,2017 年 641人,增长 33.54%。五是在校生创业人数大幅度增加。2015 年 2716 人,2017 年3994 人,增长 47.05%。

在四批湖北省大学生创业示范基地的示范引领下,全省高校加大了对大学生创业工作的资金、场地、人员投入。中南民族大学一期投入 100 多万元在北区学生公寓、16 号教学实验楼,建成了“大学生创业孵化示范基地”和“大学生创业孵化苗圃基地”,一期总面积 1738 平方米,生均面积 0.066 85 平方米。并根据民族高校创业划分为“民族文化创意区”“民族艺术设计区”等10个功能分区。苗圃基地建筑面积775平方米，设计为4个功能分区：创业苗圃室3个、入孵团队培训室1个、商务谈判室1个、创业活动保障室1个。湖北第二师范学院引进社会投资，投入300万主体装修大学生创业示范基地；同时依托光谷产业，与东湖新技术开发区管委会以及光谷234家企事业单位签订了战略合作协议；2016年，优秀校友——武汉创星汇科技园发展有限公司创始人陈珺琳免费提供科技园3000平方米的创业场所，鼓励和资助大学生创新创业。培养了一批大学生创新创业人才，建成了一批大学生自主创业实体，营造了良好的大学生创业氛围。中国地质大学（武汉）学生创业团队中高辉团队在2015年还获得了1000万元风险投资；彭浩入选中国青年科技工作者协会与中国青年报社共同主办了首届“最美青年科技工作者”。各高校普遍开设了“创业基础”等课程，面向全体学生，将创业教育纳入了教育教学全过程，开展了大学生创新创业奖励评选活动，总结推广了一批大学生创业典型。全省高校普遍建立了扶持大学生创业的专项经费和基金，在校生和毕业生自主创业人数连续3年保持增长态势。

根据上述示范基地评选标准及相关调研情况，本课题组认为该项目组织机构比较健全，管理制度比较完备，建设目标比较科学合理，组织实施比较严密，绩效目标完成情况良好，社会效益和经济效益比较显著。一批形式多样、各具特色、成果显著的省级大学生创业示范基地已日渐完备，其示范辐射效应已达到预期效果，影响力逐渐扩大。

（二）创业示范基地建设评价体系存在的不足

近年来，着力推进高校创业示范基地建设，以促进创新创业人才的孵化聚集，已经成为我省高校创新创业教育改革的重要抓手，对提高高等教育质量、促进学生全面发展、推动毕业生创业就业、服务国家现代化建设发挥了重要作用。但也存在一些不容忽视的突出问题，为了更好地促进湖北省高校创业示范基地的建设，发挥其带头示范作用，需要定期对其进行绩效评价。湖北省虽然已有一套针对高校创业示范基地建设的评价体系，然而随着时代的发展，旧的评价体系已难以适应当前创业示范基地建设的要求。

随着“互联网＋”“共享经济”等新兴业态的出现，创业模式也更具多样化，这对高校创业示范基地建设也提出了更高的要求。下面简要分析当前创业示范基地建设评价体系存在的不足。

1. 创业示范基地场所建设评价占比较大

当前创业示范基地建设评价体系中，基地场所建设评价占比30%。然而，经过近几年各高校的建设，大多数创业示范基地早已具备场所建设标准，仍然以当前的评价标准显然已无太大意义，也不利于促进高校进一步完善创业示范基地的硬件设施。与此同时，随着“互联网+”“共享经济”等新兴业态的出现，当前的硬件标准也需要提出更高的要求，以此适应当前环境下创业学生的需求。因此，在创业示范基地场所建设评价中，场地建设占比不太合理，需要进行调整，同时，对创业示范基地场所建设要求上，需要依托当前的创业环境进行优化完善。

2. 基地配套建设评价指标不够完善

当前湖北省创业示范基地评价体系中基地配套建设占比35%，分别从资金保障、组织保障、创业教育与实践、创业导师队伍建设和制度建设五个方面进行逐一评价。然而在创业示范基地实际调研中，发现部分高校创业示范基地建设模式单一，没有形成统筹发展模式多元的基地建设合力。这与当前创业模式多样化的市场环境显得有些脱节，导致创业示范基地的平台效应并未完全显现出来。因此，为了进一步突出湖北省创业示范基地的形式多样性、成效显著性及示范性，对基地配套建设的评价指标需要有所完善，要形成规范的省级创业示范基地。

3. 未建立基地运行机制评价体系

根据我们调查研究，发现有部分高校创业示范基地运行机制不畅，没有建立全过程的项目孵化机制，这对创业示范基地的有效运行带来很大的障碍。而当前的创业示范基地评价体系中并未对基地的运行机制进行有效的评估，这是当前湖北省创业示范基地评价体系中的一个缺失部分。为了使高校创业示范基地更加行之有效地运行，保障高校创业人员的创业积极性与创业项目孵化过程，我们需要建立完善的创业示范基地评价体系，以此来保障创业示范基地的有效运行。

4. 未建立创业示范基地文化交流评价体系

高校创业示范基地旨在增强大学生创新创业精神与能力，大力推进大学生自主创业工作。据智联招聘调查显示，与2015年相比，2016年选择创业的应届毕业生比例明显下降，比例由2015年6.3%降低至2016年的3.1%，当前大学生创业意愿仍相对较低。因此创业示范基地更应注重营造创业氛围,加强宣传引导、文化交流等方面的工作,同时注重总结培育典型,树立勇于创新创业的榜样并发挥榜样的示范引领作用,突显创业示范基地的示范效应。这需要进一步完善当前的创业示范基地评价体系,要在创业示范基地文化交流方面进行评价,从而带动高校创业基地进行这方面的建设,提高创业示范基地的辐射效应。

(三) 湖北省高校创业示范基地建设评价改进

1. 缩小创业示范基地场地建设评价占比

现有高校创业示范基地评价体系已经实施有12年之久,多数高校在基本场地建设上已经能达到要求。为了进一步促进高校创业示范基地的发展,建议将基地基础设施建设评价占比缩小,对现有场地建设要提高要求,同时更加注重顶层设计。在评价时,要侧重评价创业示范基地建设是否从全局高度出发,统筹考虑创业示范基地建设的各个层面各种参与力量,对大学生创业示范基地的工作体系等进行顶层设计,形成具有省域特色的高校大学生创业教育与实践模式;对建立具有行业特征学校特色专业特点的创业咨询扶持与指导服务体系的高校进行额外加分,以此充分发挥创业基地在资金技术场地专业指导等资源的作用,为大学生创新研究和自主创办企业提供支撑。

另外,评价体系中可以增加相应的评价指标,促进高校利用行业企业资源或依托学校科技园、软件园、产业园产学研基地以及工程(训练)中心重点实验室等条件,整合相关资源,加强创业基地的场地条件装备建设,明确功能定位,划分合理的功能区域,构建创业基地一站式服务格局。

2. 完善创业示范基地配套建设评价指标

当前高校创业示范基地配套建设评价指标在现今创业环境评价中显得有些不够完善,为了适应当前的多样化创业模式,需要进一步对高校创业示范基地的配套建设进行优化。首先,要进一步提升高校创业基金的使用效率,当前评价体系中,创业基金年度使用效率要求为60%以上,为了适应当前时代的创业环境,要将创业基金的年度使用效率要求提升至80%以上,从而提高高校创业示范基地的运行效率。其次,配套建设评价体系中要加入对创业教育的创新学习指标,促进高校依托创业基地不断创新创业教育的教学内容和教学形式,通过沙盘模拟、创业教育成果展示、创业培训等方式,营造浓郁的校园创业氛围,使学生在课堂上所学的知识与实际联系更加紧密,在实践中体会并提升创新意识、市场意识、团队合作意识、规范意识、质量意识、服务意识,为大学生走向社会,实现创业打下基础。

最后,为了深化创业示范基地的模拟和实践功能,配套建设评价体系要加入高校创业实战演练指标,鼓励高校依托创业基地这一实训与成果孵化的平台,开展创业计划大赛、创业设计竞赛以及创业典型事迹报告会等创业文化活动;充分落实教育部"大学生创新创业训练计划",高校要充分利用学校现有的科技园、软件园或创业园,培育具有学校特色专业特点的典型项目和成果;以创业项目组织模拟运营,进行实战演练,提高大学生创业实践能力,积累就业创业经验。

3. 增加创业示范基地运行机制评价

为了进一步规范高校创业示范基地的运行机制,促进示范基地的良好运行,建议在评价体系中加入对高校运行机制的评价,主要从团队选拔机制、创业扶持机制、风险分担机制和资源优化机制 4 个方面评价示范基地的运行机制。从而加强高校创业示范基地的运行保障,确保创业示范基地有效运行。

在团队选拔机制方面,评价要侧重于高校是否突出学校特色。比如通过创业项目评审、创业计划大赛等多种形式建立适合创业基地定位的优秀创业项目选拔制度,构建由创业教育课程、创业模拟训练、创业计划竞赛、创业项目实战组成的创业团队培育体系。促进高校以选拔与学科结合紧密、具有行业特色可行性和操作性强的创业项目为导向,鼓励大学生跨学科组建创业团队,组织专业教师对大学生创业团队进行全程指导。

创业扶持指标方面,要侧重评价高校是否通过政策解析会、发放政策汇编等形式积极宣传各级政府扶持大学生创业的政策措施,帮助创业大学生落实各政府职能部门出台的大学生创业优惠政策。同时评价高校是否充分利用学校渠道优势,面向校园、政府需求推介创业项目。同时,各高校还要积极争取地方政府、行业企业的支持,多渠道筹措资金,对进入基地创业的学生给予资金、技术、智力以及政策咨询、法律援助等多方面的支持与帮助。

风险分担机制评价方面,要评价高校是否建立创业风险评估服务体系,提供信息与管理咨询、法律保障、知识产权保护等专业化服务,减少创业"壁垒",控制创业风险。促进基地积极与政府金融机构对接,发展多种融资方式,引导保险资金、银行资金、社会资本等参与大学生创业风险投资基金的设立，分担创业风险。

资源优化机制评价方面，评价指标要促进高校加强创业基地的开放性，充分整合不同定位不同类型基地的资源，引导同类型创业项目到相同产业特色的基地集聚，强化体现区域和学校特色的创业基地建设。注重与国家级、省级和市、县大学生创业园的衔接，推荐优秀创业项目入驻高层次创业园区。

4. 建立创业示范基地文化交流评价

为了进一步促进高校学生创业，需要加大创业文化氛围营造，因此，评价体系中也需要增加文化交流评价指标。评价内容包括高校是否注重宣传引导，营造浓郁的校园创业文化氛围。比如以创业文化建设为主题，以大学生创业示范基地为平台，促使创业文化与励志文化、职场文化相结合。同时，要通过建立评价体系督促各高校依托大学生创业示范基地开展各种创业教育活动，通过创业讲座、创业沙龙、创业知识培训，开展创业见习等活动的开展，激发学生的创业热情。

另外，高校通过座谈参观等活动的开展，促进校际创业教育教师和创业学生团队产生思想的交流和碰撞，对有这些活动的学校，在评选时，还可以加分。

（四）湖北省高校创业示范基地评价体系优化方案

根据以上分析内容，本课题组结合当前创业环境及相关高校创业示范基地调研，在现有的评价体系基础上对其进行改进。

1. 基地场所建设（20 分）

1）校级场地建设（8 分）

学校设有校级大学生创业基地（场地），本科院校应达到 1000 平方米以上，高职院校应达到 600 平方米以上，且有相应的配套设施。学校创业场地使用面积应达到生均 0.5 平方米以上。各高校可以利用教学楼、大学生活动中心、大学生创新实践基地、学生宿舍及食堂等场所建设创业园，由高校创业教育主导部门直接管理。场地建设结合学校特色、行业特征的，并形成完整体系的给予加分。

2）校企（地）合作场地建设（7 分）

学校积极利用地方政府、企业的资金和场地共同建设大学生创业基地，供本校学生使用，由学生创业团队支配的基地面积达到 600 平方米以上。要以基地建设为抓手，加强学校与地方政府行业企业间的交流合作。

3）院系场地建设(5分)

半数以上的院系结合专业和创业需求建有学生创业场所；充分利用和依托高校科技园、软件园、产业园、产学研基地以及工程中心、重点实验室、实训中心等现有条件，帮助学生开展创业实践。加强创业基地的场地条件装备建设，明确功能定位，划分合理的功能区域，构建创业基地一站式服务格局。

2. 基地配套建设(25分)

1）资金保障(7分)

学校有专项资金支持大学生创业基地建设。创业基金应达到上年学校年度学费总收入的0.5%，其年度使用率要达到80%以上。

2）组织保障(3分)

学校党政领导高度重视大学生创业基地建设与自主创业工作，列入了重要议事日程。创新大学生创业基地建设与自主创业工作的体制机制，创造性地推动工作。学校及院系明确了分管领导和专门人员。

3）创业教育与实践(3分)

将创业教育纳入课程体系，记入学分。大力推进大学生创业教育、创业实践、项目孵化，为大学生接受创业教育、参与创业实践、项目孵化提供技术、信息、资金、场所、设备等方面的支持和服务。

4）创业导师队伍建设(3分)

重视创业指导教师队伍建设，积极选配优秀青年教师担任创业指导教师，创造条件选送他们到创业企业挂职锻炼，提高水平；积极从社会上聘请企业家、创业成功人士和专业人员担任兼职创业导师，充分发挥他们的特殊作用。

5）制度建设(3分)

大学生创业基地管理、基金管理与自主创业工作等制度健全，管理规范，科学高效。

6）加强引导(3分)

依托政府企业及学校的创业咨询服务机构，开展个性化指导咨询，增强创业实践服务的针对性。

7）注重实践性(3分)

以创业项目组织模拟运营，进行实战演练，提高大学生创业实践能力，积累就业创业经验和有效性。

3. 基地运行机制(20 分)

1) 团队选拔机制(5 分)

突出学校学科特色,通过创业项目评审、创业计划大赛等多种形式建立适合创业基地定位的优秀创业项目选拔制度。

2) 创业扶持机制(5 分)

通过政策解析会、发放政策汇编等形式积极宣传各级政府扶持大学生创业的政策措施,帮助创业大学生落实各政府职能部门出台的大学生创业优惠政策。

3) 风险分担机制(5 分)

要建立创业风险评估服务体系,提供信息与管理咨询、法律保障、知识产权保护等专业化服务。

4) 资源优化机制(5 分)

注重与国家级、省级和市、县大学生创业园的衔接,推荐优秀创业项目入驻高层次创业园区。

4. 基地建设成效(25 分)

1) 人数规模(10 分)

创业团队是形成创业孵化项目的基础与前提。学生创业团队本科院校应达到 100 个以上,高职院校团队应达到 60 个以上。参加学校创业团队总人数应达到在校全日制普通学生总数的 5%以上。

2) 项目数量(10 分)

创业项目数量占在校全日制普通学生总数的 4‰以上。

3) 项目质量(5 分)

创业项目质量:

(1) 与所修专业明显关联的项目占总项目数的 3/5;

(2) 科技类、产品类、发明创造类项目占创业总项目数的 2/5 以上。

5. 基地文化交流(10 分)

1) 营造创业氛围(4 分)

高校要注重宣传引导,营造浓郁的校园创业文化氛围。

2）强化校际合作(3 分)

高校通过座谈、参观等活动的开展,促进校际创业教育教师和创业学生团队产生思想的交流和碰撞,在一定程度上达到优势互补经验共享与共同提高的目的。

3）总结培育典型(3 分)

高校要培养和宣传创业典型,发挥创业典型的引领和带动作用,充分利用网络报刊和新媒体等多种宣传工具,树立勇于创新创业的榜样并发挥榜样的示范引领作用。

结束语

自 2012 年以来,湖北省全省近百所高校的大学生创业基地进行了深入的建设与发展工作,取得了较好的成绩,充分发挥了湖北省科教大省的创新优势。湖北省教育厅评选出来的多批省级大学生创业示范基地,充分利用和开发了各高校拥有的教学资源与人才资源,极大地鼓舞了青年大学生的创新创业热情,为当代大学生的成长与发展提供了良好的平台。湖北省教育厅关于以评促建,旨在通过示范基地的认定,期望建设一批形式多样、各具特色、成果显著的省级大学生创业示范基地,充分发挥其示范辐射效应,带动全省高校大学生自主创业工作的基本思想,也得到了有效落实。同样我们也要认识和发现,创新创业工作中的不足,极个别院校在获得省级大学生创业示范基地称号后,对大学生创业工作的积极性有所减弱,自身投入增加较少。场地、人员、经费投入、制度建设等方面没有大的变化,创新创业教育方面也没有新的突破。对大学生创新创业工作的开展,我们要发现不足,认清形势,跟上时代发展的步伐。根据调研报告的深入分析,对现有的湖北省大学生创业示范基地评价体系提出的一些改进建议,希望对今后的创新创业工作有所帮助。

作者单位:湖北大学商学院、湖北人才发展战略与政策研究中心

新形势下湖北省大学生征兵工作的对策研究

杨　俊

在新形势下，大学生征兵工作是事关国家安全稳定和军队现代化建设全局的重要工作，对巩固国防和军队现代化建设以及建设军民融合发展都具有重要的意义。

征兵工作是国防和军队现代化建设的一项基础工程，也是国家赋予各级政府的一项年度常规性工作。数据显示，随着我国高校入学率的大幅提升，大学生已经占到适龄青年的四成左右。比如 2017 年，我国应届大学毕业生超过 750 万人，而在校大学生约为 2800 万人，这构成了我国兵员的重要人力资源基础。另一方面，近年来，美国、英国、日本等发达国家官兵中大学生的比例持续增高，军队已经普遍实现高学历化。例如，美军士兵只有不到 5%为高中以下文化程度，军官全部具有本科及研究生以上文化程度。而目前我军官兵的文化结构大体是大专及大专以上学历占 1/3(其中，研究生及以上学历的占比非常小)，高中或相当于高中文化的占近 2/3，还有一部分是初中文化程度。这和国外许多国家的军队大专或大专以上学历占比超过 2/3 的数据相比还有很大的差距。目前我军正逐步加强质量建设，实行科技强军，随着军队现代化建设的发展，大批新型武器装备部队，不仅需要高素质的军官，同时需要文化素质较高的士兵去操纵和维护。所以，征集一定数量的大学生入伍，对优化部队兵员的文化结构，对适应军队知识密集、技术先进的需要，对加快我军科技强军、走精兵之路都有着十分重要的意义。新中国成立以来，我国大学生服兵役从“法定缓征”到“提前预征”这一转变与军队员额与高等教育规模的发展变化息息相关。因此，能否利用好大学生资源，直接决定了征兵工作质量的高低。

近年来，从国家层面到各级地方政府每年都有征兵领域相关政策的调整，如近年来征接兵方式调整改革、大学生征集的相关政策、征兵时间调整以及体检、政审、走访调查等规定的调整补充完善等,征兵工作程序日趋规范,兵员质量不断提高,各项优抚优待政策得到进一步健全完善。但随着军队信息化建设步伐的加快和形势任务的发展变化,对兵员的综合素质提出了新的更高要求,同时,经济社会环境的发展和人们思想观念的变化,为做好新形势下征兵工作带来新机遇的同时,也提出更为严峻的挑战和考验。目前在征兵领域对规范征兵工作程序、出台优待政策等方面研究探索较多,但对创新征兵模式、加强兵役执法、调整征集方法等方面研究不多。本文深入分析当前征兵工作实践中存在的突出矛盾问题及原因,结合工作实际,提出加强和改进新形势下兵员征集质量的具体对策措施,重点围绕宣传教育的内容和方法、兵役法规的健全完善、征兵机构的改革、征集方式的调整等方面,进行了研究探索。

在普通高校大学生中开展征兵是国家安全形势的需要,是军队现代化建设的需要。在校大学生入伍成为新时期高校国防教育的一个全新的使命。当前,我国正在加紧推进中国特色军事变革,实现由机械化向信息化的跨越式发展,部队武器装备越来越复杂,技战术训练难度越来越大,对兵员素质的要求越来越高。兵员征集对象主体的转变,是随着国防和军队现代化建设不断推进、国民教育水平不断提升发展而逐步调整改革的。同时,我军期待更多优秀大学生投身军队,尽早成为部队战斗力主体。但是,由于市场经济迅猛发展和长期的和平环境的影响,人们的思想观念和价值取向发生了很大的变化,学生对依法服兵役的观念淡薄。再加上现今社会大学生中独生子女比重较大,多数学生没有吃过苦,因而自愿应征的积极性有所下降。因此,征集高素质新兵难的问题日益突出,为促进中国国防和军队现代化建设,采取有力措施促进当代高校大学生积极入伍势在必行。

综上所述,兵员征集作为国防建设的基础,其重要性不言而喻。目前湖北省从国家和军队建设大局出发,在党中央、国务院、中央军委的正确领导下,出台了一系列激励适龄青年大学生参军入伍的优惠政策,积极做好大学生征兵工作,为征兵任务的完成提供了有力的保障。但是,随着国防和军队现代化建设进程的加快,新修订的《中华人民共和国兵役法》(以下简称《兵役法》)颁布施行使湖北省相关配套政策亟待调整完善,这些问题都使湖北省大学生征兵工作遇到了一些新情况新问题。为了切实做好湖北省的大学生征兵工作,非常有必要在新形势下正视和研究这一重要议题,并拿出相应的对策建议。

一、新形势下大学生征兵工作现状与国内外形势分析

自开展高校征兵工作以来，参军入伍的大学生达数十万人，有力地改善和优化了我国军队的素质结构。近年来，随着我国国防和军队现代化进程的加快推进，尤其是“强军梦”的提出和党中央“人才强军”的军事改革政策，使得高校征兵工作越来越重要。随着国家政策的开放，越来越多的大学生加入参军的队伍中。据有关数据显示，2017 年中国大学生报名参军的人数高达 108 万。但随着市场经济的深入发展和征兵工作形势任务的发展变化，新形势下的高校征兵工作面临着不少矛盾和问题，亟须解决。

1. 国内外征兵环境

1）国内征兵形势分析

21 世纪的中国与世界的联系越来越紧密。全球化背景下，中国的政治、经济、军事、文化、科技、生态等各方面的安全都受到挑战和威胁。一是西方意识形态渗透加剧，国家政治安全受到挑战。自新中国成立始，以美国为首的敌对势力从未放弃对我国意识形态的渗透。它们乘全球化之机，运用高科技传媒渠道，不断鼓吹“政治多元化、经济私有化、生活西方化”。这种以西化分化为目的的异质思想文化渗透在一定程度上削弱了我们的民族向心力，造成国家的政治安全的潜在威胁。当前世界安全形势主要受两个因素的影响，即恐怖主义和霸权主义。近年来，一方面，恐怖主义活动十分猖獗，国际社会迅速在反恐问题上达成了共识，开展对恐怖主义的打击；另一方面，美国推行的强权政治和霸权主义企图控制中东国家的经济命脉，中东地区局势进一步恶化，对世界经济造成了巨大的冲击，对国际政治格局的发展产生了深远的影响。国际形势十分严峻，而我国特殊的地理位置和漫长的边界线，又决定了我国周边国防安全形势十分复杂。

首先，我国领土完整和国防安全问题不容忽视。在我国西南方向中印关系问题上，存在着复杂的矛盾和争端。一方面，印度在战略上视我国为主要威胁和潜在对手，其核导试验有明显针对中国的意图。另一方面，中、印之间的边界和领土争端，尽管双方举行了多轮谈判，并签署了在边境地区增加相互信任措施协定，但进展不大；另外，印度支持达赖集团进行的分裂活动近年来也一直十分猖獗。在我国西北中亚方向，由于中亚是仅次于中东和俄罗斯西伯利亚地区的第三大油气储藏

带,蕴藏着丰富的油气资源,美国、俄罗斯、日本等国以及欧洲地区在此展开了激烈的争夺。中亚地区民族成分也十分复杂,宗教派别很多。境内外民族分裂主义势力相互勾结,成为威胁我国西北民族地区稳定和国家安全的重大隐患。我国东部地区的台湾问题是关系到我国安全环境的根本好转和中华民族走向全面复兴和崛起的关键。几十年以来,解决台湾问题,实现中华民族的伟大统一一直是全中国各族人民的共同心愿。中华人民共和国成立以后,中国共产党和中国政府始终把完成祖国统一大业作为自己肩负的使命和崇高的目标。但是,当前台湾分裂势力的危险性急剧增长,两岸在一个中国原则下进行政治谈判困难重重,爆发冲突的可能性明显加大。在国家安全问题上,台湾问题使我国一直存在卷入大规模局部战争的可能,使我国东南沿海地区安全环境恶化,阻碍和迟滞我国经济的发展,影响我国经济建设的总体布局。

其次,包括通信技术在内的高科技技术进展突飞猛进,国家文化安全危机重重。科技作为第一生产力,在为国家保持经济军事优势的同时,也扮演着危及国家安全的角色(如破坏势力通过技术窃密危及国家安全)。发达国家还引发人才争夺大战,导致发展中国家人才大量流向发达国家。我国信息安全与人才外流现象都很严重,科技安全形势严峻。通信技术的飞速发展使地球村形神俱备。全球化带来信息传播的方便快捷与自由交流,使传统意义的文化继承在全球化语境下失去原有空间,国家和文化边界正在消除。文化生存是国家生存的前提条件,一旦文化遭遇威胁,必然给国家带来危机。面对以美国为首的西方强势文化对我国文化的渗透和控制,国家文化安全危机重重。

最后,转型期社会问题凸显,国家社会安全遭遇瓶颈。全球化冲击着社会生活的各个方面。在我国,全球化引起的产业结构调整使失业和待业人口增加,一些犯罪活动日益具有跨国性质,一些纯属国家内部的民族和宗教问题往往被境外敌对势力操纵和利用而变成国际问题。面对全球化,我国社会安全遭遇瓶颈。

综上所述,全球化时代,我国的国家安全观面临严峻挑战。有挑战,就有应对。制定国家安全战略是“标”,加强国民国家安全教育、增强国民国家安全意识是“本”。“兵者,国之大事,死生之地,存亡之道,不可不察也。”当代大学生作为中华民族复兴重任的肩负者,尤其需要加强国家安全教育。通过在大学里的征兵活动,可以培养大学生的危机感、责任感和使命感。

2）国际及周边国家军事形势分析

当前，国际安全环境总体保持稳定，和平与发展仍是时代主题，抑制战争的因素不断增多，爆发大规模战争的可能性不大，但危险性在提高；中东等局部地区战乱不止，一些热点问题持续升温，接近战争边缘；世界军事总体态势没有发生大的结构性变化，世界军事力量对比发生新变化，军事发展呈现新特点。世界安全形势继续发生复杂深刻的变化，与之密切关联的军事发展尤为活跃。世界主要国家军队在保障各自国家安全方面，面临着不同的挑战。出于国家利益的需要，各主要国家在深入推进新军事变革的同时，确定新战略目标，建立新型指挥体制和力量构成，创新作战理论和大力发展新型作战力量，推动新质战斗力生成，世界军事发展呈现前所未有的新特点。

2. 新时期大学生征兵工作的重要性

大学生入伍的意义在于使以后的中国知识分子行列当中有了当过兵的知识分子，这对以前手无缚鸡之力的知识分子形象有了改观，知识分子不再与坚强隔绝，拥有了军人气质。军队的锻炼环境具有特殊性，它培养人的坚强意志和爱国精神，同时，中国军队有不少在战争年代因某人或某一场战斗闻名全军的光荣部队，在这样的部队接受传统教育，能加强自己的荣誉感，感受前辈军人的英勇善战，无畏的牺牲精神。这种教育比学校书本教育更有实际效果，可能深深影响今天的大学生情感，培养他们的历史责任感，为国家民族的献身精神，这是我们目前非常需要的教育。

1）征集在校大学生入伍是贯彻兵役法规的具体体现

我国《兵役法》第三条规定：“中华人民共和国公民，不分民族、种族、职业、家庭出身、宗教信仰和教育程度，都有义务依照本法的规定服兵役。”作为在校大学生，也有义务履行兵役义务的责任。过去由于我国兵源较为丰富，大量的高中毕业生或同等学力的应征青年已满足当时形势下征兵工作的需要，因此，长期以来，我国大学生除少量直接征招为军官或文职干部外，绝大多数都没有履行兵役义务。

随着我国教育事业的发展，高校招生规模不断扩大，高校招生数量逐年增加，特别是一些民办大学也列入国家招生计划。这样，能够进入大学学习的适龄青年越来越多，未被录取的高中毕业生中可以征集的对象相对减少。针对这种情况，征集部分大学生履行兵役义务，拓宽了新兵征集的范围，将更多立志献身国防事业的有志青年纳入征集对象。大学生普遍具有强烈的爱国意识和国防意识,他们当中的许多人早有携笔从戎、报效祖国的志向;同时,依法征集在校大学生入伍,可以使在校大学生更早地了解部队,受到系统的国防教育,这对大学生乃至全民国防意识影响深远。从长远来看,征集在校大学生入伍,是我们国家经济发展和军队建设发展的一种必然趋势。

2)征集在校大学生入伍是我军现代化建设的现实需要

保卫国家安全,维护祖国统一,是我军的根本宗旨。新时期我军的战略方针是打赢现代高技术条件下的局部战争,为此要实现两个转变,即从密集型向科技型的转变,从数量规模型向质量效能型的转变,核心是向科技要战斗力。那么要实现两个转变,确保打得赢,关键在于人才,人才从哪里来?单靠军队院校培养人才已不能满足层次和数量上的需要,所以,从地方大学里征集在校大学生入伍对推进国防现代化建设大有好处。同样一个大学生士兵和一个高中生士兵到军队院校去接受培训,大学生士兵一定比高中生士兵知识面宽,从而掌握军事知识和技能的速度要快,层次要深。培养出来的干部知识结构就会高,在部队发挥的作用就会更大。

3)征集在校大学生入伍是实现大学生个人成长进步的需要

部队是所大学校,军营是个大熔炉。接受部队的教育和锻炼,普通的青年学生将成为国家的栋梁之材,通过学习军事著作,接受革命教育,理论水平和工作能力将有质的飞跃,在部队培养的顽强作风和坚忍不拔的毅力将使自己终身受益。一个心理承受力和快速适应力都十分突出的大学生士兵,心理素质较好、社会实践锻炼较多,他的潜能可以最大限度地发挥出来,部队严明的纪律、团队的意识、吃苦耐劳的精神都可以全方位地锻炼和提高自己。部队是一个人才成长环境和文化氛围很好的大学校,在部队成长起来的新型军事人才是指技合一、多岗位经历、素质复合的人才。部队是个大熔炉,部队退役的军队干部是地方人才的重要来源之一。人的追求一方面是物质,另一方面是精神。征集在校大学生入伍后瞄准自己今后人生的目标,在部队能够培养锐意创新、与时俱进、勤奋学习、勇创一流的创劲和精神状态。能够培养脚踏实地,立足本职,勤奋好学,尽职尽责的工作态度,即使今后不管在部队或到地方工作都会受益匪浅。

参军不但得到锻炼,也是一种接受人生观、世界观教育的好机会。大学生携笔从戎,献身国防,一腔热血,满怀抱负入伍当兵,是大学生提前进行的社会实践,体验部队生活，丰富人生经历，同时磨炼意志，培养吃苦耐劳的品质，养成雷厉风行、严谨细致的工作作风。这对大学生今后成熟地走向社会，客观地面对现实生活中遇到的困难，必将起到十分积极的作用。总之，对大学生而言，到部队当兵一是履行公民义务，二是丰富人生阅历，在部队这所特殊的大熔炉里接受熏陶和锻炼，不断提升自己的综合素质。

3. 新形势下湖北高校大学生征兵存在的问题

国无防不立，民无兵不安。一个国家如果没有强大的国防和军队，就没有一个安全的国际、国内环境，而军队的基础是士兵，士兵的基础是新兵，新兵的基础是征兵。因此，征兵工作是国防和军队现代化建设的源头工程，是关系国家安全与稳定的一项重要工作，也是党中央、国务院和人民群众赋予各级政府的一项重要职责。近年来，随着国家和军队各项改革的深入和社会主义市场经济的不断发展，征兵工作出现了许多新情况、新问题、新矛盾，给我们做好新形势下征兵工作带来了新的机遇和挑战。

1）社会对军人职业认同感下降

受长期和平环境的影响，加之国防教育缺乏刚性考核机制和实践检验，组织实施难以精准落实，不少青少年世界观人生观价值观偏移，国防观念、尚武精神有所淡化，军人职业吸引力呈下降趋势。调研发现，大学生毕业后，首要选择是找工作、考研或出国深造，“参军入伍”在多数青年的职业规划中排名靠后。有的即使应征入伍也是为了“曲线就业”，把部队当“跳板”实现人生转折。我们根据实际调查研究发现，大学生参军入伍动机功利化现象严重。在所调查的对象中，只有非常少的一部分大学生参军入伍是为了保家卫国，剩下的绝大多数只是单纯地为了享受国家的相关优惠政策。征兵优惠政策的吸引力已经远远大于参军入伍所带来的自豪感和荣誉感，献身国防、参军光荣的爱国意识观念淡化。参军应征入伍动机呈现功利性，必然会影响所征集士兵的质量。

湖北省高校大学生入伍动机分析如图 29 所示。

2）军地现行政策吸引力不足

调研发现，大学生参军入伍的目的主要是为了提干或考军校，一些贫困学生当兵还为了能够获取学费补偿、安置补助费，减轻家庭经济负担。但在现行政策体系下，大学生士兵在部队考学、提干的条件较为严格，发展空间受到一定程度的限制，导致他们缺乏长远的职业规划，进退去留存在较大的不确定性，加之各地区现行优抚和安置政策在实施中的不平衡等因素，都在一定程度上影响大学生入伍的积极性。以义务兵家庭优抚金为例，贵州省人均为7000元/年，而上海人均为4万元/年，各地优抚的标准差距很大。2011年《退役士兵安置条例》出台后，因实行城乡退役士兵安置一体化、服役12年以下士官不安排工作岗位等制度，客观上也降低了军队对大学生的吸引力。此外，近年，国家为鼓励大学生参军入伍制定一系列退役优抚安置政策，但是各地在执行过程中有的不能真正落实，有的打折扣，有的要经过反复督查才能勉强落实。同时，由于不同地方情况不一样，出现了“同工不同酬”的安置状况。退役士兵就业安置难的局面未能得到改观，影响了后面大学生参军的热情。

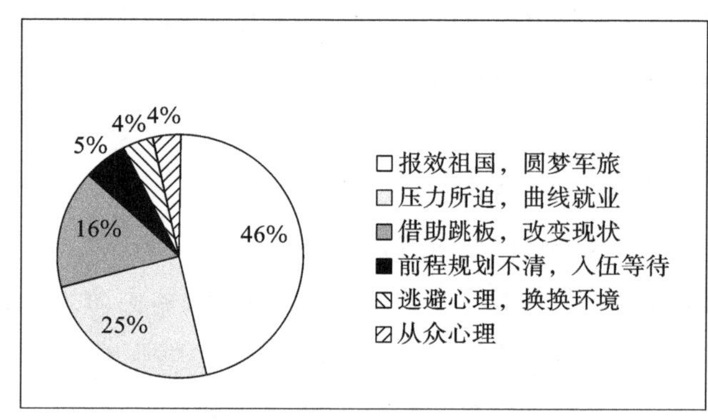

图29　湖北省高校大学生入伍动机分析

3）国防意识淡薄，优质大学生应征入伍积极性仍然不高

从近年来的征兵情况来看，大学生入伍人数虽然逐年增加，但一本、二本等重点院校入伍大学生并不多，国家重点院校入伍大学生更是凤毛麟角。以贵州省为例，近3年来，每年大学生预征对象流失的比例都超过30%，而入伍大学生中二本以上的均未超过5%。此外，由于现行大学生征集主要靠行政命令推动，学校为完成任务不得不追求报名数量，因而广泛动员学生在网上登记，但实际上很多在网上登记的学生因各种原因并没有上站体检，上站率与登记率差距较大。

另一方面，尽管我们从小学就开展了国防教育，但是在当前的高考模式指挥下，国防教育一直都不受重视，处于口头重视而实际应付的尴尬情况。同时，目前大多数在校大学生都是独生子女，从小就“众星捧月”，他们在思想上养成了凡事以自我为中心，很少考虑集体利益，更不要说去保家卫国了。另外，由于从小娇生惯养，大都没有经历过艰苦环境的锻炼，独立生活能力较弱，心理承受能力较差，对自己没有信心，对参军入伍产生一种恐惧心理，不少家长也舍不得让孩子到部队吃苦受累。当前教育体制和独生子女的家庭环境导致大学生的国防观念淡化。

4）兵役领导管理工作弱化

调研发现，一些市、县征兵力量很薄弱，兵役领导机构不健全、工作人员不固定。特别是在近年军队改革期间，国防动员系统体制编制的变化，基层兵役机关人少事多的矛盾比较突出，一些单位20%的兵役干部被要求转业，双主官在位率仅为40%，这在一定程度上造成了征兵人员精力难集中、征兵工作成效难保证。加上一些高校没有常设征兵机构和专职人员，兵役领导管理工作十分弱化，严重制约了大学生征兵工作健康有序发展。

5）兵役法规的刚性约束明显不够

《兵役法》虽经多次修订，但仍不能适应形势发展；《征兵工作条例》已多年未修改，缺乏权威统一的上位法支撑。特别是对拒服兵役的惩处问责，缺少明确的执法主体、手段方法，在实践中难以有效落实。公民参军全凭自觉、自愿，依法服兵役的法律意识需要大力加强。近年来，一些适龄青年不参加兵役登记、体检中自我淘汰、入伍后拒服兵役的现象时有发生，这种近乎“零风险成本”导致逃避兵役现象屡禁不止。退役安置制度方面，对拒绝安置行为的处罚规定也没有刚性的约束力，导致安置法规政策和安置部门缺少应有的权威性和执行力等，这些因素也在一定程度上影响了大学生入伍的积极性。

二、政策措施

随着我国国防现代化建设步伐的加快，征集大学生参军的比例将不断提升，高校征兵工作的任务也将更加艰巨。我们只有认清形势，分析原因，根据新时期大学生的自身特点，采取正确的策略，才能使更多的优秀大学生献身军营，报效祖国。

1. 健全大学生征兵工作领导机构，健全高校大学生征兵工作体制

首先，建议建立湖北省兵役工作领导小组，在省委省政府和省军委的统一领导下，统管全省大学生征兵工作，主要负责大学生征兵和退役安置的政策制度设计、工作计划筹划和检查督促落实。湖北省大学生兵役工作领导小组可分别设置征兵

领导机构、退役安置领导机构。在完善国家层面兵役工作领导机构的同时,加快健全各级兵役工作领导机构,做到机构专设、人员专职,为征集高素质兵员提供有力的组织保证。在此基础上,完善征兵工作组织领导机制,发挥征兵领导小组的抓总作用。强化兵役机关的统筹协调和牵头组织职能,加强征兵工作组织机构和工作制度建设,充分发挥宣传、公安、卫生等部门的作用,及时解决在落实政策、执行标准、责任分担等方面的问题,形成大学生征兵工作合力。一是优化征兵工作程序。改进征兵报名登记、体检政审、优抚安置和学费补偿办理的程序方法,探索"一站式"服务、"一卡通"结算等新模式,为应征青年入伍开辟便捷通道。二是加强基层征兵机构建设。进一步抓好城市社区、乡镇(街道)以及高等院校武装部建设,加大专武干部和征兵工作人员业务培训力度,提高一线征兵队伍的组织执行力。鉴于大学生将逐步成为兵员征集的主体对象,应在各高校单设武装部,或增加专职人员,强化其征兵工作职能,确保大学生征集工作顺利实施。

其次,建立健全高校大学生征兵工作体制。建立健全高校大学生征兵工作体制具体包括以下两条措施。一是提高政治站位,把征兵工作列为学校一流建设的重要工作,成立大学生征兵工作领导小组,下设征兵工作办公室,与各学院签订征兵工作目标责任书,建立奖惩机制,杜绝分工不清、责任不明、工作落实不到位的情况。二是设立专门的武装工作部门,配备充足的武装工作人员,同时注重加强工作人员素质培养和业务学习能力的提升。

2. 加强营造高校国防教育氛围,抓实全民国防教育

在新生入学教育中加入国防教育的内容,让学生树立起参军保家卫国、崇尚军人荣誉的历史使命感和责任感;经常性地开展军事技能类竞技活动、爱我国防演讲、国防知识竞赛或讲座等国防教育活动,指导建立国防军事爱好者协会,让学生在学校里也能体验军营生活。此外,高校应招聘国防教育方面的专职教师,开设相关课程,让更多的学生及时了解军事动态、弘扬部队文化、培养国防观念、强化爱国精神。同时,构建大学生参军职业规划体系,引导大学生把军人当成至高荣誉的职业,提高学生对军人的职业认同感。另一方面,扎实抓好全民国防教育,在全社会树立爱国爱军、参军报国的鲜明导向。注重示范性引领。突出抓好领导干部国防教育,各级党校、行政学院,固定开设国防教育课程,把国防教育纳入教学和培训计划,使各级领导干部进一步增强国防意识和国防素养,提高依法开展兵役工作、自

觉履行国防职责的能力。抓好常态化宣传。

高校在“两课”教育过程中要进一步增加国防教育内容，对国防教育任课老师进行系统性和专业性培训。任课老师要采取灵活多样的授课形式，尤其要注重结合时下的国际、国内形势和时事政治，对学生进行全面的国防教育意识培养。高校要充分发挥大学生军事训练工作的重要作用，在新生入学和毕业生中加强国防教育，激发他们应征入伍的积极性，切实增强他们参军入伍的愿望。同时，高校可以结合每年的建军节、国庆节、清明节等节日和红色革命根据地的社会实践，在实践活动中引导学生树立国防意识。从国家层面明确征兵宣传的主体责任，将征兵宣传任务列入各级党委宣传部门和国防教育部门的常态工作计划，与征兵业务部门形成宣传合力，着力培育公民尚武精神，提高全民国防观念和兵役意识。落实基础性教育。坚持全民国防教育与兵役义务教育相结合，将征兵宣传纳入学校教育教学计划，作为德育知识考核内容，将国防教育内容列入中考、高考等升学考试范畴，探索建立军队自主择业干部对口兼任中小学军事教育辅导员制度，提高中小学国防教育实效，夯实高校国防教育基础。

3. 建立高校大学生征兵工作双向激励机制

一方面，针对高校大学生征兵工作存在的问题，提出相应的改进措施，从而有效地弘扬了爱国主义精神，降低大学生征兵工作难度，提高了大学生对军人的职业认同感。另一方面，做好高校大学生征兵工作，可促进实现高校师资力量的优化配置，完善教育课程体系；在丰富校园文化活动的同时，提高大学生的综合素质能力，拓宽学生就业渠道，从而进一步推动高校教育管理的改革；反过来高校教育管理的改革，为学校征兵工作的有效开展提供了强有力的保障，构建出高校大学生征兵工作新局面。

高校大学生征兵双向激励机制如图 30 所示。

4. 主动探索制定以大学新生和大学毕业生为主体的征集策略

结合当前国防和军队改革实际，深入推进兵役制度改革，改进现行大学生征集模式，推进订单式、精准式征集，将征集对象调整为以大学新生和大学毕业生为主。大学新生士兵服完义务兵役后，愿意继续服役的可择优选送到军校培养后提升为军官，也可选改为中、高级士官；不愿意留部队的可退伍复学，继续完成学业。大学

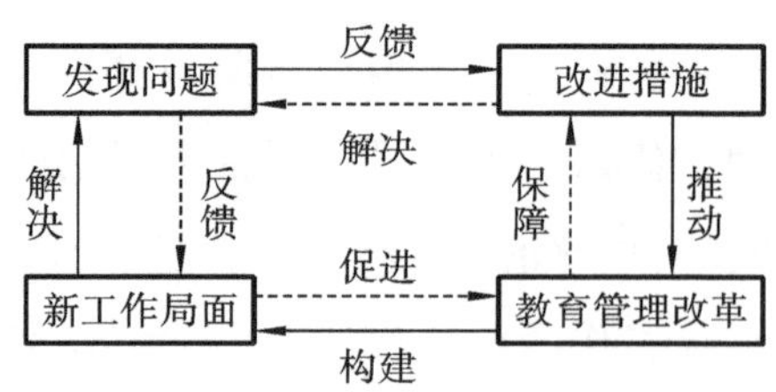

图 30　高校大学生征兵双向激励机制

毕业生士兵服完义务兵役后，可优先转改士官，优秀且具有二本以上学历的优先转改文职人员，特别优秀的可直接提干，并适当提高优秀大学生士兵直接提干比例，增加高学历士兵报考军校的招生数量。国家层面应健全完善大学生退役士兵具体安置政策。可考虑将退役的大学新生士兵返回地方高校复学时学费全部免除，并作为国防生的主要选拔对象重点培养；退役的大学毕业生士兵可直接安排到地方公务员岗位。通过拓宽大学生士兵在军队和到地方后的职业发展空间，激发他们从军报国的热情和干劲。

5. 加大征兵工作宣传力度，提高大学生对职业军人的认同感

1）加大征兵工作宣传力度

一是要把征兵工作持续化、常态化，营造浓厚的征兵宣传氛围，经常性地开展征兵政策咨询或宣讲会。二是创新宣传形式，可利用网络新媒体如微博、微信公众号、易班等宣传相关政策，开展丰富多彩的宣传活动（如军营体验、征兵文艺晚会、退役士兵分享会等），确保每个有意愿入伍的学生都能及时了解最新政策。

2）提高大学生对职业军人的认同感

要强化军人履职尽责意识。军人的职责就是保卫国家安全、守护人民利益。全体军人只有牢记人民军队性质、宗旨和使命任务，大力弘扬忠诚、尚武、敬业、奉献的职业精神，苦练杀敌本领，锻造过硬素质，才能提升社会对军人职业的高度认同感。要加深社会对军队的了解。可通过建立军营开放日制度，邀请广大群众参观军营，让他们零距离接触军人、了解军队；也可通过组织开展各种军民共建活动等形式，增进军民友谊，扩大军民共识，使人民群众充分认识到军队是国家的“钢铁长城”、人民的“坚强后盾”，军人是“最可爱的人”，以此积极营造大学生青年“携笔从戎”的良好社会氛围。

3）强化兵役处罚规定的刚性

一方面，要细化对公民逃避兵役义务的处罚规定。依法服兵役是每个公民应尽的国防义务，集中体现着公民的国防意识和对国家的忠诚度。因此，有关兵役法规应细化对不参加兵役登记、不主动上站体检人员的处罚规定，特别是对故意逃避兵役义务的公民，在严格执行现行处罚规定的基础上，还可考虑将其纳入兵役征集体系"黑名单"，对其在入学登记、信用贷款、考录公职、工商注册、公共服务等方面进行限制，让他们在事业发展和政治前途上付出较大的代价。另一方面，应强化对单位和部门违反兵役工作的处罚规定。兵役工作是国防建设的重要组成，需要全社会共同参与，现行《兵役法》明确了机关、团体、企（事）业单位和乡（民族乡、镇、街道）人民政府在征兵工作中的相关职责，但对这些单位不认真履行职责，甚至拒绝履行职责的违法行为进行处罚的规定过于原则，导致违法难究，或违法不究。对此，应当对有关法规加以细化，提高兵役处罚规定的可操作性，强化适龄大学生服兵役的法治意识。

4）健全兵役工作领导机构

建议建立全国兵役工作领导小组，在国务院和中央军委的统一领导下，统管全国征兵工作和退役安置工作，主要负责征兵和退役安置的政策制度设计、工作计划筹划和检查督促落实。全国兵役工作领导小组可分别设置征兵领导机构、退役安置领导机构。在完善国家层面兵役工作领导机构的同时，加快健全各级兵役工作领导机构，做到机构专设、人员专职，为征集高素质兵员提供有力的组织保证。

6. 构建以生涯发展教育为主体的高校大学生征兵工作全面管理策略体系

如何调整和构建原有的征兵体系，高校大学生征兵政策体系与社会需要、人生需要顺利接轨，以应对日益严峻的就业形势和生涯压力，是摆在高校征兵部门面前的一个重大问题。在新形势下，要求我们根据高校大学生的特长和专业特点，来帮助他们实现顺利军旅梦想和终身发展，要求我们以生涯发展的理念来深入探讨当代大学生的征兵问题。根据《兵役法》有关现役军人的优待和退伍军人安置的规定，认真做好在校大学生入伍后的优待和退伍后的安置工作。对批准入伍的在校大学生，服役期间，其家属享受军属待遇，并由其入学前户口所在地人民政府按照本省（自治区、直辖市）有关义务兵家属优待的规定给予优待。退出现役后，不愿意复学的大学生，由入学前户口所在地的退伍军人安置机构负责接收，并按照城镇退役士兵的有关政策规定,做好他们的安置工作。参战或者因公负伤致残的,由部队评定残废等级,发给革命伤残军人证,退出现役后,丧失自理能力不能复学的,按照国家有关规定妥善安置。

从高等学校在校大学生中征集新兵,是新形势下搞好征兵工作提高兵员质量的重要措施,对加强军队现代化建设,做好军事斗争准备,具有重要意义。各高校要高度重视征兵工作,切实加强组织领导,把这项关系军队质量建设和应征大学生切身利益的工作做好。兵役机关在确定在校大学生入伍的去向时,尽可能将他们安排到要求文化程度高、专业复杂、技术性强的部队服役,发挥他们的优势和专长,满足部队建设需要。在校大学生补入部队后,部队要结合他们的特点,积极引导,有针对性地做好思想工作,既要支持和保护他们的参军热情,又要对他们进行严格训练、严格要求,加强教育、培训和管理,尽快实现由普通大学生向合格士兵的转变。要根据大学生知识面广、具有一定专业特长的特点,尽量安排到相应的工作岗位上,做到人尽其才。对表现优秀的大学生士兵,在学技术、选取士官、报考军校、直接提升军官等方面要优先安排。对退伍后复学的大学生,如本人自愿,且符合相关条件,在校学习期间应优先选拔为国防生或毕业后直接接受补充军队干部队伍。各级教育行政部门和征兵办公室要认真组织实施,搞好宣传发动工作,积极鼓励和支持在校大学生参军报国。高校结合实际,认真制定落实措施,及时研究和解决试点中的问题,确保征兵工作的顺利进行。上海市普通高等院校征兵工作管理模式,需要在高校参与征兵工作的教师从多方面不断规范各项流程与操作,统一思想,与时俱进。

单位:湖北大学商学院

高质量发展背景下大学生创业宏观影响因素研究

宋 韧 雷 蕾

自2002年教育部在清华大学等9所高校开展创新教育试点以来，大学生创业蓬勃展开。10多年间，大学生创业汇入"大众创业、万众创新"的时代洪流，"实现了'从局部到整体''从现象到机制'的跨越"，已经成为"双创"的重要力量。2018年，全国普通高校毕业生820万人，同比增加25万人；创业及参与创业的大学生人数63万人，同比增加3.9万人，大学生创业人数继续呈现增长态势。大学生创业是"大众创业、万众创新"的生力军，对促进高质量就业和高质量发展具有重要意义。当前，我国经济已由高速增长阶段转向高质量发展阶段，这对大学生创业提出了新的更高要求，既提供了机遇也带来了挑战，大学生创业必须顺应高质量发展的总要求，充分把握高质量发展对创业活动的影响因素，增强主动性和精准性，提高创业质量和创业成功率。

一、高质量发展与大学生创业

我国经济已由高速增长阶段转向高质量发展阶段，这是习近平总书记在党的十九大报告中做出的重要论断。从高速增长向高质量发展，表面上是增速换挡，本质是发展迭代、动力转换，是理念、模式和成效的根本性转变。高质量发展是我国经济社会发展的一场深刻变革，对包括大学生创业在内的经济活动都将产生根本性影响。

1. 中国进入高质量发展的新时代

"高质量发展，就是能够很好满足人民日益增长的美好生活需要的发展，是体现新发展理念的发展，是创新成为第一动力、协调成为内生特点、绿色成为普遍形态、开放成为必由之路、共享成为根本目的的发展。"随着从高速增长向高质量发展迈进，中国经济正在开启新的时代。

实现高质量发展是保持经济社会持续健康发展的必然要求,是适应我国社会主要矛盾变化和全面建设社会主义现代化国家的必然要求。高质量发展时代的到来,拉动经济增长的投资、消费、出口等都在发生根本性变化。从投资方面来看,过去的粗放型投资导致产能严重过剩和资源环境的不堪重负,接近60%的城镇化率预示城镇化建设也将更多地进入以人为本、和谐宜居的新阶段,并且伴随着新型工业化、信息化的加速,投资也将进入以水平和质量提升为主线的发展时期,重点转向中高端的优质领域。从消费方面来看,随着全面小康的基本实现,老百姓的基本生活需求得到满足,消费活动开始从主要重视数量和价格转向更加重视质量、品牌、服务、安全、环保等内在感受,消费日渐呈现出个性化、多样化的新特点。从出口方面来看,发达国家还没有完全走出金融危机的阴影,经济增长普遍乏力,消费需求不振,对我国的出口要求更高。特别是,经过新中国几十年的发展,我国社会的生产能力和物质基础大大增强,有220多种产品生产能力位居世界第一。我国经济发展的重点已经不是"有没有"的问题,而是"好不好"的问题,社会的主要矛盾已经从"人民日益增长的物质文化需要同落后的社会生产之间的矛盾"转化为"人民日益增长的美好生活需要和不平衡、不充分的发展之间的矛盾"。社会生产力发展的重点,必然从过去注重"快和多"的数量型转为"好和省"的质量型,从而倒逼企业转型、生产转型、发展转型,从粗放低水平的数量扩张,转向高水平高效益高质量的发展新阶段。

2. 大学生创业必须顺应高质量发展的新要求

2018年的中央经济会议指出:推动高质量发展是当前和今后一个时期确定发展思路、制定经济政策、实施宏观调控的根本要求,必须深刻认识、全面领会、真正落实。从高速增长向高质量发展,是从"制造"向"创造"、从"速度"向"质量"、从"大"到"强"的根本性转变。大学生创业必须顺应高质量发展的新要求,把高质量作为创业的根本遵循,提高创业质量和成功率。

第一,高质量发展是创新性的发展,依靠技术创新、制度创新、管理创新等,提高经济活动效率,最终提升发展效益。高质量发展背景下的高质量创业,必须对标创新驱动发展战略,提升技术、管理、服务等创业要素的"创新含量"。

第二,高质量发展是优质的发展,适应社会主要矛盾变化和供给侧结构性改革,提供有效的、中高端的优质供给,满足人民群众对更加美好生活的需求。这要求大学生创业，必须精准研判市场需求，紧盯新产业新业态新模式，提供高质量的创业产品，而不仅是简易、低端甚至是粗制滥造的市场供给。

第三，高质量发展是绿色的发展，能够节约资源、节能降耗、保护环境、生态友好。绿色发展其实也是一种高效益的发展，是通过对资源的集约利用达到低投入、高产出，以提升"含绿量"来增强"含金量"。因此，坚持绿色发展，既是高质量发展背景下大学生创业必须坚守的底线，更是大学生应该掌握的创业方法和应该追求的创业目标。

第四，高质量发展是开放、共享的发展。开放、共享是经济全球化和信息化时代的重要思维方式，既是大学生创业必备的基本理念，也是高质量创业的成功之道。大学生创业要有开放的视野、共享的理念，在开放中做大、在共享中做强。

二、高质量发展对大学生创业的宏观影响因素分析

高质量发展是关系我国经济社会发展全局的深刻变革，大学生要实现高质量创业，就必须从各个方面深刻把握高质量发展带来的影响，做到对标对表、趋利避害，实现科学和精准创业。从宏观上来看，高质量发展对大学生创业提供了千载难逢的历史机遇，创业氛围、创业政策、创业环境都将更加优化。但同时，高质量发展对大学生创业方向和创业内容提出了更高的要求，在创新、质量、效益等方面对大学生创业构成严峻的挑战。

1. 大学生创业的政策会越来越好，创业政策的精准性会越来越强

2017 年 4 月 27 日，第 71 届联合国大会把中国提出的"双创"理念写入决议，把每年 4 月 21 日定为"世界创意和创新日"。联合国在决议中说："创新对于发挥每个国家的经济潜力至关重要，呼吁各国支持大众创业、万众创新，这将为各国实现经济增长、创造就业凝聚新动力，为包括妇女和青年在内的所有人创造新机遇。"[①] 创新创业在世界范围内的广泛认同，这将为大学生创业提供前所未有的政策机遇。特别是，2018 年 9 月，国务院在发布《关于强化实施创新驱动发展战略进一步推进大众创业万众创新深入发展的意见》一年后，再次发布《关于推动创新创业高质量发展打造"双创"升级版的意见》，对科研人员、大学生等不同的创业群体提出不同

① 中国政府网：中国"双创"理念写入联合国决议意义何在[N]. 2017-05-06.

的、有针对性的举措,为包括大学生在内的高质量发展创新创业提供精准的政策支持。

可以预见,支持大学生创业的政策会越来越健全,政策含金量也会越来越高。一是企业的申办、审批等越来越便利,"放管服"改革深入推进,"不见面审批""最多跑一次""一门式一网式"的便捷政务服务大量涌现。二是在税收、金融、办公等方面,大学生创业所享受的优惠前所未有。三是市场开放、资源共享等方面力度越来越大,创新创造和知识产权也将得到更有效的保护。四是在市场业态上,在国家的支持下,大中小企业专业化分工协作的产业供应链体系将加快形成,这将为大学生创业向专业化、精细化发展提供巨大的空间。五是创业环境方面,政府和社会支持创业的氛围日趋浓厚,全社会的创业环境日趋优化,特别是各级政府支持创业、服务创业的理念深入人心,这是大学生创业最大的环境优势,有利于大学生安心创业、大胆创业。六是大学生创新创业教育培训力度会更大,国家层面系统的创业教育和培训体系将更加完善,贯通大学生创业全过程的创业支持系统将为大学生创业提供更有效的指导。

2. 大学生创业的服务体系会越来越健全,创业保障会越来越有力

随着"双创"政策的精准落地和"双创"工作的深入推进,政府部门高度重视为包括大学生在内的各类创业主体提供全方面、专业化的服务,覆盖大学生创业全过程的保障体系越来越健全。可以说,大学生只要是真创业、创真业,所需要的服务都会一应俱全。

从创业支撑平台和公共服务平台上来看,截至2017年年底,我国共建成100多家双创示范基地,全国众创空间超过5000家,科技企业孵化器超过4000家,中央企业搭建的900多个创新创业平台,为数千家小微企业、创客空间和数以万计的创客提供资金、技术和服务支持。

从创业投资机构和资金保障来看,到2017年,我国已成为仅次美国的世界第二大创业投资市场,全国创业投资机构超过3000家,管理资金规模近2万亿元。私募股权投资基金超过25 000只,资金规模超过7万亿元,并且每年都在大幅度增长;创业投资基金近6000只,资金规模超过7000亿元,并且也在快速增长。可以说,不论是政府还是民间,对创业的资本支持力度都非常大。

从资本市场来看,随着多层次资本市场不断丰富完善,特别是创业板、新三板

的推出，大学生创业的资本市场也非常活跃，各种精准投入的资本市场也应运而生。比如，近年来，互联网、大数据、人工智能、生物制药等领域的创业很活跃，但创业初期投入成本很高，企业发展的不确定性很大，企业初创又没有足够的资金实力，为解决这类企业在发展过程中的资金难题，由共青团中央与中国证券业协会于2016年联合发起中国青年创新创业板并上线运行，全方位为大学生创业提供信息展示、项目宣传、创业融资、孵化培育等在线服务。

从税费上来看，为支持高质量"双创"，从中央到地方的各级政府，聚焦减税降费，不断降低涉企各种费用，企业负担越来越小。国务院《关于推动创新创业高质量发展打造"双创"升级版的意见》规定："将企业研发费用加计扣除比例提高到75％的政策由科技型中小企业扩大至所有企业。对个人在二级市场买卖新三板股票比照上市公司股票，对差价收入免征个人所得税。将国家级科技企业孵化器和大学科技园享受的免征房产税、增值税等优惠政策范围扩大至省级，符合条件的众创空间也可享受。"2019年李克强总理在《政府工作报告》中更是提出一系列大力度减税降费和降低社保缴纳措施，税制简化，税负降低，大学生创业办企业的成本进一步降低。

3. 大学生创业的标准和要求会越来越高，选择创业方向的挑战性会越来越大

高质量发展呼唤大学生创业提档升级，大学生创业也只有提档升级才能适应高质量发展要求。高质量发展在为大学生创业带来一系列机遇的同时，对大学生创业的方向、领域提出了更高要求。可以说，能不能在符合高质量发展要求的创业方向深耕细作，决定了大学生创业能否走得稳行得远。

目前，虽然大学生创业风生水起，但大学生创业方向总体上还处于中低端领域，创业质量不够高。根据广州、江苏、河北、新疆等省针对大学生的调查显示，大学生创业主要领域为电商服务、校园服务、校园实体三类。有超过四成的创业大学生以电商经营为主，如网购、网店等；超过三成的创业大学生以校园服务为主，如快递、校内代理等；另有一部分大学生选择在校园内创业，如文印店、奶茶店、水果店、餐饮店等。

在国家一线城市广州，课题组面向1866名大学生的调查数据显示，大学生倾向于创业的方向，前三位依次是餐饮、服装、教育，其中想在餐饮领域创业的大学生最多，比例高达43.3％，想在服装和教育领域创业的大学生比例分别为13.4％、

13.3%,另外有30%的学生选择在化妆品、护肤品、金融投资等领域创业。课题组在与被调研者的深度访谈中,学生认为餐饮业与每个人生活息息相关,把餐饮业作为创业起步点比较稳妥。而服装是淘宝等电商平台的热销产品,开服装网店成本低、资金投入少,因此服装行业成为仅次于餐饮业的创业选择。许多人热衷于在教育领域创业,是因为教育需求比较旺盛,特别是覆盖从幼儿园到大学、从各门课程到各种兴趣的各类教育培训越来越火爆,并且多数学生有家教等相关经历。在选择其他创业领域的同学中,最多人填写的是化妆品领域的创业、金融投资相关的领域等。

由此可见,目前大学生创业还主要是求稳、求快,创业方向和创业领域还主要集中在低端的可替代领域,创业的知识含量、技术含量、文化含量和创新含量等还远远不够,离高质量的创新创业相距甚远。适应高质量发展要求,大学生创业还要进一步发挥自身的知识和技术优势,在创业方向上进一步向新技术新业态新模式聚焦,体现大学生创业独有的"含金量""含绿量",打造高质量发展背景下的大学生创业"升级版"。

三、高质量发展背景下促进大学生创业的路径分析

高质量的大学生创业是打造大众创业、万众创新"升级版"的重要内容,对实施创新驱动发展战略、促进经济社会高质量发展具有重大意义。要对标高质量发展要求,着力提升大学生的创业精神和创业能力,着力优化大学生创业的制度环境和社会环境,促进大学生创业高质量发展。

1. 创新精神的培养是根基

习近平总书记指出:"我国创新能力不强,科技发展水平总体不高,科技对经济社会发展的支撑能力不足,科技对经济增长的贡献率远低于发达国家水平,这是我国这个经济大个头的'阿喀琉斯之踵'"。2018年爆发的"中兴危机"以及中美贸易摩擦,更是充分暴露出中国的自主创新"软肋"。没有创新的国家,谈不上是强大的国家;没有创新的发展,谈不上是高质量的发展;没有创新的创业,也谈不上是高质量的创业。推进大学生高质量创业,首先要把创新精神的培养作为根基,培养大学生创新的思维、创新的勇气、创新的自觉、创新的能力,以创新开新局、创大业。

要整合校内外、国内外、线上线下优质资源,把创新精神教育融入人才培养体

系，与专业教育深度融合。营造创新的校园文化，把创新精神体现在课堂教学、课外实践、校园活动和学生评价体系中，让大学生在耳濡目染中把创新的观念融入信仰血脉。要深化高校人才培养模式改革，把创新思维和创新精神的培养体现在人才培养标准、课程设计和课堂教学中，着力培养具有创新意识的时代新人。要加强教师创新精神培养，教师是大学生创新教育的组织者和实施者，教师队伍的创新能力对大学生的创新能力影响最大最直接，要注重培养教师的创新思维和创新意识，发挥教师的示范和引领作用，特别是在课堂教学、课外指导、日常交流中，善于用创新的课堂教学组织和思维方式教育学生，善于引导、激发、保护学生的创新精神，教育引导学生做一个善于创新、敢于创新的人。要加强科学精神和科技发展前沿的教育，教育引导学生准确把握科学发展和技术变革前沿动态，积极把创业方向投向战略性新兴产业、关键基础技术、颠覆性技术等国家重大创新主阵地。

2. 创业能力的提升是关键

创业能力的高低是大学生创业能否成功的关键。促进大学生高质量创业，要在培养大学生的创业能力上下功夫，为大学生创业插上腾飞的“硬翅膀”。

提高大学生创业能力，不能就能力谈能力、就创业谈创业，必须用更广阔的视野、更长远的眼光看待大学生能力的培养。创业能力有千万条，专业能力是第一条。专业是大学生未来发展的基础，更是大学生创业的基础。专业能力的强弱，不仅仅是大学生专业知识掌握程度的体现，更是大学生学习能力、学习态度和投入程度的体现。因此，培养大学生的创业能力，首先必须重视专业能力的培养，以专业能力的培养提升大学生的学习精神和学习能力，为大学生创业打下扎实的专业基础。创业有创业的规律，要加强大学生的创业知识教育，提高大学生创业课程教育教学质量，教育引导大学生掌握创业知识，把握创业规律，熟悉创业模式，掌握创业方法，提高创业的科学性。管理能力是创业能力的重要内容，要加强大学生团队合作能力、组织协调能力和战略思维能力等能力的培养，为大学生创业打下扎实的管理基本功。创业能力要在实践中提高，要加强大学生创业实践实训，通过科研训练、课外实践、创业竞赛、社团活动等方面加强大学生创业的实践锻炼。当前，从中央到地方对“双创”的政策和资金支持都很充足，高校要充分利用这些资源优势，加强与政府和企业的合作力度，通过共建创业孵化基地、创业园等模式，努力把政府丰富的创新资源引进学校，为大学生创业能力的培养服务；同时要积极利用企业资源,加强校企合作,建立社会化创业实践基地,建立学校与企业相衔接的创业支持系统,加强大学生的实战化创业训练。

3. 创业环境的优化是保障

好的环境对创新创业十分重要。要营造鼓励创新创业的社会环境,建立家庭、学校、社会全方位的创业文化支持系统,强化大学生创新创业的价值导向。要宣传好扶持政策,多种形式宣传好大学生创业优惠政策,让每一位学生都知晓和用好工商登记、担保贷款和贴息、税收优惠、创业及培训补贴、保留学籍等优惠政策。要为大学生创业提供场地支持,充分利用高新技术开发区、经济技术开发区、大学科技园等平台,加快发展众创空间,建立大学生创业和孵化基地,并提供融资、注册、指导等支持。要拓宽融资渠道,综合运用财政投入、学校自筹、创投信贷、社会公益等方式筹集资金,支持大学生创新创业项目和创业企业。要厚植创业文化,鼓励创新,宽容失败,营造有利于大学生创新创业的良好社会氛围。要注意加强政策的协同性,统筹各类政策,有效发挥各类政策工具的合力,形成政策的联动协同机制,促进大学生创业政策的落地落实。

作者单位:湖北大学通识教育学院;湖北生物科技职业技术学院动物科技学院

湖北自由贸易试验区宜昌片区人才体系建设报告

罗丽娜

一、湖北自由贸易试验区宜昌片区发展概况

(一) 湖北自由贸易试验区宜昌片区建设与发展现状

1. 宜昌片区概况

2017年4月1日，中国(湖北)自由贸易试验区宜昌片区(以下简称“宜昌自贸片区”)正式挂牌成立。宜昌自贸片区规划用地面积27.97平方公里，其中宜昌高新区东山园区和生物产业园占地面积16.61平方公里，西陵区占地面积1.81平方公里，伍家岗区占地面积9.54平方公里，夷陵区占地面积0.01平方公里。按功能划分，宜昌片区分为海关特殊监管区域和非海关特殊监管区域。海关特殊监管区域(宜昌综合保税区1.8～2平方公里)重点探索以贸易便利化为主要内容的制度创新，主要开展保税加工、保税物流、保税服务等业务;非海关特殊监管区域(26.17平方公里)重点探索投资体制改革，完善事中事后监管，推动金融制度创新，积极发展现代服务业和高端制造业。根据湖北总体方案，宜昌片区重点发展先进制造、生物医药、电子信息、新材料等高新产业及研发设计、总部经济、电子商务等现代服务业。经过3～5年的改革探索，力争建成中部地区有序承接高新产业集聚区、三峡区域现代服务业合作示范区、长江经济带对接“一带一路”的重要战略支点。

2. 宜昌自贸片区发展现状

截至2018年6月，宜昌自贸片区新增市场主体2589户，注册资本金778 900万元，其中“四上企业”(规模以上工业企业、资质等级建筑业企业、限额以上批零住餐企业、规模以上服务业企业)118家，平均注册资本为9180万元;私营企业870家，平均注册资本达402万元;外资企业10家，注册资本金3053万美元;宜昌自贸

片区涵盖了新材料、电子信息、现代物流、文化旅游、先进装备制造、食品生物医药等新兴产业。2017 年,高新技术产业增加值增幅达 20%,占 GDP 比重 45%;实际利用外资实现翻番,占全市 25%;外贸进出口总值 127 000 万元,净增长 1.3 倍。

自 2017 年 4 月 1 日宜昌自贸片区挂牌以来,在多个方面取得了积极进展。

一是推动改革创新。聚焦创新创业痛点、堵点、难点问题,大胆革新,形成了 56 项改革创新经验。2017 年,宜昌自贸片区形成了 16 条自主创新成果,在全省首推“一窗通办、集成服务、六多合一”审批模式,“多评合一+区域综合评估”获李克强总理批示;发出全省首张“27 证合一”营业执照,全省率先推行“43 证联办”,企业登记注册时间压缩到 2 个工作日以内,投资报建审批时限压缩到 66 个工作日;在全省首推环境影响评价“负面清单+豁免清单”管理制度,发出全省首张环保审批豁免通知书;在全国首推外国人申请签证护照免留存,实行工业建设项目“标准地+告知承诺”改革。

二是加快双向开放。开通“宜汉欧”国际铁路货运班列,打通宜昌至欧洲陆上丝绸之路国际贸易大通道,确保每周一趟常态化运行。先行先试全国海关通关一体化改革,三峡保税物流中心区港联动通关,报关费用降低 50%以上,市内转运成本降低 37%~62%。今年上半年,保税物流中心监管货值再次突破 5 亿元,继续在省内领先,宜昌综合保税区于 2018 年 6 月 22 日开工建设。

三是积极对接“一带一路”倡议。与“一带一路”沿线国家深度合作,为三峡区域同“一带一路”沿线国家开展产能、资源合作搭建平台,支持科力生集团在哈萨克斯坦建设工业园区,安琪集团、黑旋风锯业、柏斯音乐集团在埃及、俄罗斯、泰国、德国等地项目发展势头强劲,葛洲坝集团在建国际项目 100 余个,合同总金额达 100 亿美元,覆盖“一带一路”沿线 90%以上的国家。

四是助推高质量发展。引进全国知名服务众包网络平台猪八戒网,推动众多创意、智慧、技能转化为商业服务;打造三峡区域服务能力最强的综合性人力资源服务市场;成功获批国家第二批增量配电业务改革试点项目。奥特莱斯商城、平行进口汽车展销中心、京东物流基地等一批项目纷纷落户宜昌,启动宜昌电商产业园建设,搭建跨境电商综合服务平台,储备了单细胞基因组测序等 12 个优质项目。

(二)宜昌自贸片区发展战略与产业定位

1. 宜昌自贸片区发展战略

1)构建电子信息产品链

牢牢把握时代机遇,紧跟国际、国内电子信息产业发展步伐,以宜昌自贸片区为核心地带,吸引高端人才和潜力企业入驻,加快技术开发和项目引进,着力构建四大产品链:以LED、CCFL为主体,涵盖液晶显示背景光源、民用节能照明领域的光电子产品链;以高纯硅材料为主体,向单晶硅、硅片、集成电路领域延伸的半导体硅材料产品链;以电子铝箔为主体,包括精铝、光箔、腐蚀箔、化成箔和电解电容器的电子元件材料产品链;以磁电子材料为主体,向GMR磁传感器、磁电耦合器、磁性随机存储器领域延伸的磁电子产品链。

2)高端装备制造业集群发展

融合宜昌市重点骨干企业的技术、产品和市场优势,壮大整机生产规模,构筑和延伸产业链,通过整机生产和产业链的延伸,带动基础配套产品发展,依托整机配套产品需求,提高基础件技术水平,在此基础上,开拓配套产品市场,大力发展"吃配经济",力求在船舶备品备件、运输机械设备配件、光电子器件、电子元件及组件、电工电料等领域,成为具有重要影响的主流配套基地。

促进大企业做强和促进小企业做精相结合。以引进世界制造业500强和国内装备制造业100强为目标,支持重点骨干企业引进战略投资者,推进产业资源整合,着力培育一批具有国际竞争力的大型企业和企业集团,发展"块头经济";同时,按照差异化发展思路,遵循错位发展原则,推进中小企业向"专、精、特、新"方向发展,促进特色中小企业专业化、集群化、园区化发展,形成"块状经济"。

3)建立现代物流产业服务体系

加快建设三峡现代物流中心,建成长江中上游区域性物流节点城市,把现代物流产业打造成为营业总收入过千亿的支柱产业。围绕推动产业集聚发展,按照《宜昌市城市总体规划(2011—2030)》和《宜昌市现代物流业发展"十三五"规划》,加强十大物流园区建设,形成货运枢纽型、商贸服务型、生产服务型、口岸服务型、综合服务型等各类物流园区差异化发展格局。引导现有物流企业入园,提升物流产业集聚发展水平。加快综合保税区、航运交易中心的申报建设,完善保税仓储、简单加工、增值服务、口岸报关及国际采购、分拨、配送、转口等服务功能,使进出口企业及时享受出口退税、保税、通关便捷化等多项政策和服务。深化与上海、重庆、武汉等长江沿线港口合作,建立“虚拟组合港”机制。推动长江滚装甩挂运输试点建设,探索将公路甩挂运输在水路进行延伸和拓展,让滚装船运输与公路甩挂运输无缝衔接。统筹推进宜昌铁水联运,基本形成以国家干线铁路、三峡翻坝铁路为重点,布局合理、结构清晰、功能完善、衔接顺畅的铁路大网络。加快实施三峡机场改扩建工程,不断完善三峡机场国际口岸功能,加快建设临空经济园,突破性发展通航产业,打造辐射三峡区域的新型临空经济园区。

2. 宜昌自贸片区产业定位

根据《中国(湖北)自由贸易试验区总体方案》,宜昌自贸片区重点发展先进制造、生物医药、电子信息、新材料等高新产业及研发设计、总部经济、电子商务等现代服务业,将重点建设宜昌综合保税区等5个项目。

在宜昌自贸片区内设立国际快件监管中心。打造区域发展综合服务平台,推动宜昌自贸片区与中部和长江经济带其他地区开展广泛的经贸合作,更好发挥示范带动作用。支持在宜昌自贸片区内建设大宗商品交易和资源配置服务平台。探索构建区域商品交易集散中心、信息中心和价格形成中心,增强对中部地区的市场集聚、示范与辐射功能。

正在筹建的宜昌综合保税区,将发展综合性保税业态,重点服务电子信息、生物医药、融资租赁、保税展示等业态,区内企业等同于在国外生产,不仅免交进口关税和许可证件,使用的国内原料甚至连水电气都享受出口退税。

二、宜昌自贸片区人才体系建设现状及问题分析

(一) 宜昌自贸片区人才需求分析

人才需求与宜昌自贸片区定位与产业结构的互动关系就是根据宜昌自贸片区的定位以及产业结构的现状与发展趋势,通过各种政策、机制、模式与技术,使人才的行业和职业结构、地域分布结构、职称结构、知识结构、学历结构、年龄结构趋于合理,以适应宜昌自贸片区定位和产业结构调整的需要。

宜昌自贸片区的发展战略与产业定位对人才机构和类型有重大影响。宜昌自

贸片区的定位与产业结构是以发展先进制造、生物医药、电子信息、新材料等高新产业及研发设计、总部经济、电子商务等现代服务业为主。宜昌自贸片区建设是以三峡物流园和宜昌综合保税区为发展载体,依托日益完善的铁路、公路、水运和航空通道,完善水陆空衔接的现代综合运输体系,大力发展航空物流,形成呼应汉渝、沟通川鄂的物流服务网络;以国际商贸流通(含跨境贸易电子商务)、现代物流和国际金融为引领,形成“基地+网络+平台”模式,促进贸易、金融和电子信息、航空等产业融合发展,形成具有较强国际化和市场化特征,保税、物流、贸易、会展、结算等功能完备,贸工结合、以贸为主的内陆型自由贸易港。

宜昌自贸片区的发展战略与产业定位,直接决定宜昌自贸片区的人才需求,宜昌自贸片区的人才需求包括以下几类:一是技术型人才,主要包括高端制造业技术人才、电子信息技术人才、大数据应用管理人才、生物医药产业技术人才;二是管理型人才,主要包括国际化经营管理人才、公共事业管理人才、金融投资及风控管理人才,国际营销管理人才;三是贸易型人才,主要包括国际贸易实务人才、国际商务谈判人才、国际法律实务人才、国际标准化人才;四是国际化服务型人才,主要包括国际金融服务人才、国际物流管理人才、国际航运业务管理人才,跨境电子商务实务人才。

(二) 宜昌自贸片区人才结构基本情况

宜昌自贸片区核心支撑是宜昌高新区的东山园区和生物产业园,宜昌高新区的人才状况可以反映宜昌自贸片区的人才状况。

湖北宜昌高新区人才基本情况(截至 2017 年)见表 71。

表 71　湖北宜昌高新区人才基本情况(截至 2017 年)

	从业人员	研究生以上学历	专业技术人员
数量	111 796 人	1589 人	21 760 人
比率		1.42%	19.46%

由于宜昌自贸片区缺乏专业统计机构,对辖区内相关资料缺乏,目前仅仅了解到截至 2018 年 9 月,宜昌自贸片区新增市场主体 2589 家,其中限额以上法人企业有 118 家,共有从业人员 23 139 人。

(三)宜昌自贸片区现有人才政策及评价

1. 人才培育政策

1)实施产业人才培育计划

推进宜昌自贸片区(高新区)与省内外重点高校、市内职业技术院校人才培养战略合作,签订优先高新区市场主体所需的人才委培协议,大力培育引进企业急需紧缺实用人才。职业院校推荐应届毕业生在区内企业就业的,按每名学生1200元的标准给予一次性奖励补贴。企业新引进技能人才经考试合格,取得技师及以上等级证书的,一次性奖励1000元。区内企业新引进的高层次人才,经评审认定后,对全日制毕业的博士研究生、硕士研究生分别按照每人每年2.4万元、1.2万元的标准发放人才津贴,连续发放3年。探索建立"企业提需求+高校出智力+政府给支持"的柔性培育引才机制。大力实施青年企业经营管理人才"菁英计划",定期开展相关主题培训活动。与国内重点高等院校开展宜昌自贸片区建设实务专题培训、委托培训等项目的战略合作。

2)强化大学生创新创业、实习实训政策支持

实施"爱上宜昌·首选高新"计划,构建完备的大学生实习实训、就业创业平台和服务保障体系,大学生在区实习实训期间,每人每月发放不低于1000元的补贴。实施宜昌籍外地创新创业人才"回归工程",采取到沿海发达城市宣传推介、依托人才中介组织招引等方式,充分吸引各类人才返乡进区创业。鼓励大学生自主创业,参照现行就业政策管理规定给予5000元一次性创业补贴,可提供最高20万元的大学生创业扶持资金。

2. 人才引进政策

优化"三峡英才工程"政策体系。适应宜昌自贸片区发展需要,延伸宜昌高新区"三峡英才工程"政策链条。对获批湖北省双创战略团队等类似政策支持的高层次人才团队,按照5%配套给予项目扶持,最高200万元。对未入选"三峡英才工程"的海外创业人才(团队),其企业产品入选《国家高新技术产品目录》的,经评审认定,可给予50万元的一次性扶持资金。加快推进入选"三峡英才工程"高层次人才创业扶持资金"补(拨)"改"投"进程,将资金扶持、投融资支持与人才项目产业化程度及其实际贡献率紧密考核挂钩。实施海外高端人才重点项目"助力计划",促

进专业投资机构持股研发、参股运营，对社会资本直接投资海外高端创业人才项目，股权投资项目超过100万元(含)的，按实际投资5%的比例给予项目配套支持，最高200万元。对海外高端人才重点项目产品，在试验、试用阶段提供各项便利条件，优先予以扶持。

建立多元引才新平台。设立引才“伯乐奖”，激励企事业单位、人才中介组织等多渠道引才。强力推进“以才引才”“以商引才”，在湖北及宜昌海外同乡会、联谊会、高新技术协会以及区内引进的海外高端人才中聘请“引才经纪人”；在宜昌驻外机构、社团及商会组织聘请“招商引才顾问”。对成功推荐湖北省“百人计划”人才、国家“千人计划”和“万人计划”人才、两院院士、诺贝尔奖获得者等来区创新创业的，项目投资到位资金达到1000万元以上(含1000万元)，按推荐1人(团队)给予10万元至50万元的奖励。对宜昌自贸片区(高新区)急需紧缺专业性岗位试行聘任制公务员，实施聘期管理和协议工资制，面向全国招聘引进。利用“三峡云平台”，建设“互联网＋”人才的交互式公共服务平台，面向全球引进高层次人才和创新创业项目。

3. 人才创新创业激励政策

拓展人才科技创新发展平台。探索建立柔性引进研发人才的创新平台，完善“创业苗圃＋孵化器＋加速器(中试基地)＋产业化基地”梯级孵化体系，构建依托大型科技创新研发平台集群式吸纳高端人才新格局。鼓励高层次人才及团队创建科技创新研发平台，对独立或联合科研院所、高等院校建立省级以上产业研究院、重点实验室、工程技术研究中心等创新平台的，对符合条件的按现行政策给予20万元至200万元的资金支持。鼓励高校院所、龙头企业、产业园区开放检验检测等科技创新服务平台，对高端人才及团队创办的企业使用公共服务平台的，给予创业公共服务平台费50%比例的资助，每年最高10万元。对获评市级以上技能大师工作室、高技能人才工作站、高技能人才公共实训基地的单位，按照市级以上奖励1∶1的比例给予最高30万元的配套资助。

加大人才创新创业投融资支持力度。引进国内外知名投资机构，整合产业和资本资源，设立政府主导的创业投资基金和天使投资基金，建立不低于3亿元的人才创新创业资金池。对符合条件的高层次人才及团队创办的企业，可以最高1000万元的股权投资方式予以扶持。各层次人才创办的企业通过私募、上市等方式融资,“一事一议”组建服务团,提供全方位服务。对完成主板上市的可给予最高300万元的奖励(含市级),完成“新三板”上市的可给予最高150万元的奖励(含市级)。

实施“三峡英才奖励计划”。设立高新人才奖励基金,实施覆盖宜昌自贸片区(高新区)各类人才的奖励计划,每两年申报评选一次。其中:设立对高新技术产业转型发展做出突出贡献的“杰出人才奖”,每人奖励20万元;设立“高新产业领军人才奖”,每人奖励5万元;设立“高新工匠”“创业明星”“专技拔尖人才”奖等,每人奖励1万元。着力打造尊重人才、推介政策、扩大影响的人才发展新品牌,同步设立两年一届的“宜昌自贸片区(高新区)人才节”。

4. 人才服务保障政策

加快推进宜昌自贸片区人才国际化。依托宜昌自贸片区内国家级孵化器、“海智基地”,建立海外人才离岸创新创业基地。探索“宜昌自贸片区内注册,海外经营、研发”的离岸模式,支持宜昌自贸片区内企业在市外重点城市、境外设立研发中心,离岸创业、研发的高端人才纳入“三峡英才奖励计划”评审认定。经认定的外籍专家,来区工作期间缴纳的个人所得税区级财力实得部分,5年内全额奖励给个人,最高100万元。探索建立外籍专家永久居留权,鼓励用人单位放宽外籍专家工作岗位、年龄限制。最大限度为外籍专家、高端人才提供签证、出入境、停留居留等方面的便利,为外籍人才及其配偶、未成年子女签发5年内长期居留证件或5年内多次出入境有效访问、贸易或人才签证,办理自由贸易账户,参照本地基本医疗保险政策缴纳医疗保险。大力引进一批在国内外有影响力的人力资源服务机构,提高外方合资者出资比例,试点设立外资独资人力资源服务机构。

优化人才保障服务功能。引入国内一流的人力资源服务机构,高标准建设“宜昌自贸片区(高新区)人才服务中心”,完善“宜昌高新双创人才超市”功能,提供“一站式”、全链条公共服务。建立多元化高层次人才安居保障体系,各产业园区建设孵化器、双创公寓的,按10%比例预留人才公寓,支持高新投资控股集团建设、回购、运营人才公寓,鼓励企业自建人才公寓。对入选“三峡英才工程”的高层次人才、高端外籍专家、获评的“杰出人才”,推荐入住“三峡国际人才城”,在区内全职工作满5年、贡献突出的,一次性给予50万元购房补助。全日制博士、硕士来区创新创业业绩显著,3年后在城区购买住房的,经评审认定,分别一次性给予20万元、10万元购房补助。为海外高层次人才、外籍专家和“三峡英才奖励计划”入选人才办理“三峡英才一卡通”，提供市内就医、乘机、公共交通、景点旅游等“绿色通道”。鼓励区内学校开设国际班，满足外籍人才子女入学需求。建立各层次、各类型的人才联谊组织，加强人才交流。完善领导干部结对联系高层次人才、外籍专家“首席服务官”制度，实现服务精准化、便利化。

建立人才工作协调运转机制。整合区内相关职能，成立宜昌自贸片区（高新区）人才服务局。建立重大人才活动、重大人才专项引进联动机制，对我区产业发展具有战略性、支撑性和裂变效应的领军人才及团队，以及特别重大项目实行“一事一议”。

5. 现有政策评价

宜昌自贸片区现有的人才政策从人才引进、人才培育、人才保障及人才激励等四个方面入手，力求完善人才建设体系，吸引更多的高端人才入驻宜昌自贸片区，共同发展。宜昌自贸片区人才政策环境在不断优化，到宜昌自贸片区工作的各类优秀人才，凡是符合现有人才激励政策的，严格予以兑现落实，为人才在宜昌自贸片区发展提供良好的培训、创业、平台、生活等服务。同时在加大引进人才资助力度、引导激励多元精准引才等方面，为宜昌自贸片区人才创造了更好的政策环境。

（四）宜昌自贸片区人才体系建设存在的主要问题

由于数据统计不全，难以对宜昌自贸片区人才结构进行定量分析，课题组根据对宜昌自贸片区和宜昌高新区相关部门及部分企业走访调研，发现有如下问题：

1. 人才管理和服务机构职责不明，工作绩效不高

宜昌自贸片区成立了人才服务局，挂靠在宜昌高新区，主要依托现有宜昌高新区的组织、人事、劳动与社会保障等部门进行人才管理和服务。此次调研中发现，宜昌自贸片区人才服务局与宜昌高新区人事管理部门其中存在明显的条块分割、职责不明等问题，对人才的基本数据收集整理及分析缺位，对人才引进、培养、选用、评价等工作缺乏科学规划，更谈不上对宜昌片区人才体系构建及人力资源的开发。

2. 宜昌城市规模偏小，对人才吸引力较弱

宜昌市是湖北省域副中心城市，综合实力即科技、高教、文化、卫生、交通、医疗仅次于武汉，经济实力位居湖北省第三位，是中国中部重要的交通枢纽，拥有汉宜

高速公路、汉宜高速铁路、焦柳铁路、318 国道等国家重要的交通动脉。宜昌是三峡大坝、葛洲坝等国家重要战略设施所在地,被誉为“世界水电之都”。2017 年 4 月 1 日,宜昌自贸片区正式揭牌。近年来宜昌荣获中国优秀旅游城市、湖北省唯一国家环境保护模范城市,同时享有全国文明城市、国家园林城市、国家卫生城市、国家森林城市、中国钢琴之城等美誉。

但是,总体而言,宜昌市城市规模偏小,尤其是同武汉相比差距甚大,与襄阳市相比也不具备优势,宜昌现辖 5 区 3 市 5 县和 1 个国家级高新区,国土面积 2.1 万平方公里,常住人口 415 万人。2017 年宜昌 GDP 3857.17 亿,增速 4.0%,人均 93 394 元。城市人口规模小,经济体量不大,就造成了一系列的问题,中国目前现有国情来说,人才还是热衷于大城市,因为大城市可以提供更多的服务和政策,比如更多的工作机会,优厚的福利待遇,良好的生活环境,更有潜力的发展平台和成长培养机制。因此,宜昌市同大城市相比,对人才吸引力还不够。

3. 宜昌高等教育资源短板明显,对人才提升和培训的支持不够

当一个城市的高等教育资源教育相对薄弱时,其人才储备及科研实力就相对落后,这就难以对区域社会经济发展提供有力的人才保证与科研智力支撑。一个城市高等教育资源多寡与强弱,对人才提升和培训具有决定性作用。企业对人才的要求严格,它希望员工通过不断的学习来提升自我的能力,这个时候专业性的高层次的人才培养就显得尤为重要。

截至 2017 年,宜昌市共有高等院校 5 所,包括三峡大学、三峡职业技术学院、三峡旅游职业技术学院、三峡电力职业学院和宜昌市广播电视大学,招生 16 775 人(其中,研究生 967 人),毕业生 16 333(其中,研究生 848 人),在校学生 58 116 人(其中,研究生 2750 人),教职工 6172 人,专任教师 3620 人。相对于普通地级城市而言,宜昌市高等教育资源还是不错的,但相对于大城市尤其是临近的省会城市武汉而言,差距明显。

宜昌市不仅高校数量有限,而且除了三峡大学能够提供研究生和博士生培养(目前也仅能提供土木工程、水利工程、电气工程和管理科学与工程四个博士点),其他高校人才培养以本科、专科为主,以培养的初级、中级技术人才为主,难以满足宜昌自贸片区内高端新兴产业对高端科学技术人员的培养需要,难以对宜昌自贸片区提供有力的人才提升和培训的支持。

4. 宜昌新兴产业聚集低,高端复合人才引进及成长平台受限

宜昌自贸片区的发展战略与产业定位对人才机构和类型有重大影响。宜昌自贸片区的产业定位与发展战略是以发展先进制造、生物医药、电子信息、新材料等高新产业及研发设计、总部经济、电子商务等现代服务业为主。但从目前发展情况来看,宜昌这些新兴产业多数处于起步建设阶段,产业聚集低,高端复合人才引进及成长受限于宜昌自贸片区的产业规划,也受限于城市的产业集群布局,因为有限的产业对于人才来说,缺少有竞争力的岗位和企业,不利于自身的发展,而对于复合型高端人才来说,更是缺少无用武之地和发展空间,不能形成一个有效完备的产业集群,使得宜昌自贸片区人才在技术交流上和工作调动上受限,不利于人才个性化的发展,也不利于企业人才流动。

5. 现有人才结构滞后,对产业发展支撑不够

在产业结构的不断发展进程中,人才结构对其有着决定性的作用,人才是产业结构调整的前提,人才结构是推进产业发展的主要力量,有助于促进相关产业的进步,并且有能力催生新的产业。任何新兴产业都需依赖高新技术,而高层次人才通俗地说,就是掌握各种高新技术的人员。高层次人才对新兴产业的形成和发展起着重要的推动效用。传统产业要转型优化也离不开这些高层次人才。传统产业的转型升级就是要把高新技术运用到传统产业当中,提高传统产业的技术能力及生产效率。

根据宜昌自贸片区产业的发展定位和规划,合理进行相关培训,提高人才水平,是有效促进产业发展的方法。宜昌自贸片区人才结构存在的问题是结构不够合理,层次较低。据我们调查,宜昌自贸片区核心区域宜昌高新区研究生的比例仅为1.42%。专业技术人才的比例为19.46%,这么低的比例不利于吸收最新的科研成果并加以运用,对宜昌自贸片区产业结构优化和发展产生不利影响,并且不利于资源的优化配置。如宜昌自贸片区物流业发展速度较快,但产业相关人才成才的速度远远滞后物流业发展,导致物流业人才供给与需求之间有着较大的缺口。这就需要政府果断发挥宏观调控手段,积极采取应对解决措施推动人才结构进行及时调整,比如制定人才培养长期规划、建立人才供给不足预警制度、调整高等学校相关学科专业,开展单位委托培养等。

6. 企业缺乏高层次领军人才,制约产业快速发展

通过调研,目前宜昌市在职的高层次人才主要分布在教育行业和行政事业及单位工作,而企业中高层次人才比例偏低,领军人才更是稀缺。很显然,宜昌自贸片区的活力主要需要企业的高层次人才来促进和推动,宜昌自贸片区经济社会发展的迫切需要与现有的高层次人才数量与质量之间有着鲜明的矛盾。

与此同时,高层次人才一个重要的体现方面就是能与国际海内外相接轨,通过部分企业走访调研,我们发现宜昌自贸片区企业人才国际化程度偏低,缺乏在跨国企业、国际化大企业或国外研究机构工作的丰富经验,缺乏国际国内一流学府的优秀毕业人员和创业人员,这些都制约了宜昌自贸片区现代化、国际化建设进程。

三、宜昌自贸片区人才体系建设的建议

(一) 成立专门机构负责宜昌自贸片区人才管理和服务

建议重构宜昌自贸片区人才服务局,彻底从高新区人事管理部门分离,强化人力配置,厘清工作流程,明确工作职责,加强对人才引进、培养、选用、评价等工作管理和服务,必须把人才资源开发和服务摆在突出位置、优先位置,积极学习、借鉴和吸收国内外自由贸易区的先进经验和做法,着力对接和满足宜昌自贸片区建设的人才需求,加快打造开放程度高、聚集能力强、体制机制活的人才特区,为宜昌自贸片区健康发展提供人才保证和智力支持。

人才服务局要在对宜昌自贸片区内人才吸引、保有、流动数量和质量做出全面、动态的分析的基础上,科学研判人才发展现状、特点和趋势,开展人才需求预测,建立宜昌自贸片区人才数据库。根据宜昌自贸片区总体发展战略,分解人才需求目标,建立人才紧缺指数发布制度,定期发布人才需求目录。积极搭建各类权威信息资源平台,向海内外发布人才信息、人才政策。

(二) 引进高层次人才提高人才质量

目前,宜昌自贸片区已吸引了部分人才入驻,但高端人才仍有欠缺。引进高层次人才主要包括以下几类。第一类:中国科学院院士、中国工程院院士。第二类:国家"千人计划"、省级"百人计划"人员;中国科学院"百人计划"人员;国家"万人计划"、省"特支计划"人员;享受省级以上政府特殊津贴专家、省级以上有突出贡献的

中青年专家、省级以上学术和技术带头人、省级以上重点实验室、重大项目主持人或主要完成人；长江学者，省科技进步二等奖以上奖项获得者；省属以上企业的高级经营管理人才等专家、学者、企业家。第三类：急需紧缺专业的正高级专业技术资格人才、特级教师、市级名师。第四类：急需紧缺专业的副高级专业技术资格人才、全日制博士、高级技师、地市级学术学科带头人，在海外（国外、境外）获得硕士以上学位的海外留学人才。经区人才工作领导小组认定的其他特殊人才，视同本类人才。第五类：拥有自主知识产权、可进行规模化生产、处于国际或国内领先水平的科技成果，并利用自带科技成果、技术来我区创办、参股企业的人员。对引进的高层次人才给予薪酬待遇、住房补贴、生活补助、创业扶持、成果奖励、企业补助。

可以积极争取商务部及工信部等中共中央直属机构的支持，力争引进一批专家到宜昌自贸片区企业和相关职能部门挂职或任职；与此同时，积极达成与国内知名高校的全面合作协议，力争引进一批切合宜昌自贸片区产业发展定位的电子信息技术、生物医药、物流、现代服务等方面的专家来宜昌自贸片区挂职或任职，打造高端人才聚集地。落实“黄金十条”人才引进政策，鼓励宜昌自贸片区企业大力引进高端人才和急需紧缺实用人才。

（三）加强人才培养优化人才结构

人才优先，以用为本。加强人才培养需注重人才培养的连续性、在培养对象上区分层次性、在培养方法上提倡多样性。人才培养不是一朝一夕的事情，而是一项宏大的系统工程。必须创新人才培养机制，注重创建机制科学性，将人才培养作为一项长期的工作。培养人才要有计划性。将人才技能与宜昌自贸片区实际情况有机结合起来，因地制宜，明确每个岗位需要什么样的人才，做到有针对性地培养。对不同类型的人才采取不同的方法进行培养，例如，课堂培训、任务与体验、自我提升、接受教练辅导、培训或辅导他人。强化人才培养机制可以优化人才结构，使宜昌自贸区得到更好的发展。

实施“订单培养”和“定位引进”，加强产业人才建设。依托高校力量，建立多层次研发设计人才、管理人才、技术工人培养体系；支持企业与高校建立战略合作关系，按照企业需要，“订单式”培养企业需要的各类人才。

加大产业领军人才引进力度。加强对企业家的培养和继续教育，造就一支高素质和适应国际竞争需要的企业家队伍。

(四)构建人才网络信息库完善人才吸纳与储备机制

人才吸纳与储备是为了宜昌自贸片区的长远发展战略,通过对人才从层次、数量、结构上进行设计优化,并实行长期性、持久性、针对性的人才库存与培养,从而保证人才能够满足宜昌自贸片区的发展需要的人力资源策略。

一是利用信息网络建立宜昌自贸片区人才信息数据库,集成电子信息技术、生物医药、物流、现代服务等方面的人才基础信息库和分类人才资源信息库,及时发布人才开发引进政策、人才开发目录、人才市场供需信息和行业、职位薪酬水平信息,实现资源共享,为完善人才吸纳与储备机制,为优化人才资源配置创造基础条件。

二是积极对接湖北省及国家人才信息数据库平台,综合各个人才市场的人才信息,实现人才信息网络联通。

三是借鉴国内外成熟的人才信息平台,与人才服务机构、技术服务部门、高校等单位进行合作建设,积极推进人才的交流互动。

(五)发挥市场配置作用提高人才使用效益

在市场条件下,要重视市场这只无形的手对人才工作的影响,发挥市场配置作用,让人才资源在各个产业、行业之间得到合理分配,利用市场的竞争机制使人才也时刻保持优胜劣汰的意识。同时,要注意政府职能的转变,发挥服务型政府在人才工作中的作用,根据市场经济发展情况量身定制、完善一套可行性高的人才服务机制,为人才的流动、后续服务提供便利,更好地有效配置人才资源,充分发挥市场在其中的决定性作用。

一是鼓励成立宜昌自贸片区人才开发服务公司,展开人才开发、培训、交流和评估等一系列服务活动,为人才流动并进行合理配置创设基础环境。

二是定期开展人才招聘会,根据特殊需要增加专场招聘会,并建立与及时更新面向全社会的行业人才信息库,为人才和宜昌自贸片区企业提供交流的平台和途径。

三是积极开展与高校的合作关系,将宜昌自贸片区人才需求的趋势与高校充分沟通,确保人才供应适应宜昌自贸片区发展的需求。

四是健全人才交流的通用行业执业标准,推动执业资格与技能的考核与认定制度，以保证宜昌自贸片区企业招到的人才具有名副其实的能力，降低信息不对称造成的不胜任者干扰市场秩序的风险，积极营造人才市场的诚信交流环境。

（六）加强财政扶持助推企业人才引进和培养

对于企业而言，财政扶持意义重大，是缓解其资源瓶颈的重要推手，是人才引进和培养的重要保障。财政扶持主要可以分为税收优惠和财政资助。对引进的人才及企业实施税收优惠政策，鼓励企业对引进的高层次人才实施股权、期权、分红等激励。引进的高层次人才在高新技术企业和科技型中小企业通过科技成果转化取得股份或股权奖励收入时，经税务机关确认后暂不征收个人所得税。强化和落实“黄金十条”政策，对企业引进和培养人才提供财政补助。财政补助可以从以下几个方面着手。

1. 薪酬待遇

薪酬待遇原则上由用人单位按政策兑现。企业单位可由用人单位根据工作岗位性质及工作任务完成情况，与本人面议协商确定。引进的高层次人才 5 年内薪酬收入依法缴纳个人所得税贡献较大的，按缴纳个人所得税地方留成实得部分的 100％给予补贴。

2. 住房补贴

引进的高层次人才，可按其本人意愿选择享受购房补贴或租房补贴。本人或以其配偶、子女的名义在我区首次购买商品房的，凭购房合同和完税证明给予购房补贴（首次补贴 50％，其余分 3 年度补贴到位）。

3. 生活补助

对我区引进或培育的中国科学院院士、中国工程院院士，给予 80 万元补助；国家“千人计划”“万人计划”和中国科学院“百人计划”人才，给予 50 万元补助；省“百人计划”、省“特支计划”人才及相应层次人才，给予 30 万元补助；省级“战略性新兴产业技术领军人才”、省“学术和技术带头人”及第二类的其他人才，给予 10 万元补助；第三类人才给予 5 万元补助，第四类人才给予 1 万元补助。

4. 创业扶持

引进的高层次人才在我区创办、领办企业，所创（领）办企业属我区主导产业、战略性新兴产业或具有创新商业模式的高端现代服务业的，除了享受有关招商引资等方面的优惠政策外，给予额外创业资助。在上述领域创新创业成绩显著并发挥领军作用的高层次人才，纳入省“特支计划”和市“领创工程”遴选范围，入选者在省市奖励的基础上，分别给予每人经费支持，专项用于自主选题研究、人才培养和团队建设等。

5. 企业补助

对引进区外第一、二类人才，根据服务期限和为企业发展做出突出贡献的，给予企业最高200万元、50万元、20万元创新创业资助。对高新技术企业、战略性新兴产业相关企业引进年薪20万元以上的高层次人才，连续3年按照企业支付人才薪酬15%的标准，给予企业补助。累计补助最高不超过50万。

（七）完善人才服务保障体制提升人才服务管理水平

根据人才需求创设专业服务团队，建立技术服务团队，提供技术成果转化、专利服务、资源整合和技术开发奖励等服务；建立后勤服务团队，提供人才住房保障、医疗保健、职称晋升、社保户籍等服务；建立创业专业服务团队，着力解决人才在创业过程中遇到的启动资金、企业注册与运营和创业办公场所等困难。探索建立人才服务基金，通过购买公共服务等形式，吸引社会资本投入人才服务，适当情况下将部分人才服务委托给专业中介机构，由专业机构提供特色人才服务项目，提高政府人才服务资金使用效率。推进人才服务中心和“一站式”服务窗口建设，开设优秀人才服务卡，开启人才“一条龙”“一站式”跟踪服务，让人才可以享受到配偶就业、子女入学、医疗等优惠待遇和精简办事流程等便利的人才绿色通道服务。

开展人才服务措施强化行动。努力统筹地方部门资源，联合财政、人社、科技、教育等部门，为人才在理论研究、科技创新、创业项目等方面提供资金、信息和人力资源等方面的支持，鼓励优秀人才与高等院校和生产企业互联互通，促进成果产业化。充分利用近年来引进的博士、硕士研究生资源，将分散在各单位各部门的高层次人才聚集起来，设立高端人才服务团队，以高端人才服务高端人才，将企业融资、科技服务、成果产业化、技术专利保护等一并纳入服务范围，推动人才智力资源转为地方经济发展动力。加大人才培育服务力度，针对优秀人才开设各类专题培训班，协调用人单位为人才提供良好的深造机会，利用高校、研究机构等资源，邀请专家教授、科技领军人物开展学术、技术交流，为人才掌握最新的理论和技术提供全方位途径。推进人才谈心谈话，主动了解人才在工作生活、学习培训和职业发展等方面的困难，倾听他们对新常态下人才服务工作的意见和建议，全面提升人才服务管理水平。

作者单位：三峡大学经济与管理学院

民办高校大学生创业团队建设研究

吕菊芳　刘怀元

近年来，随着高校毕业生数量的增加，大学生就业难已经成为一项社会难题，这一难题引起了全社会的关注。面对日益严峻的就业形势，国家高度重视大学生自主创业，相继出台了一系列关于扶持和鼓励自主创业的政策，以培养大学毕业生的创新创业意识和能力，并最终推动大学生就业。然而，根据国家有关部门统计，大学生创业成功率为2%左右，远低于全世界大学生平均创业成功率20%。大学生创业失败的原因很多，而大学生创业团队建设是影响创业成功的重要原因。

据教育部2017年6月公布的《全国高等学校名单》显示，截至2017年5月31日，全国普通高等学校2631所（含独立学院265所），其中民办高校735所占比27.936%，民办高校已经成为我国普通高等教育的重要力量。据调查，民办高校大学生创业比例高于公办高校，创业成功率却低于全国高校平均水平。究其原因，主要在于民办高校大学生创业团队建设存在这样或那样的不足。鉴于此，为深入研究民办高校大学生创业团队建设，提升其创业成功率，笔者在部分民办高校开展了问卷调查与访谈。本次挑选6所民办高校，在正在创业或已经创业过的大学生中共发放问卷100份，回收100份，回收率为100%；有效问卷100份，有效率为100%。除此之外，对其中5所民办高校的5个创业团队进行了访谈。

一、民办高校大学生创业团队建设现状

经过数月的调查和访谈，民办高校大学生在创业团队建设方面有喜有忧，有成功的经验，也有诸多需要改进的地方。具体可以归纳出如下结论。

1. 民办高校大学生创业团队组建现状

被调查的创业团队当中，男生57人，女生43人；3人以下的创业团队17个，3～5人的创业团队36个，5～8人的创业团队30个，8人以上的创业团队17个。大学生创业团队组建特征首先表现为性别差异。女生和男生因性别不同存在着性

格、品质和追求的不同，这些不同对创业呈现出来的状态也不一样。问卷调查数据显示，大学生创业团队中女生占 43%，男生占 57%，男生的创业意愿高于女生。团队成员来源是大学生创业团队结构的重要因素。在创业团队形成之初，有着相同学识和理念的伙伴聚集在一起组建创业团队，这群志同道合的成员有来自本校的同学，有来自其他学校的同学，也有可能是亲戚。问卷调查数据显示，创业团队成员当中来自本校同学的占 65%，创业团队成员当中来自其他学校的学生占 15%，创业团队成员当中其他来源占 20%，具体数据见图 31。以上结果表明本校同学组建团队进行创业的可能性更高。创业团队组建时间是大学生创业团队结构的重要因素，充分显示了创业团队的成熟度。问卷调查数据显示，创业 1 年的团队占 51%，创业 2 年的团队占 32%，创业 3 年的团队占 9%，创业 4 年的团队占 8%。以上结果表明创业团队年龄为 1 年的居多，创业团队组建并存活了 3 年、4 年在大学生创业团队中比例较少，但确实存在。团队人数是大学生创业团队组建的一个重要指标。一个创业团队的团队成员数量可以直观地表明此团队的发展规模。问卷调查数据显示，创业团队成员人数在 3 人以下的占 17%，创业团队成员人数在3～5 人的占 17%，创业团队成员人数在 5～8 人的占 30%，创业团队成员人数在 8 人以上的占 36%，创业团队成员人数在 8 人以上的居多，具体数据见图 32。

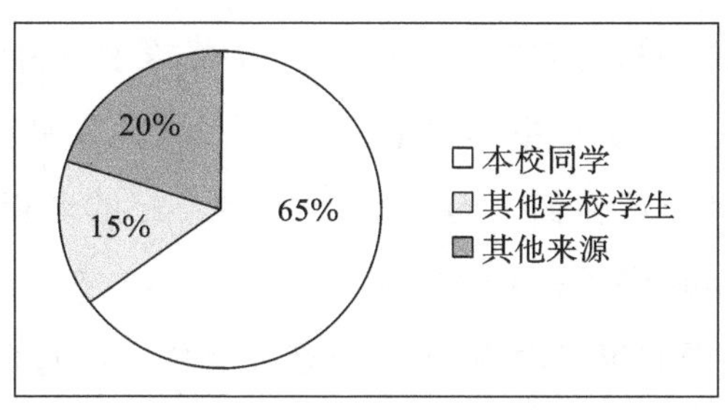

图 31 大学生创业团队成员来源情况

2. 民办高校大学生创业意愿较强，但成功率不高

在被调查的民办高校中，有 15%的大学生明确表示在创业中或正准备创业，比例要高于全国平均值。据麦克思研究院联合中国社科院发布的《2017 年中国大学生就业报告》数据显示，近几年来，大学生毕业从 2011 届的 1.6%上升到 2017 届的 3.0%，接近翻了一番。在被调查的大学生中，有 70%的大学生表示已经创业失

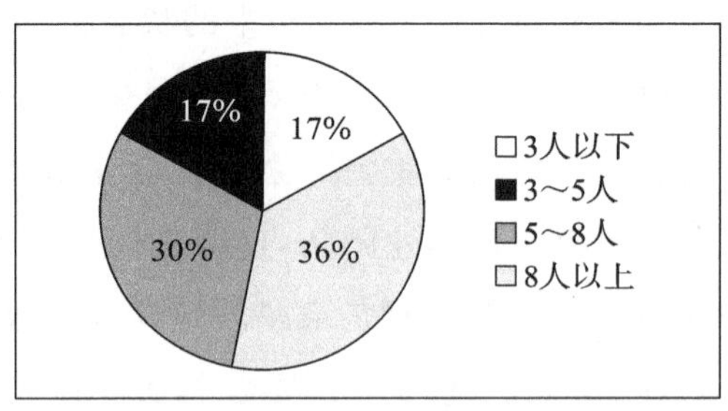

图 32 创业团队人数组成情况

败或即将失败,比例要高于全国平均值。据《2017 年中国大学生就业报告》数据显示,2013 届本科生中有 46.2%的人 3 年后还在继续自主创业。根据艾瑞深中国校友会网 2018 中国大学最新分类标准,民办大学被归类为“中国应用型大学”。与公办本科院校相比,民办高校是以应用型为办学定位,而不是以科研为办学定位的,对大学生的培养注重学生实践能力,旨在培养应用型人才。基于以上原因,民办高校大学生创业意愿较高,而一旦创业后,学生们将会遇到这样或那样的问题,这就导致创业成功率不高。在与某民办高校大学生创业团队成员访谈过程中,他们这样描述:“我们初入大学时就了解得比较清楚,我们学校主要培养应用型人才,在知识学习、能力素养培养等方面与公办本科院校的大学生存在一定的差距。故大学毕业后,我们在就业市场与他们存在着一定的差距,导致就业质量不高。据了解,我们学长毕业去向一般都是在中小型企业,待遇及个人发展与预期差距较大。因此,我们很早就决定和小伙伴们一起创业,自己做自己的老板,积累创业经验。创业 1 年多来,我们团队遇到了很多书本上没有的问题,学校的老师们也没有传授解决办法。目前团队正遇到很多困难,这些困难可能会导致创业团队解散。”

3. 民办高校大学生创业团队成员所具有的不同才能对创业团队和未来企业的发展至关重要

创业目标、人员、角色分配和计划是创业团队组建的四大核心要素。目标是创业团队得以凝聚目的;人员和角色分配是创业团队的核心,其拥有的知识和特长决定了他们担任的职务和承担的分工,影响着企业今后在市场中的命运和前途;计划则是为了实现创业目标所制定的不同阶段需要完成的具体工作。创业团队成员所具有的不同才能对创业团队和未来企业的发展至关重要,他们所具有的才能总和决定了创业团队整体能力和未来企业发展潜力。英国学者贝尔宾认为以下“九种角色”是理想的创业团队的构成：创新者，提出创新观点并做出决策的人，实干者，将思想语言转化为行动的人；协调者，能够进行角色与义务分配的人；推进者，促进决策实施的人；信息者，收集信息并能够与外部谈判的人；监督者，能够评估他人贡献并督促实施的人；凝聚者，能够支持并帮助他人的人；完美主义者，保证任务得以完美完成的人；专家，具备专业知识和技能的人。根据问卷调查数据显示，大学生创业团队成员应具备的能力依次为人际沟通能力、执行力、创新能力、组织能力、团队合作能力、应变能力、经管能力及其他能力(具体数据见图 33)。创业团队成员德行一定程度上影响着创业初期目标的达成，并影响着创业团队的业绩。根据问卷调查数据显示，创业团队成员不同的人格特质和工作价值观对创业导向产生不同的影响，创业团队成员德行对创业绩效存在着正向影响；团队氛围在创新绩效、经营成长绩效的影响过程中也起到调节作用。大学生创业团队成员需具有的德行依次为进取向上、自信乐观、务实、富有创造思维、冒险有胆识、具有合作精神以及其他品质，具体数据如图 34 所示。

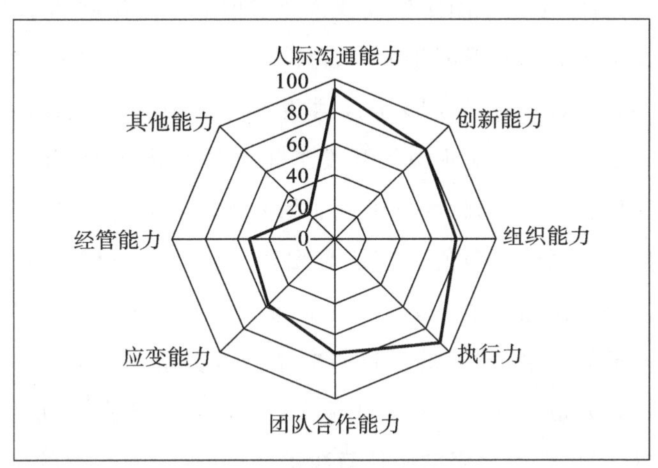

图 33　创业团队成员能力需求情况

4. 民办高校大学生创业团队制度和文化建设相对欠缺

一个团队要发展必然需要制度做保障，制度的作用在于能够保障创业团队稳定、持续和高效地运转，保障团队可持续发展。在对民办高校大学生创业团队成员问卷调查的过程中发现，95%的大学生认为制度建设对创业团队建设十分重要，然

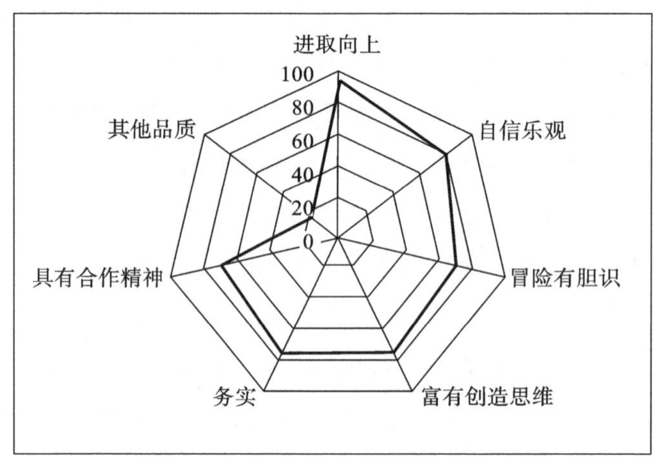

图34　创业团队成员品质需求情况

而，在被调查的创业团队中，仅40%的大学生创业团队制定了相关管理制度，20%的大学生创业团队制定了相关奖惩制度。可见，创业团队成员们大都认为团队制度建设至关重要，但在实际操作过程中，制度建设却相对欠缺。

文化像空气一样，是一个团队建设和企业发展的无形制度和隐形的管理手段，它能够让团队和企业保持旺盛的生命力、持续的凝聚力和竞争力，推动其快速和健康地发展。问卷调查数据显示，81%的大学生认为文化对创业团队的发展有着重要的作用，仅20%的大学生创业团队开展了相关的文化建设，25%的大学生创业团队准备开展文化建设，48%的大学生创业团队暂时不打算开展文化建设。可见，民办高校大学生创业团队成员们大都认为团队文化建设较重要，但是在现实中文化建设却相对欠缺。正如其中一个大学生创业团队在访谈中谈道："制度和文化建设对于我们来说至关重要，这个道理我们都懂。但在创业过程中，一方面，囿于创业团队中缺乏专业人员开展制度和文化建设；另一方面，创业初期的生存压力非常大，创业团队成员们忙着解决眼前亟待解决的问题，而没有足够的精力开展制度和文化建设。"

5. 民办高校大学生创业团队成员认为高校在创业人才培养方面有待加大力度

与公办高校相比，我国民办高校办学历史相对较短、创业师资力量相对较弱、创业资金投入相对较少，专业设置、学科布局和人才培养等方面办学经验相对欠缺。这就导致民办高校大学生创业能力与公办高校大学生有一定的差距,具体表现在专业基础知识储备不足,“填鸭式”教育方法导致学生被动学习,学习意愿低,情绪难以被调动起来,学习效率比较低,甚至可能会导致学生有抵触心理;综合能力欠缺,尤其是学校对表达能力和动手能力的重视与训练不够,不利于学生综合就业能力的培养;创业能力缺失,民办高校大学生在创业过程中优秀的品质缺乏比较明显,主要表现为缺乏责任心、诚信、自信、创新精神等。问卷调查数据显示,62%的大学生认为学校课程设置没有突出应用型,71%的大学生认为学校没有提供足够的创业教育和指导服务,48%的大学生认为创业活动的开展缺乏针对性,具体数据见图 35。以上这些,导致民办高校在创业人才培养方面存在不足,大学生创业能力不强,创业成功率不高。

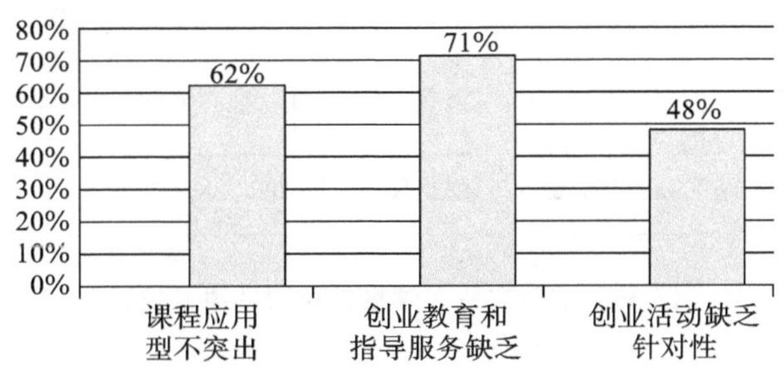

图 35　民办高校创业教育实施情况

6. 民办高校大学生创业团队成员认为政府在环境营造、政策扶持和资金投入等方面有待进一步加强

大学生创业是政府提高自主创新能力,建设创新型国家和促进以创业带动就业的发展战略需要,国家高度重视。特别是近年来,为支持大学生创业,各级政府出台了许多优惠政策,涉及融资、开业、税收、创业培训、创业指导等诸多方面,有些地方政府甚至设立“高校毕业生创业资金”“天使基金”等资助项目,重点扶持大学生创业。然而,在实际操作层面上,政府对大学生创业在环境营造、政策扶持和资金投入等方面还有待进一步加强。调查数据显示,43%的大学生认为政府在大学生创业的环境营造方面有待加强,41%的大学生认为政府在大学生创业的政策扶持落地方面有待加强,50%的大学生认为政府在大学生创业的资金投入方面有待进一步加强力度,具体数据见图 36。访谈中,其中一个创业团队这么认为:“现阶

段大学生创业氛围不浓,创业文化尚未建立,政府在创业环境营造上存在一阵风的现象,风声过后趋于平静;政府出台的大学生创业政策较宏观,具体实施较难,可操作性不强;创业资金的扶持重心在于扶强,而非扶弱,这就导致强者很强,弱者很弱。"

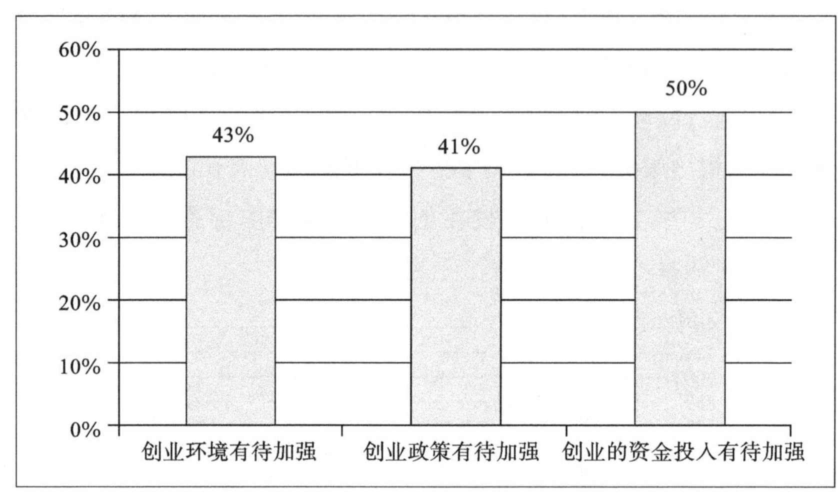

图 36　政府支持大学生创业团队建设情况

二、民办高校大学生创业团队建设内涵及影响因素

创业是创业者们对拥有的资源或通过努力对能够拥有的资源进行优化整合,从而创造出更大经济或社会价值的过程。德国曾任总理赫尔穆特·科尔曾把创业定义为发起、维持和发展以利润为导向的企业的有目的性的行为。创业团队是为进行创业而形成的集体,它使各成员联合起来,在行为上形成彼此影响的交互作用,在心理上意识到其他成员的存在及彼此相互归属的感受和工作精神。这种集体不同于一般意义上的社会团体,它存在于企业之中,因创业的关系而连接起来却又超乎个人、领导和组织之外。优秀创业团队具有的基本因素有以下几点:一个胜任的团队带头人;彼此十分熟悉、能够相互很好地配合的团队成员;创业所必需的足够的相关技能。大学生作为社会新技术、新思想的前沿群体、国家培养的高级专业人才,代表着年轻有活力的一族,是推动社会进步的栋梁之材,是我国大众创业的重要生力军。近年来,国家高度重视大学生创业,国务院和相关部委出台了系列

政策鼓励和支持。大学生创业团队是大学生为进行创业而形成的集体,他们一般有着共同的目标和价值观,文化程度较高、专业知识和能力较强是他们的优点。当然,他们也存在一定的不足,比如社会经验不足、社会资源匮乏、对市场缺乏一定的了解等。

大学生创业团队建设包含团队成员自身成长、完善和整个团队建设两个方面,大学生创业团队的建设过程既是团队成员知识、技能和德行不断完善的过程,也是团队结构不断优化、团队制度和团队文化不断完善的过程。因此,影响大学生创业团队成员发展及团队整体建设的因素,就是影响大学生创业团队建设的因素。与此同时,作为培养大学生创业人才重要场所的高校和保障大学生创业成功的政府也是影响民办高校大学生创业团队建设的重要因素。

第一,创业团队成员的知识、技能和德行是影响大学生创业团队建设的首要因素。知识是人类的认识成果,是人类对物质世界以及精神世界探索的结果总和。知识按其内容可分为自然科学知识、人文社会科学知识和思维科学知识。自然科学知识是研究大自然中有机或无机的事物和现象的知识,是人类改造自然的实践经验即生产斗争经验的总结。人文社会科学知识是人文知识与社会科学知识的统称,人文知识主要是关于人类文化现象的各门具体科学、力求揭示社会文化领域的本质和规律,社会科学知识主要是关于社会现象的各门具体科学、力求揭示社会的本质和规律。思维是人所特有的认识能力,它是人的意识掌握客观事物的高级形式,思维科学知识主要是研究人的意识与大脑、精神与物质、主观与客观的综合性科学知识。当今社会是一个处处充满科学技术的社会,知识渊博与否直接影响着创业团队的建设,决定着创业成功与否。能力是完成一项目标或者任务所体现出来的综合素质,它总与人的实践活动联系在一起。技能属于能力的一种,它是指掌握和运用专门技术的能力。美国著名心理学家辛迪·梵和理查德·鲍尔斯将技能分为知识技能、自我管理技能和可迁移技能三类。知识技能常常直接影响专业学习和工作内容,良好的自我管理技能能够帮助个体更好地适应环境、应对工作中出现的问题,可迁移技能是个体最能持续运用和最能够依靠的技能,它可以帮助个体迁移应用于不同的工作当中。知识技能、自我管理技能和可迁移技能缺一不可,它们构成了人的综合技能,对创业团队建设产生着极为重要的影响。德行,简单地说,就是指人的道德品性,是人的自然至诚之性。具体而言,就是指人的道德观念、道德意识、道德精神等。亚里士多德曾说过:“每种德行既使承载德行的实体本身达到优秀和卓越的状态,也使其功能达到完善。”具体而言,德行既包括了勤劳、善良、诚实、正直、忠诚、守信、负责等品质,也包含乐观精神、好学精神、敬业精神、务实精神、合作精神、进取精神、创新精神等精神。德行对大学生创业团队建设的影响是广泛而深刻的。一个有德行的人,不仅在知识的积累和运用、技能的提高和使用等方面优于其他人,而且具备沟通、适应、学习、团队合作、组织协调等能力以及较强的责任意识,这些是创业团队队员不可或缺的。

第二,创业团队组建、制度和文化是影响大学生创业团队建设的重要因素。团队组建是创业团队建设的基础,组建一个好的团队对创业大有裨益。组建好的创业团队应把握三个方面。一是团队成员知识和技能应互补。不同知识背景和不同的技能可以让团队成员间发挥各自的优势,分工时应充分考虑各自的优势,做到与职务匹配,确保创业团队稳定和良性发展。二是团队成员应有相近的价值观。价值观是基于人的一定的思维感官之上而做出的认知、理解、判断或抉择,受到家庭、教育等背景的影响。相近的价值观可以确保团队成员有相同的动机和行为,对待事情的看法趋于一致,减少团队成员之间不必要的纷争。三是团队成员应有共同的理念和目标。创业过程是一个长期曲折的过程。如果团队成员的理念和目标一致,他们将会团结一致,克服创业路上的重重困难。制度是团队建设的根本。孟子曾经说过:“不以规矩,不能成方圆”。制度是指要求大家共同遵守的办事规程或行动准则。制定管理制度是为了规范团队自身建设,加强成本控制、维护工作秩序、提高工作效率,继而增加公司利润、增强企业品牌影响力。一旦制度制定了,团队成员均遵守并按照制度办事,则事半功倍,有助于公司快速地发展。一般而言,创业团队应制定好管理制度和奖惩制度。管理制度其核心是如何管理好人、财、物、信息等,它包括岗位职责、议事规则、办事规程等。奖惩制度是双向评价体系,它包括奖励和惩戒两类。奖励制度是一种正向激励机制,普遍以考绩为主,大体分精神奖励、物质奖励和晋升奖励三种;惩戒制度是一种反向激励机制,通过剥夺权利和增加义务,对违规渎职行为给予最大限度的防范和纠正。文化是团队建设的软实力。文化是相对于经济、政治而言的人类全部精神活动及其产品。团队文化是团队成员在相互合作的过程中,为实现各自的人生价值,并为完成团队共同目标而形成的一种潜意识文化。它包含信念、价值观、理想、最高目标、行为准则、传统、风气等内容。文化是团队的思想灵魂，是一种精神力量，更是团队的一笔精神财富，是一个团队保持高凝聚力和所向披靡的不竭动力。团队文化一旦形成，将会成为核心竞争力，在创业过程中发挥巨大影响，推动团队的迅速发展。

第三，高校是影响大学生创业团队建设的主要因素。人才培养是高等学校四大职能之一，其在对创业团队成员的培养过程中发挥着主要作用且不可替代。就民办高校而言，若能培养出合格的大学生创业者，则大学生创业团队建设将成效显著；反之，大学生创业团队建设将是缘木求鱼，成效不明显。民办高校创业人才培养是一个复杂的系统工程，涉及教学体系、教材体系、实践体系、管理体系等，每个方面都很复杂，并与教师、管理人员、学生等休戚相关。一是创业教学体系建设。创业教学体系是实现创业人才培养目标的关键环节，是提升创业团队成员知识和技能的重要手段。知识和技能的培养，需要在创业知识搭建、创业教材编印、创业教学方法设计和创业教学结果评价等方面做出系统的整体规划，并引导学生发挥自主性和积极性。当然，在传授知识和技能过程中，应有针对性并注重实效性，确保大学生们充分掌握创业所需的知识和技能。二是创业实践体系建设。创业实践体系是实现创业人才培养目标的重要环节，是提升创业团队成员技能和品质的重要手段。技能和品质的培养，需要在第二课堂活动内容、创业实践等方面做出规划，并引导学生积极参与，使其在实践过程中提升技能和品质，积累创业经验。三是创业师资队伍建设。创业师资队伍建设是大学生创业人才培养体系的力量源泉，是大学生创业人才培养的关键所在。一流的师资队伍才能培养出一流的创业人才，离开创业教师，大学生创业人才培养只能是纸上谈兵。

第四，政府是影响大学生创业团队建设的不可或缺的因素。大学生创业既是大学生自己的事，也是高校人才培养的需要，更是政府和全社会的事。政府在大学生创业过程中发挥着不可或缺的作用。政府在大学生创业的环境营造、政策支持和资金投入等方面有着不可代替的作用，这些对大学生团队建设有着重要的作用。如果全社会都鼓励大学生创业，政策和资金从大学生创业的初期、中期和后期都给予大力支持，那么大学生创业团队建设将如虎添翼、事半功倍；反之，大学生创业不被支持，则大学生创业团队将难以得到有效的建设。一方面，环境营造有利于大学生创业团队建设。环境是相对于某一事物来说的，是指围绕着某一事物并对该事物会产生某些影响的所有外界事物，它包括自然环境和社会环境，这里的环境主要是指社会环境。社会鼓励大学生创业,则创业者众,否则,创业者寥寥。政府支持大学生创业将会动用所用的社会力量和方方面面去鼓励、倡导和动员大学生创业,社会将会为大学生创造良好的创业环境,这就非常利于大学生创业团队的建设。另一方面,政策支持和资金投入是大学生创业团队建设的基础。政策是国家政权机关、政党组织和其他社会政治集团为了实现自己所代表的阶级、阶层的利益与意志,以权威形式标准化地规定在一定的历史时期内,应该达到的奋斗目标、遵循的行动原则、完成的明确任务、实行的工作方式、采取的一般步骤和具体措施。政策具有很强的导向性,其如果支持大学生创业,势必会投入大量的资金,将能够引导大量的大学生积极响应,开展创业活动,这是大学生创业团队的基础。

三、民办高校大学生创业团队建设路径探讨

民办高校大学生创业团队建设是一项复杂而烦琐的工程,不仅取决于创业团队成员和创业团队整体,还受到民办高校创业人才培养体系以及政府的影响。为增强民办高校大学生创业团队的市场竞争力,帮助其在激烈的市场竞争中发展壮大,成功创业。基于问卷调查及访谈情况,可从大学生创业团队成员、创业团队整体、民办高校和政府等四个维度探讨民办高校大学生创业团队建设路径。

1. 加强大学生创业团队成员自身建设,组建有效的创业团队

就民办高校大学生创业而言,创业团队组建是一项基础工程,选择什么样的合作伙伴不仅取决于创业项目,还取决于创业团队成员的性格、能力、德行等因素。

1) 在合适的阶段创建团队

问卷调查数据显示,大三开始建立创业团队较为合适。一是年龄较成熟。大三大四的学生大都是20岁刚出头,他们精力充沛、充满活力,面对多种多样选择时,他们能够成熟而慎重地做出决定。二是知识积累较多。高等学校是培养人才的地方,大学生在这里既可以学习到扎实的专业知识,提高自身能力和素质,还可以提供创业培训并提供创业实践的机会。经过几年的学习,他们能将理论课程与实践有机地结合起来,可以在实践中掌握知识、培养能力和提高素养。三是对社会认知较成熟。21世纪充满了机遇和挑战,需要创业者们有一个良好的认知能力,大三、大四的学生通过在校的学习和对社会的接触,认知会比低年级的学生更成熟。

2）寻找合适的创业伙伴

合适的创业伙伴是创业团队走向成功的关键所在，民办高校大学生创业者们寻找合适的创业伙伴，搭建创业团队应从以下几个方面来考虑。一是考虑团队成员之间的互补性。创业需要各式各样的人才，至少需要经营管理、团队核心技术和营销运营等三个方面的人才。二是考虑建立适量的团队规模。适度合理的团队规模是保证创业团队高效快速运转的重要条件。根据问卷调查数据显示，创业团队规模控制在 8 人左右为宜。创业团队人员太少必导致平时工作负荷过重，所发挥的作用受到一定的局限；创业团队人员太多会导致机构臃肿，影响企业的运行。三是考虑团队成员的能力。创业团队成员的能力是创业前期和企业发展的重要影响因素，一般而言，一个呈上升发展趋势的创业团队，它的团队成员需要具备良好的创新能力、执行能力、团队合作能力、应变能力等。根据问卷调查数据显示，能力需求依次为人际沟通能力、执行力、创新能力、组织能力、团队合作能力、应变能力、经管能力及其他能力。四是考虑创业团队成员的德行。好的德行是创业团队成员所必需的。据研究，创业团队成员品质、特质以及工作价值观的不同维度对创业导向会产生不同的影响；创业团队成员品质对创业目标的达成有显著正向影响；团队氛围在创新绩效、经营成长绩效的影响过程中起调节作用。根据问卷调查数据显示，创业团队成员德行需求依次为进取向上、自信乐观、务实、富有创造思维、冒险有胆识、具有合作精神及其他品质。

2. 构建创业团队制度文化体系，增强团队核心竞争力

管理制度主要包括议事制度、纪律制度、组织制度、财务制度和保密制度等，它能够规范和约束创业团队成员，避免其做出不利于团队发展的行为。激励制度主要包括利益分配方案、奖惩制度、考核标准、激励措施等。激励制度能够调动团队成员的积极性，能够最大限度地发挥团队成员的作用，能够使创业团队成员朝着创业目标全力奋斗。如果缺乏有效的激励，创业团队的成长周期就会相对变长。根据 2004 年 6 月对 200 多位在职工商管理研修班的学员进行的“创业管理调查”结果得知，影响中国现阶段创业团队散伙的前两个主要原因是团队矛盾和利益分配，团队矛盾占 26%，利益分配不均占 15%，不难看出，利益分配对创业团队的持续长期发展有着重要的意义。实际上，在团队组建初期，各成员在创业企业中的贡献无

法量化细分,团队无法给出一个明确的利润分配方案,可能只是简单地采取平均主义。随着企业的发展和利润的增加,团队成员在利润分配时就会出现争议,从而导致创业团队解散。要实现有效的激励首先必须把成员的收益模式界定清楚,尤其是关于股权、奖惩等与团队成员利益密切相关的事宜。需要注意的是,创业团队的制度体系应以规范化的书面形式确定下来。

文化是创业团队建设的核心竞争力所在,它能够增强团队的凝聚力和向心力,激励团队成员勇往直前。就大学生创业团队而言,文化建设主要在于制定目标、增强团队意识和打造团队形象等三个方面。一是制定目标。根据团队和企业的整体发展战略,遵循有计划、有步骤、由浅入深、由表及里的程序,建立起一整套科学、完整的企业文化建设系统。从精神、行为、制度、物质四个方面着手,全面推进、系统运作,构建出切合实际、便于操作的团队文化建设体系,并纳入团队整体发展战略目标当中,成为团队整体规划的重要组成部分。二是增强团体意识。团体意识是团队成员的集体观念,内部凝聚力形成的重要心理因素。团体意识不仅能够约束团队成员的言行,还能够增强成员的自豪和荣誉感,从而把团队看成是自己利益的共同体和归属。三是打造团队形象。团队形象是团队通过外部特征和管理能力表现出来的,被公众所认同的总体印象。比如团队口号、服饰、言行等,这些都给人以直观的感觉,容易形成印象;另外团队成员素质、经营能力、管理水平等也属于团队形象。打造适合自身的团队形象,推动团队建设,便于团队的发展。

3. 深化高校教育教学改革,提升团队创业能力

提高民办高校大学生创业能力,使学生在竞争市场上获得席位,民办高校必须转变目前人才培养模式,塑造以学生创业需求为前提,打造应用型高校特色人才培养机制,这对提高民办高校人才培养质量,提升学生竞争力来说非常重要。以创业能力为导向的教学改革是指高校以创业能力为导向,精心设计任务,引导和组织学生教、学、做,身体力行获取知识和技能,学生自行完成教师设计的学习任务,自行完成反馈和评价,激发学生的学习兴趣,培养学生的主动性,锻炼学生的沟通协调能力、人际交往能力、获取知识能力、表达能力、组织管理能力、动手能力等综合能力。这种任务驱动法是以学习者为中心,本质上是通过"任务"来驱动学生进行学习,使学生完成学习的不是老师也不是任务本身,而是学习本身,进一步来说是学

习者的成就动机。

教学之外，还应加强对民办高校大学生创业团队的指导与服务。一是通过提供政策咨询、创业能力诊断、开展各类创业活动、宣传创业团队先进等方式，为大学生创业团队开展创业政策宣传和咨询；二是通过举办创业讲座、创业培训班、创业见习基地等方式，为大学生创业团队开展创业培训与见习；三是通过催生好的创新创业项目、培育好的创新创业人才、组建好的创新创业团队、提供好的创新创业服务等方式，开展创业团队培育。当然，提升民办高校教师创业教育水平也是不可或缺的。教师是教育教学改革、创业教育实践活动得以开展的最关键要素，没有高水平的师资，就没有高水平的大学生创业团队。一方面，民办高校可从本校教师的培训入手，以系统的创业理论学习为基础，实地的创业实践为保证，以提高教师的创业指导能力为目标，开展扎实有效的创业教育培训，加强"双师型"教师队伍的建设力度；另一方面，民办高校可聘请具有成功创业经验或成功创业的企业界人士、校友等兼任创业教育教师和创业导师，一对一、手把手地指导大学生创业团队创业，为他们答疑解惑、提供咨询和指导，切实提升创业成功率。

4. 继续加大政府支持力度，促进优惠政策落地生根

国家和各级政府高度重视大学生创业，陆续出台了诸多方面优惠政策，并且将来还会不断加强，这些较好地促进了大学生创业。然而，将好政策用好并落地生根将是政府下阶段仍需进一步努力的地方。

一是政府要继续加大对大学生创业的扶持力度。"大众创业、万众创新"，支持大学生创业是政府乃至全社会的责任。对好的创业项目、好的大学生创业团队和好的创业人才，政府应继续加大扶持力度，在政策、资金、场地、指导等方面给予全力支持，并跟踪服务，培育优秀的创业团队和项目摇篮，做好服务工作。当然，政府也应该引导大学生对自己的创业能力进行正确估计，认识创业存在的各种风险，避免过高期望后的挫败感，提升他们的心理承受能力。

二是政府要大力促进鼓励大学生群体创业的各项优惠政策落地生根。好的政策是大学生创业团队的重要引导、支持力量和基础，能够不断地激发大学生团队的创业热情，缓解就业压力、促进经济发展、增强经济发展活力。好的政策需要广泛宣传。通过互联网、新媒体等便于让大学生记住的方式，加大宣传力度，积极营造

有利于大学生创业舆论氛围;好的政策也需要完善。对反映较多、执行起来较困难的政策,要跟踪推进、修订完善,并制定详细细则,让政策完全接地气,便于操作;好的政策需要跟进。形势在不断变化,要求在不断提高,面对新的形势和任务,相关配套政策要及时跟上。只有打通政策落实的"最后一公里",才能最大限度和最大范围地释放民办高校大学生的创业热情和创新智慧,鼓励真正的创业团队走向成功。

作者单位:武汉学院工商管理系 湖北大学化学化工学院

美国高校创新创业教育的发展及其对湖北高校的启示研究

陈汉林

当前，国家核心竞争力的优劣集中体现在人才培养及人力资源的合理配置和有效调控上。如何搞好创新创业教育已经成为各国人才培养的重要课题。而创新创业人才培养又是高等教育的重要使命。2015 年 5 月，国务院办公厅印发了《关于深化高等学校创新创业教育改革的实施意见》，高校创新创业教育上升为国家层面的决策，引起了空前的关注和重视。

美国是世界上创新创业教育比较发达的国家之一，从 1947 年哈佛商学院开设大学创业教育第一门课程——"新企业管理"开始，经过半个多世纪的发展，美国已经形成了政府、学校、社会机构等多主体深度参与的创新创业教育体系。美国创新创业教育体系中政府、学校和社会机构这三个重要主体，在推动创新创业教育方面分别承担着重要作用：政府进行顶层设计并提供政策支持与法律保障；学校承担创新创业教育的主体责任；社会机构深度参与创新创业教育。

鉴于美国高校的创新创业教育已经取得了举世瞩目的成果，而中国高校的创新创业教育起步较晚，在理念、师资、实践和制度等方面存在着一些问题。尤其对于教育大省的中部省份湖北而言，借鉴美国等发达国家高校创新创业教育的经验来大力发展湖北的教育，对服从国家的人才战略决策，不断深化湖北高校当前的创新创业教育改革显得意义重大。

本研究拟从承担创新创业教育主体责任的美国高校的创新创业教育的缘起及发展历程入手，分析美国高校创新创业教育的目标、内容，总结美国高校创新创业教育的主要经验，然后根据湖北高校创新创业教育发展的现状与不足，提出美国高校创新创业教育发展对湖北高校创新创业教育的启示，以不断深化湖北高校当前的创新创业教育改革。

一、美国高校创新创业教育的起源及发展

(一) 美国高校创新创业教育的起源

创业教育最早是由西方学者柯林·博尔提出,并在 1989 年“面向 21 世纪教育”国际研讨会后形成广泛影响,它主要强调“培养学生的事业心和开拓精神”。创新教育则最早是由中央教育科学研究所提出的教育理念,“是以培养人的创新精神和创新能力为基本价值取向的教育”。高校创新创业教育是通过创新创业知识的传授,为大学生从事创新创业活动提供培训和指导。

美国创新创业教育的产生是其政治、经济和文化等方面综合作用的结果。政治上,1900—1917 年的进步运动摆脱了传统的清规戒律,政府号召教育与社会生产相结合,强调教育创造社会财富的巨大价值。经济上,为解决各阶层民众的就业问题,实现第一次世界大战战后经济的恢复,1933 年美国推行的罗斯福新政,进一步明确了教育的经济价值,要求教育贴近实际生活。文化上,推广主张实干、推崇实用、看重现实效益的实用主义,倡导教育要为学生的未来就业及生活做准备。在此背景下,教育尤其是高等教育成了国家发展战略中的重中之重。大学作为高等教育的主要阵地,逐渐从传统的专注于教学和高深学问研究的象牙塔中解放出来。著名的“威斯康星思想”,阐明了大学应具有除教学和科研之外的第三大职能——社会服务,指出大学应与社会紧密联系起来。在这一论点的指引下,大学的发展开始转轨,为社会服务的职能愈发凸显。与此同时,社会上掀起的创新创业的新思潮,使民众对创新创业的呼声日渐高涨。鉴于此,美国创新创业教育应运而生并成为大学重要的教育内容,以此为国家和社会培养大批创新创业人才,推动经济增长,提升国家综合竞争力。

(二) 美国高校创新创业教育的发展历程

美国高校的创新创业教育发展历经了起步期、发展期和成熟期三个主要发展阶段。

1. 起步期

第二次世界大战战后,美国经济陷入低谷,为了给战后退伍军人、工人、普通民众创设更多的工作岗位,创业教育初步兴起。1947 年,哈佛商学院教授迈赖斯·

迈斯开创性地设置了创业教育的第一门课程“新创业管理”，这标志着创新创业教育首次在大学教学中出现。此后，彼得·德鲁克于1953年在纽约大学提出并开设“创新创业”课程，斯坦福大学和麻省理工学院也相继开设了此类课程，为创新创业教育在大学的发展打下了基础。但是，在第二次世界大战战后尽管美国政府采取了重振经济的强有力的措施，但支撑其经济发展的是传统大型企业而非创业型企业。所以，此时高校创新创业教育没有受到足够的重视。

2. 发展期

20世纪60年代末70年代初，美国经济出现“滞胀”，凯恩斯主义的国家宏观调控经济思想破产，提倡自由化、私有化、市场化的新自由主义经济开始登上历史的舞台，美国经济开始转型，实施宽松的自由经济，降低企业税费，壮大私营企业实力。由此，作为经济增长新动力的中小企业如雨后春笋般出现，社会对创新创业教育的需求日渐高涨。

1968年，百森商学院率先在本科教育阶段创立创业学专业并开设主修课程，这标志着高校创新创业教育迈入发展阶段。到1975年，提供创业教育课程的高校由1970年的16所增至104所。创新创业领域内的学术研究也日渐增多，学者们开始着眼于创新创业教育发展及其现状的研究，《小企业管理》《美国小企业期刊》《创业理论与实践》《企业家》等杂志陆续问世，创新创业教育呈现出向上发展的态势。

3. 成熟期

20世纪80年代，美国政府将创新增强经济竞争力纳入政策议程。该时期知识经济的兴起，使科技创新和创业成为推动美国经济发展的两大“引擎”。由于政府开始大力支持研究型大学的应用研究而非基础研究，创新创业教育得以快速发展。而且，此时的创新创业教育已经不局限于创新创业课程，美国各高校都陆续设立了创业中心，举办创业计划大赛，筹备创新创业会议，创办创业研究学术刊物、成立学生创业社团以及授予创业学学位等，高校创新创业教育迎来了大发展。进入21世纪，美国高校创新创业教育逐步形成了一个独具特色且完备的创新创业教育体系。

从以上美国创新创业教育的发展历程来看，创新创业教育的产生必须有赖于一定的现实基础。美国高校创新创业教育的发展道路起初因缺乏生存的社会土壤而障碍重重,之后在国家经济政策的支持下,创新创业才日益显现出在创造财富、供给岗位和推动经济发展中的巨大价值,高校创新创业教育才得以发展。

目前,美国大概有 450 所高校已经拥有系统的创新创业课程体系,分布在不同地区的这些高校已经有效地动员各自地区内的人员参与创新创业活动中。这些高校拥有良好的创新创业基础设施,高校师生通过自己的研发与努力,积极促进了产业合作与新技术的商业化转换。

随着其他国家创新创业实力的提升,美国的高校正在尽力保持自己在创新创业方面的领导地位。美国高校在促进创新创业项目商业化的同时,将创新创业纳入高校学生生涯规划中。各高校采用不同的方法鼓励创新思维,其具体方法取决于当地的地理、制度、历史、文化和资金资源等多方面的因素。这些多样性的方法被证明是非常符合实际状况的,并已经取得了一定程度上的成功,值得其他国家高校借鉴。

二、美国高校创新创业教育的目标和内容

(一) 美国高校创新创业教育目标

美国国家创新创业咨询理事会把关注焦点放在对美国联邦政府商业化资金的研究上,通过进一步深化高校、实验室和合作领域研究伙伴的关系,更好地为国家创造经济价值和就业机会。自 2011 年开始,国家创新创业咨询理事会的成员能够直接介入大学项目,美国高等教育研究机构也通过多元化的项目参与具体的创新创业计划。美国高校已经将创新创业内容融入学生学习和教师队伍建设当中,并成为评估学校经济价值的重要杠杆。现在,美国有上百所大学院校在开展短期或者长期的创业项目,短期项目旨在为学生增加教育价值,长期项目则通过地方创业更好地帮助地方经济持续增长。

(二) 美国高校创新创业教育的内容

美国大学和政府部门在研究、发展、创新领域成为重要且密切的合作伙伴。《关于推动基于大学的技术商业化的建议》中提到了美国大学的 5 个创新创业分类领域。大学根据该文件有针对性地对每一条创新创业建议做出回应,采取了多条

项目落实建议，这些建议包括给予相应的研究经费预算和研究项目，考虑商业创业合理的地理位置选择，以及历史和文化方面的潜在创业价值。《创新与创业型大学：聚焦高等教育创新和创业》的报告中罗列了高等教育的5个创新领域：大学生创业、教师创业、技术转移、工业联合、地方经济发展协作，并且以11所高校为个案描述了其在这5个领域的努力情况。

美国高校创新创业教育源自注重效益的实用主义传统，现已呈现出六大特征，也彰显出美国高校创新创业教育的主要内容：视创新创业教育为素质教育的目标定位、趋于专门化的创新创业教育管理、专兼职相结合的创新创业师资队伍、跨学科创新创业课程群的课程构建原则、以创新创业活动为主的第二课堂教育形式、高校主导下的大学与企业及政府相结合的保障机制。

三、美国高校创新创业教育的实践

美国高校主要从以下几个层面开展创新创业教育。

（一）设计实施科学完善的创新创业教育体系

1. 提供完备的创新创业课程

目前，美国绝大多数高校都已开设了创新创业课程，这些课程主要包括创业意识、创造性思维、新产品开发、商业计划书、新兴企业融资、创业者特质、技术创新、企业管理等内容。创新创业教育已被纳入美国国民教育体系。由于各个高校的办学特色、办学传统、资源优势等不尽相同，其所开设的创新创业教育课程也各有特色。

一般而言，美国创新创业课程体系由创业基础理论课程、与专业结合的创业课程、创业实践课程三个部分组成。以斯坦福大学为例，创业基础理论课程主要由商学院及其下设的创业研究中心开设，主要包括创业基础类课程，如“创业基础”；金融类选修课程，如“天使资本”“创业融资”“私募股权”等；市场与运营类选修课，如“产品发布”“创业者的市场研究”“电子商务”等。与专业结合的创业课程主要由相关院系开设，其中工学院课程开设较为成熟，实施了技术创业计划，聚焦某一学科领域或在交叉学科领域开展高科技创业的教学与指导。在实践课程方面，斯坦福大学设立了创业工作室，给学生提供创业实践平台，并为学生提供到新创企业实习的机会,提供更直接生动的创业体验。

2. 提供创新创业学位项目

很多大学看到了大学生对创新创业的需求,增加了创新创业学位项目,提供专注于创新创业的本科学位和硕士学位。很多商科院校打破了传统屏障,鼓励通过多学科学位项目在各个领域培养创新型人才,如科罗拉多州立大学的创新本科学位项目,它开发了多学科团队学习路径。例如,在计算机科学领域,学生如果要获得计算机科学的创新学位,就需拥有很强的团队合作技能、学习创新能力,以及参与具体的创业过程,并学会撰写规划书、开展商业学习、拥有知识产权的相关法律知识等。

(二) 以案例教学为主,提供经验学习,不断改进和完善教学方法

美国创新创业教育尤其注重案例研究,将案例研究作为创新创业教育的一种主要的教学方法,通过对创业成功和失败的案例的解剖,使学生仿佛置身于创业实践中,在这一充满趣味性和知识性的教学过程中,培养学生对创业问题的关注与判断能力。

与此同时,近几年来,美国高校的经验式学习越来越受到学生的欢迎。经验式学习主要包括讲授和记忆,通过研讨会、会议、实习、实践经验、真实项目等开展学生创新创业教育。这种学习形式改变了传统教学以教师讲解为主,强调识记的风格,让学生通过在工作坊、实习岗位等真实情境中参与和开展创新创业活动来获得经验。例如,伊利诺伊州立大学的专利诊断中心可以向法律专业的学生提供撰写专利申请的机会。威斯康星大学麦迪逊分校通过“创业得力”项目帮助学生向富有经验的年轻创业者学习。通过“根据喜好快速约谈”等形式,学校工作坊鼓励学生学习解决不同问题的“第一手”方法,这些问题实际上也通常是有经验的创业者在最初创业时所遇到的问题。圣路易斯华盛顿大学每年暑假会为学生提供带薪实习岗位,具体来说,就是让学生每星期在一个刚成立的公司工作 4 天,然后参加 1 天的经验学习工作坊。高校也将学生的创新创业项目直接融入相应的技术转让办公室、风险投资公司中。例如,加州大学圣地亚哥分校的拉迪商学院要求管理学专业学生选一个名为“实验室到市场”的课程,在此课程中,工商管理硕士可创新产品与服务,并通过商业化过程,参考教师和创业导师的建议。

（三）高度重视创新创业教育的实践性

1. 不同高校的创新创业实践课程设置各具特色

不同高校在创新创业实践课程的设置方面各具特色，如马里兰大学史密斯商学院的丁曼创业中心，每周五 11：00—13：00 组织活动，由学生向企业家、投资人、有创业经历的专家等介绍自己的创新想法。丁曼创业中心还推出暑期实践项目，学生到创业公司实习，以获取灵感和创意。马里兰技术创业学院推出“边做边学项目”，让学生与企业家在一起工作，帮助学生了解企业家精神，参与创新创业实践，提升创新创业意识和能力。

2. 策划组织创新创业竞赛

1983 年美国奥斯汀德州大学举办首届大学生创业计划竞赛，鼓励大学生就某一项新产品或新服务做商业计划书，向投资人介绍，争取投资并创办公司。麻省理工学院、斯坦福大学等高校都相继举办创业竞赛，并形成长效机制。从 1990 年开始，麻省理工学院每年都有多家新创企业从创业计划大赛中诞生，并有相当数量的项目发展为优秀的高新技术公司。高校创新创业竞赛，搭建了学生项目与产业界、投资界沟通的桥梁，帮助学生提升创业实践能力并使学生初创企业获取更多的支持。

3. 为学生创新创业项目提供孵化指导服务

美国很多大学已经建立了多样化的孵化机构，包括大学内部的技术转化办公室、科技园、孵化器、创客中心等，为学生创新创业实践提供空间、实验设备和专业指导。以百森商学院为例，学生根据所学知识组成创业团队，投资创办企业，每个团队由商学院提供 3000 美元的启动资金，学期末进行结算，以此来锻炼学生的创业实践能力。洛雷恩郡社区学院主要通过提供孵化器来帮助学生创业，而米德尔塞克斯社区学院则为学生提供创立公司的种子基金。这些方式不但满足了学生的创业愿望，也改变了当地的经济形态。

通过建立创新创业联合空间，鼓励学生参加室外活动，在学校外获得创业的思想和灵感。例如，佛罗里达大学灵感礼堂是一个新的艺术国度，坐落于发明广场，与佛罗里达大学和佛罗里达发明中心仅隔两个街区。发明广场拥有良好的创业环境，在此学习和生活，学生可以与其他喜欢思考的人共同交流学术项目，包括同学、研究者、教师、商业专家和创业者。将学校、社区等有潜力的地域联合到创新创业联合空间的主题中,增加了学生和当地创业者、发明家共同学习的机会,也搭建了合作平台。

此外,大学还将原本单一的奖学金奖励方案转变为多元化的奖励方案,如不直接给独立创业者提供奖金,而改为提供孵化器空间的使用权或建立创业指导关系,或为创业团队提供创业资金奖励等。例如,莱斯大学为初创公司提供超过 120 万美元的种子资金;佛罗里达亚特兰大大学为在商业计划竞赛中的获胜队伍提供在孵化器里自由发展的半年空间使用权;在商业计划竞赛中获胜的队伍,可以得到密歇根州立大学直接面向创业公司创业的资金奖励,改变了以往以个人为对象的奖励模式。

(四) 大力培养创新创业教育的师资队伍,重视教师的实践经验

优质的创新创业教育教师队伍是确保创新创业教育成功的关键。美国高校十分重视对创新创业教育师资队伍的培养,美国大学创新创业课程配备有稳定的教学科研团队,而且这些教师本身具有创业经验。如美国百森商学院要求从事创新创业教育的教师必须拥有参与创业或者企业高管(如具备风险资本家、创业家和实业家、新创立企业的高级管理者等)的经历,同时还必须时刻与企业保持密切联系,以给学生带来更多的企业实践的机会,从而更好地培养学生的创新创业判断能力和分析能力。与此同时,为保障创新创业教育的顺利开展,许多高校除了鼓励和选派教师从事创业实践,有的高校还专门聘请著名企业家作为学校创新创业教育的客座教授,有的高校则聘请具有创业经验和学术背景的成功人士从事创新创业教育的教学和研究。如 Intel 公司曾任首席执行官 Andrew S. Grove 曾长期担任美国斯坦福商学院的创新创业教育教师,在为创新创业教育提供鲜活案例的同时,也极大地丰富了创新创业教育教学内容。

(五) 充分拓展校外资源保障创新创业教育的长足发展

美国高校积极主动地与政府及企业建立合作关系,获取更多的外部资源来大力发展高校的创新创业教育。美国的创新创业教育已经实现了以高校为主导的政产学研的紧密结合,联邦政府制定相关政策法规以保障创新创业教育的实施,高校为企业输送人才并提供技术和咨询等服务,企业为高校提供实践平台和实践基地,三者内外联动，支撑着美国创新创业教育的持续发展。如 1951 年，斯坦福大学将学校闲置的 655 英亩(1 英亩≈0.405 公顷)土地以优惠的条件租赁给了一些电子公司，创建了全球第一座高科技工业园区。随着工业园区向外扩张，逐渐形成了现在的硅谷。硅谷的成功促使斯坦福大学一跃而成世界著名大学，也形成了斯坦福大学“产、学、研”一体化的教育新模式。硅谷的成功为斯坦福大学的科研和学科建设提供了良好的经费支持，在这种良性循环下，更多的新思想、新技术、新企业被输送到园区中来。在创新创业与教学的互动下，斯坦福大学“产学研”一体化的办学特点促成了“学术—技术—生产力”办学宗旨，实现了大学教育用以发展和提高生产力的目标。正是由于美国高校的创新创业教育体系有效地整合了广泛的创新创业实践资源，实现了企业、学校和师生的良好互动，已经形成了一个互动式的创新创业教育生态系统。

四、湖北高校创新创业教育发展的现状

(一) 湖北高校创新创业教育起步迟，发展快

中国高校创新创业教育普遍起步较迟，湖北高校也不例外。国内学术界普遍认同清华大学于 1998 年举办的第一届“大学生创业计划竞赛”是中国高校创业教育兴起的开端，而后，创新创业教育才逐渐在各大高校得到重视。2005 年，由共青团中央、全国青联等倡导在中国大学生中设立 KAB 创业教育项目。在湖北高校中，以湖北大学为例，2009 年上半年，湖北大学毕业生就业指导中心才开始面向全校学生开设 KAB 公选课，采取小班授课，36 学时，2 学分。与此同时，以该课程为依托，成立了一个学生社团——KAB 创业俱乐部，湖北大学创业教育才由此开展。

为引导、规范创业教育的实施，政府加大了扶持力度，创业教育进入全面推进阶段。2010 年，教育部高等学校创业指导委员会成立，专门针对高校创业教育开展指导与咨询。在政策层面上，政府出台了一系列配套的政策文件，如，2010 年 5 月，教育部发布《关于大力推进高等学校创新创业教育和大学生自主创业工作的意见》，明确指出鼓励高校学生自主创业，是落实以创业带动就业、促进高校毕业生就业的重要举措。教育部《关于做好 2011 年全国普通高等学校毕业生就业工作的通知》，则对全面开展创新创业教育与创业实践活动进行部署。在 2014 年 9 月举办的夏季达沃斯论坛上，李克强总理首次提出了“大众创业、万众创新”的号召。在大

众创业、万众创新的时代背景下,国务院办公厅于 2015 年 5 月颁布了《关于深化高等学校创新创业教育改革的实施意见》,对如何做好高校创新创业教育改革进行了全面的部署。正是在政府日益注重从政策层面深化高校创新创业教育工作,以推动"大众创业""草根创业"的新浪潮,形成"万众创新、人人创新"的新态势下,湖北高校创新创业教育取得了较快的发展,大部分高校均开展了创新创业教育。

(二) 湖北高校较重视创新创业人才培养

在对湖北省"所在高校创新创业人才培养重视程度"的调查中,6.8%的学生选择"非常重视",43.1%的学生选择"比较重视",38.1%的学生选择"一般",10.1%的学生选择"不太重视",2%的学生选择"完全不重视"。不同类型高校中选择"非常重视"和"比较重视"的学生之和分别为:"985"高校为 72.8%,"211"高校为 49.1%,其他本科高校为 42%和高职高专为 42.2%。【1】可以看出,高校都比较重视对创新创业人才的培养,"985"高校重视程度最高。

(三) 校际创新创业教育和实践形式各有侧重

在对湖北部分高校创新创业教育形式的调查中,68.7%的学生选择"创业讲座",52.3%的学生选择"公共选修课",24.4%的学生选择"创业培训班",13.4%的学生选择"必修课"。在对实践形式的调查中,52.6%的学生选择"创业资助项目",51.9%的学生选择"创新创业竞赛",36.9%的学生选择"校外实训",20.3%的学生选择"创业基地考察"。【2】从调查问卷来看,被调查的部分高校以创业讲座、公共选修课等教学形式和创新创业竞赛、创业资助项目等实践形式作为人才培养的主要教育环节。其中,"985"和"211"高校举办创业讲座、创业培训班、创新创业竞赛和创业资助项目的比例高于其他本科高校和高职高专,"985"和"211"高校公共选修课、校外实训和创业基地考察的开展比例低于其他本科高校和高职高专。"985"和"211"高校丰富的教学资源和社会资源为其开展相关教学和实践提供强力支撑。在大学生参加创新创业教育和实践形式的调查中,47.7%的学生参加过"创业讲座",30.3%的学生参加过"科研项目",26.2%的学生参加过"创业培训班",17%的学生参加过"创新创业大赛",还有 14.5%的学生参加过"校外实训"。【3】调查结果可以看出,创业讲座的参与度最高,且创新创业实践的参与比例偏低。大学生只是把创新创业实践作为推动、补充、丰富专业学习的手段。

(四) 校际创新创业师资结构差异大

对湖北省高校“本校创新创业教师构成”的调查中,58.5%的学生选择“校内任课教师”,41.9%的学生选择“创新创业专职教师”,25.9%的学生选择“辅导员”,23.4%的学生选择“校外企业家”。当前,高校创新创业师资中仍以本校教师为主,专职教师和校外企业家占比偏低。“985”高校专职教师和校外企业家的比例高于其他类型高校,其他本科高校中辅导员占32%,高职高专中校内任课老师占61.2%。【4】统计数据反映,校际创新创业师资队伍结构存在明显差异,相比较而言,“985”高校中更多的专职教师和校外企业家更符合学生学习和发展需要。

五、湖北高校创新创业教育发展存在的问题

(一) 大学生缺乏创新创业意识,高校创新创业教育的质量不尽如人意

尽管在创新创业教育的推动下,大学生创业人数持续增多,但学生的创新精神与创新意识却并没有得到显著提高。除了高校部分专业老师在培养学生创新创业意识与能力方面的积极性不够外,人学生还普遍缺乏创新思维与创业意识。经济形势的不稳定与传统的中式教育让学生更乐于在创新创业就业方面趋近保守,“不敢创业”和“不会创新”渐渐成为限制学生发展的一种硬伤。据人力资源和社会保障部网站的数据显示:虽然我国高校已开展了10余年的创新创业教育,大学生创业比例却未显著提高,一直在低比例上徘徊,仅占1%左右。根据《2016年中国大学生就业报告》,2015届大学毕业生自主创业比例也仅为3%。由于我国传统教育模式的影响,学生的创业意识不强,读完大学后,以找到一份满意的工作为主要目标,而创业有较高的风险,大部分学生望而却步。

与此同时,高校创新创业教育的质量不尽如人意。根据麦可思的研究数据显示,在创新相关能力培养方面,中国两成左右的2014届本科毕业生认为各项创新能力培养未能满足实际工作的需求,其中在新产品构思能力上的满足度(77%)较低。据人力资源和社会保障部网站的数据也显示:目前大学生的创业成功率非常低,仅有2%~3%,绝大部分学生的创业均以失败告终。毋庸置疑,这些数据客观上反映出当前高校创新创业教育的质量不尽如人意,并未真正实现其培养目标,我国高校创新创业教育在培养具备创新精神与创业能力的复合型人才方面仍需大力

改进。

(二) 创新创业教育制度不健全,创新创业教育模式尚未完全形成

高校在质量评价、激励机制等方面并未将创新创业教育纳入其中,尚未建立健全的创新创业教育进入高等教育人才培养体系的制度。

第一,缺乏完善的创新创业教育评价制度。创新创业教育评价,是衡量高校创新创业教育的实施效果与发展水平,保障并提高创新创业教育质量的重要途径。目前,各高校重视教育质量评价,普遍建立起质量评价体系,但是,却较少将创新创业教育的元素融入评价体系中,更未制定针对创新创业教育的评价指标体系。

第二,缺乏健全的创新创业教育激励制度。激励制度是促使师生积极、主动参与创新创业教育的动力源泉。目前,湖北省高校,包括全国大多数高校都并没有建立配套合理的激励制度。

第三,创新创业教育的运行管理不顺畅。大多数高校创新创业教育主要依靠学生处、学校团委或就业指导中心进行管理,并未设立一个专门的部门或领导小组,负责创新创业教育的顶层规划、组织协调与监督指导。由于主管部门的缺失,导致创新创业教育的管理较为混乱,各部门之间缺乏相应的沟通与交流,办事效率低下,难以实现创新创业教育资源的整合与优化。另一方面,高校创新创业教育模式也尚未完全形成。在对“湖北省代表性高校创新创业人才培养模式有效性”的调查中,29.6%的学生选择“比较有效”,49.4%的学生选择“一般”,10.8%的学生选择“不太有效”。【5】统计结果反映出高校现有人才培养模式并不完全切合大学生的受教育意愿。创新创业人才培养模式不是将创新创业教育的内容简单嵌入固有培养模式,陈旧的培养模式不利于大学生成长和发展,创新创业教育模式要符合大学生实现自我价值和社会价值的需要。

(三) 教育内容重理论轻实践,大学生创新创业能力培养不全面

在随机抽样选取武汉地区8所高校进行的问卷调查结果显示:有34.1%的大学生认为“教学模式不适宜学生发展”、25.2%的学生认为“课程教学重理论轻实践”、20.1%的学生认为“课程设置连贯性不强”。【6】湖北高校创新创业人才培养的教育环节中存在的问题主要表现在:第一,课程设置不连贯,课堂教学过度重视理论传授;第二,创业讲座、创业培训班等课外学习方式数量有限且覆盖面窄,仅少

数学生有机会参与;第三,实践教学数量少,与课程教学环节衔接性弱。

创新创业能力培养是创造性输出的基础,高校创新创业教育环节重理论灌输、轻能力培养不利于大学生创新创业能力的提升,也影响创新创业实践的效果,使大学生创新创业能力培养不够全面。在对大学生参与创新创业需要具备的能力进行调查时,65.5%的学生选择“创新能力”,63.6%的学生选择“社交能力”,57.4%的学生选择“市场预测能力”,56.8%的学生选择“应变能力”等。对“目前缺乏的能力”的调查中,54.8%的学生选择“市场预测能力”,43.1%的学生选择“机会识别能力”,42.9%的学生选择“社交能力”,36.4%的学生选择“应变能力”等。【7】由此可以看出目前湖北高校对大学生创新创业能力培养还不够全面。

(四) 创新创业师资队伍短缺,结构不合理、作用不显著

湖北高校从事创新创业教育的专任教师来源结构单一,数量稀少,难以形成专业的教学团队。创新创业教育专职教师较少,大多数创新创业教育教师属于兼职教师,例如,目前在湖北众多高校,从事创新创业教育的教师多为高校辅导员、就业指导中心教师或经管学院的教师,大多数教师并未接受过系统的创新创业教育,而且缺乏企业管理实战经历与创新创业体验,授课时只能纸上谈兵,使学生难以从课程中真正获得创新创业的感受。对湖北省代表性高校创新创业师资作用的程度进行调查的结果发现:4.9%的学生选择“非常有帮助”,30.3%的学生选择“比较有帮助”,48.1%的学生选择“一般”,12.5%的学生选择“不太有帮助”,4.2%的学生选择“完全没帮助”。在对创新创业教师存在问题的调查中,50.9%的学生选择“数量不足”,43.2%的学生选择“校内外教师结构不合理”,39.9%的学生选择“没有提供个性化指导”,37.9%的学生选择“教学方法单一”。【8】由此可以看出,现有师资队伍存在的主要问题是教师数量有限,师资队伍结构不合理,校内专职教师和校外企业家等专业人才占比偏小;现有教师理论水平和实践经验不足,影响教学效果,现有教师的作用有待提高。

(五) 高校创新创业教育缺乏社会力量支持

创新创业教育是一个庞大的、社会性的工程,仅仅依靠高校和学生是远远不够的,我国高校的创新创业教育面临的一个普遍问题是缺乏社会力量的大力支持,湖北高校也不例外。这主要表现在以下几个方面。

一是由于学校与企业以及第三方之间的交流合作不够深入，企业一门心思地从高校汲取相关方面的人才，而高校则一门心思地将学生推荐出去以确保就业率。在这个过程中被忽略掉的，是企业与高校以及学生之间关于创新思想和创业经历的交流，即缺少来自企业的创业导师。

二是缺少以企业为依托的多层次创新创业教育实践平台。由于受到经费、场地等方面的限制，一些高校实践平台建设相对滞后，实践平台缺乏层次性、开放性，准入条件较高，难以满足校内不同层次的学生开展创业实践活动的需求。

三是缺少支持大学生创新创业项目运行的创新创业实践基金。现阶段，创新创业教育的经费来源渠道较为单一，主要来自政府拨款。社会上的企事业单位、行业协会和公益组织等仍未成为主流，导致创新创业教育的开展缺乏足够的经费支持。

四是缺乏大学生创新创业教育政策。一方面，缺少专门的创新创业政策文本。通过梳理、分析近年来国家颁布的有关创新创业教育的政策文本，可以发现高校教师和学生对创新创业教育的认识仍停留在表面，导致创新创业教育政策常包含在就业政策之内。另一方面，在政策实施过程中，主要存在创新创业教育政策普及度不高、政策执行力不强等问题。

因此，如果没有企业与第三方的全面支持，没有社会实践的机会与资金助力，没有足够的大学生创新创业教育政策，高校是很难独自展开全方位创新创业教育，难以培养出具有创新创业能力的综合型人才的。

六、美国高校创新创业教育发展对湖北高校的启示

(一) 切实转变创新创业教育观念，大力营造高校的创新创业教育文化氛围

第一，要切实转变创新创业的教育观念。美国大学的商学院、工学院等都把创新创业教育纳入大学生人才培养体系之中，交叉学科的技术研究、社会问题的解决方案、校企合作的商业策划等各个方面，均已把创新创业教育贯穿于人才培养的全过程。创新创业教育的本质属性是培养大学生的创新精神、创业意识和创造能力，是大学生创新思维、实践能力和创业意识培养必不可少的教育模式。创新创业教育不是大学教育的“锦上添花”，或可有可无的“课余活动”，而是以“创新、创造、创业”为核心的素质教育的价值取向，也是专业教育在知识经济时代前沿性、创新性、

交叉性、综合性、集成性的集中体现，这是高等学校深化专业教育和教育教学改革的方向所在。

第二，要大力营造高校的创新创业教育文化氛围，激发大学生的创新创业意识。良好的校园文化是一种外部环境的营造，对教育的实施具有内生性的促进作用，有利于激发学生的学习热情，改变对教育实施项目的认识。美国的学校和社会为学生营造了“人人皆可创新、事事都能创新”的氛围，我国已开始在全社会营造“大众创业、万众创新”的氛围，配套政策和措施也在逐步到位。在学校内部，我们要破解创新创业教育中“学生不敢为、不想为、不愿为”的问题，针对大学生创新创业意识不强，创新创业能力薄弱的问题，学校要面向全体、分类指导、结合专业、强化实践，营造有利于大学生创新创业的氛围，激发大学生的创新创业意识。

良好的创新创业校园文化的营造，并非表面上的形式宣传。在宏观层面，社会各界应当充分运用各类传统媒体和新媒体广泛宣传创业政策，树立创业意识，宣传典型创业故事与创业成功案例，形成一个鼓励创业、争当“创客”、允许和包容失败的社会文化氛围。在微观层面，高校要建设创业信息服务网，运用网络宣传政策，提供创业资源与项目；运用校园广播、宣传栏、刊物等宣传创业相关知识，让大学生沐浴在创业知识的海洋中；充分运用高校创业社团，用创业论坛和沙龙的组织架设起学校与大学生之间的桥梁，普及创业意识和技能；定期邀请知名企业家或成功创业校友来学校交流，树立起可预期的榜样和典型，形成崇尚科学勇于创新、积极进取乐于创新创业的文化氛围。良好的创新创业文化氛围，有利于激发大学生的创新创业意识，为创新创业教育的可持续发展提供支持。

（二）构建完善的创新创业教育课程体系，开创灵活多样的创新创业教学模式

1. 构建完善的创新创业教育课程体系

课程是课堂教学的核心，完善的创新创业课程体系是创新创业教育成功实施的基础。湖北省各高校创新创业教学不能仅在“职业生涯规划”“就业指导”“第二课堂”等教学环节中零碎地讲授一些创新创业的内容，更需要从创新创业基础教学、实践训练、专业融合、实战演练、项目竞赛等多维度、多角度、系统化地构建创新创业教学体系。

第一，要准确定位创新创业教育课程，进行分类设置。高校创新创业课程设置

的目标是建立与创新创业价值体系相一致的宽口径、与专业教育相结合的课程体系，即形成专业基础课、专业课与创新创业课相互渗透、功能互补的立体化课程体系。这一体系可以分为两大类：一类是从原专业中嫁接、渗透而来的专业类创新创业课程；一类是通识类创新创业教育课程，即集中专门介绍创新创业的基本原理、基本知识、方法工具等。但是，面向不同的受教育者，其课程设置应当有所侧重。譬如对于商学院学生而言，创新创业课程主要是专业类课程；对其他学生而言，创新创业课程主要是通识教育。总之，创新创业课程设置应当兼顾深度和广度，形成结构化的、规范性的、系统性的课程结构。创新创业教育课程规模的大小，应结合学校现有教学资源、社会需要和学生兴趣等因素加以考虑。

第二，实现创新创业教育与专业教育的有机结合，建立集多性、全面性、交互性于一体的创新创业教育课程体系。在课程开设方面，既要站在学科建设的角度，将创业教育有效融入专业教育和文化素质教育的课程体系，贯穿于各项课程教学计划的始终；也要注重培养学生的创新精神和综合能力，开设如创业意识类、创业能力素质类和创业实务操作类等课程。在课程实施方面，增强课程的实践应用性，强调对学生独立实践和操作能力的培养。

2. 开创灵活多样的创新创业教学模式

创新创业教育以激发学生的创新潜能、培养学生的创业意识为目的。湖北高校应学习美国灵活多样的教学模式：一方面建立以课堂教学为主要载体，创新创业大赛、创新创业实践类项目为辅助的多维互动的新型创新创业教育培训模式；另一方面根据因材施教原则，学校有针对性地对不同发展方向的学生采用最适合的教学模式，同时鼓励学生勇敢地表达和实践自己的想法，最大限度地引导和培养他们的创新创业能力。

创新创业课程教学方式应当灵活多样，突破传统的“教师讲、学生听、课堂灌、照单收”的限制。创新创业教育应该以课堂外的实践教学为主，以传授创业隐性知识为主。问题教学法和实战教学法是两种重要的创业教育方法。问题教学法，即“以创新创业实际过程与问题为导向”，进行启发式、互动式教学。它要求由“单向灌输知识”为主转向“双向交流”为主，以教与学双向互动为特征，以培养能力为基础的发展性教学方法。实战教学法，就是以增加学生自主创业实战能力的训练，提升学生的创业实战水平为目的的教学方法。制定商业计划书、企业实地考察报告书、模拟商业实训等都是实战教学法的有效形式。

此外，近年来，大规模在线开放课程(MOOC)等新型在线开放课程迅速兴起，拓展了教学时空，增强了教学吸引力，激发了学习者的学习积极性和自主性，扩大了优质教育资源受益面。在创新创业教育方面，湖北省高校应在开设线下课程的同时，开发一批资源共享的创新创业教育在线开放课程，实现创新创业教育资源的开放共享。

(三) 加强创新创业师资队伍建设

创新创业教育综合性强，有别于传统的教育理念与模式，要求师资队伍具备深厚的理论素养和创业实践，还要有灵活多变的授课技巧。

第一，在师资队伍的构成上，应具多元化和层次化的特点，注重专兼结合。专职教师来源于高校，负责创新创业教育的规划和管理，包括理论教学与实践管理，聘请一些创业成功人士或投资家、企业家、企业高级经营管理人才以及国家级创业培训导师作为兼职教师，进行相关案例教学，负责实践教学环节和实践教学基地的维护。

第二，在素养培养上，积极创造条件提高创新创业师资队伍的素质。定期做好教师理论知识培训，聘请校外名师或企管专家等授课提升教师理论素养；运用各种平台，创造机会组织教师参加创新创业研讨会，增进交流，获取前沿创新创业理论知识；轮流安排教师到企业顶岗实践，亲身体验创新创业与企业管理，增强实践能力，丰富教学内容，提高教学效果；条件许可的高校选拔教师到美国等创业教育水平高的国家学习和借鉴，推动我国创新创业教育水平的逐步提高，最终在高校建立起创新创业学科专业，系统地孵化和培养创业教育教师队伍。

第三，注重创新创业教育师资的管理。要进行教育体制改革，在教师职称评定、绩效考核、项目研究等方面把创新创业教育纳入其中，并且有所倾向，激发教师的热情。

(四) 加强创新创业教育的实践环节

实践是创新创业教育顺利进行的关键，也是高校创新创业教育发展的薄弱环节。

1. 强化实践教学，推进平台建设

多层次的实践平台建设是创新创业教育实践育人的基础。一是模拟平台建设,建设大学生创客空间、创业梦工场等,通过虚拟经营企业,熟悉创新创业流程,提高创新创业能力。二是实战平台建设。一方面在传统政产学研项目基础上进一步拓展深化,建设创新创业人才实训基地;另一方面联合地方政府、社会资本着力打造大学生创业园等新业态孵化器,完善设施功能,扶持优秀学生创办的企业成长壮大。三是交流平台建设。“一个好创意是一个网络,也是一个群体,最具创意的人往往拥有广泛的社交网络”,要通过建设创新创业联盟、创新创业俱乐部等,搭建起高校之间、高校与社会之间的广泛交流平台,为大学生创新创业活动提供交流场所,激发学生创新创业热情,促进“好创意”的产生。

2. 大力启动创新创业项目

湖北高校虽然也启动了创新创业项目,但存在项目资金短缺、学生应付、导师不导、监管不到位等问题。创新创业项目的最大意义在于给学生创造了机会,使其将所学知识与具体实践结合起来。高校理当高度重视创新创业项目,巩固现有的国家级—省级—校级三级创新创业项目体系,加大项目支持力度,号召更多的学生跨专业组队参与进去,进而提升学生的科研能力,挖掘学生的创新创业潜力,促成优质项目的成果转化,提升创新创业教育的整体质量。设立大学生创业项目基金,鼓励社会组织、公益团体、企事业单位和个人,以多种形式向自主创业大学生提供资金支持,提高扶持资金使用效益。

3. 创业教育实践拓展

各高校应拓展创新创业教育实践的形式,走出符合自身特色的道路。一是加大专业课的教学实践。专业课中可引导大学生进入实验室,或参与创新项目,或参加创新比赛,增强实践体验。高校应有重点、分层次举办创新创业讲座、论坛,全方位、多方面支持学生创新创业类社团,开展丰富多彩的主题活动。二是设立校内勤工助学岗位,让学生顶岗实践,亲身实践提高感性认知。三是积极参加创业计划大赛。如积极参加“大学生创新创业训练计划”、全国大学生创新创业大赛、电子设计等各类赛事,撰写创业计划,可锻炼全局思维能力和大局观,增强团队意识与竞争意识;在比赛过程中,有利于形成校友信息网络,与成功企业家零距离接触,让创业不再神秘。四是适当增加实践教育体系的时间,在学制内安排到企业实训计划,必要时可借鉴美国高校的五年本科教育学制。

（五）争取社会力量对高校创新创业教育的大力支持

大学生创新创业教育不是高校的“独角戏”，需要社会各界的广泛参与。美国创新创业教育实现了以高校为主导的政产学研的紧密结合，联邦政府制定相关政策法规以保障创新创业教育的实施，高校为企业输送人才并提供技术和咨询等服务，企业为高校提供实践平台和实践基地，三者内外联动，支撑着创新创业教育的持续发展。所以，湖北高校也应该争取社会力量对高校创新创业教育的大力支持。

一是创新驱动是经济发展的新引擎，整合创新创业社会资源，政府既有内在责任也有外在动力和强大能力，这就需要高校和政府良性互动，在办学自主权、创新创业政策、实践基地、扶持资金等方面形成合力，共谋发展。政府加大对院校创新创业教育发展资金的投入，将极有力地推动院校创新创业各项活动的顺利开展。政府颁布创新创业教育发展的相关法令和政策，是院校创新创业教育发展走上正规化、科学化、实操化的最权威的保障措施。

二是高校需要加强与企业的“校企合作”。从合作共赢的角度来看，企业的支持与帮助是院校创新创业教育快速发展的驱动力。另一方面，院校培养出的高素质创新创业型人才也为企业发展注入所需的新鲜血液。

三是要不断扩大高校创业教育的舆论宣传，使社会上越来越多的企业和个人支持大学生自主创业，以积累更多的社会资金。

注：【1】～【8】相关调查数据来源于《高校创新创业人才培养现状调查分析》一文，作者杨柳青、李蔚然，《学校党建与思想教育》2017 年第 16 期。作者通过自编调查问卷，运用随机抽样选取武汉地区 8 所高校进行问卷调查。调查对象为华中科技大学、中国地质大学（武汉）、华中师范大学、中南财经政法大学、武汉工程大学、湖北经济学院、武汉体育学院和湖北城市建设职业技术学院等 8 所高校的学生。

作者单位：湖北大学商学院

参考文献

[1] [古希腊]亚里士多德. 尼各马可伦理学[M]. 邓安庆，译. 北京：人民出版社，2010.

[2] 安锦. 高新技术园区核心人才流失的影响因素及对策分析——以武汉市为例[J]. 物流科技，2012(10).

[3] 拜文萍. 加强大学生创业团队管理的若干思考[J]. 黑河学刊，2015(12).

[4] 包水梅，杨冬. 美国高校创新创业教育发展的基本特征及其启示——以麻省理工学院、斯坦福大学、百森商学院为例[J]. 高教探索，2016(11).

[5] 柴径. 以点带面推进创业教育——《创业教育》试点工作座谈会综述[J]. 中国高等教育. 2002(10).

[6] 柴天姿. 大学生就业区域流向：是外力推动还是内力驱动？[J]. 高等工程教育研究，2014(05).

[7] 陈忱，房立洵. 供给侧改革视角下大学生就业创业能力提升路径探究[J]. 人才资源开发，2017(20).

[8] 陈忱，邵婷. 浅谈供给侧改革背景下的大学生就业创业教育策略[J]. 现代交际，2018(13).

[9] 陈宁. "互联网＋"下高校多元化创新创业教育模式的构建[J]. 创新与创业教育. 2017(04).

[10] 陈伟，罗丹. "互联网＋"背景下广西高校大学生创新创业发展研究[J]. 高教论坛，2016(06).

[11] 陈晓雁，基于自由贸易区的现代服务业人才培养体系的探讨[J]. 科学时代. 2015(11).

[12] 陈永福，陈维，杨中华. 对新形势下大学生征兵工作的几点思考[J]. 国防，2017(07).

[13] 陈永光，唐胜鹏. 当前大学生征兵工作存在的主要问题及对策思考[J]. 国防，2018(06).

[14] 陈勇. 基于“互联网+”环境下高校创新创业教育实践探析[J]. 南昌教育学院学报，2017(01).

[15] 程钰华. “竞技场”的选择——毕业生为什么要选择大都市就业？[D]. 大连：东北财经大学，2015.

[16] 储涛，李明雪，丁雨洁，等. 大学生创新创业环境建设研究——“互联网+”新业态下[J]. 现代商贸工业，2017(12).

[17] 崔秀仲、苏龙、袁永友，湖北对接沿海自贸区建设内陆自贸区政策探讨[J]. 湖北成人教育学院学报，2015(06).

[18] 崔益虎，刘运玺. 高校创新创业教育的基本意蕴与改革路径[J]. 南京工业大学学报：社会科学版，2016(03).

[19] 代红兵. “大众创业，万众创新”形势下做好高校毕业生就业工作的有效途径[J]. 普洱学院学报，2017(05).

[20] 邓坤烘. 大众创业万众创新在行动——来自湖北随州、襄阳、孝感的实地调研报告[J]. 科技创业月刊，2016(01).

[21] 邓召文，王保华，冯樱等. 基于特色创新平台的工科大学生创业能力培养研究——以湖北汽车工业学院汽车工程专业为例[J]. 创新与创业教育，2016(02).

[22] 董方慧，苏振华. 推进高校大学生征兵工作的有效路径[J]. 中外企业家，2016(33).

[23] 董岗. 美国自由贸易区的运行机制及政策研究[J]. 江苏商论，2013(11).

[24] 付桂莹. 大学生就业政策执行问题研究——基于史密斯过程模型[J]. 才智，2017(02).

[25] 傅晓明，易威. 大学生创业团队建设的维度与路径研究[J]. 湖北经济学院学报：人文社会科学版，2017(03).

[26] 葛玉好，牟小凡，刘峰. 大学生就业地域选择的影响因素分析——基于扩展的托达罗人口流动模型[J]. 中国人民大学教育学刊，2011(04).

[27] 郭田田. 省属高校大学生创业教育模式创新与实践研究——以湖北大学为

例[J].信息记录材料,2017(07).
[28] 国家发改委解读"双创"升级版亮点[J].中国设备工程,2018(20).
[29] 郝杰,吴爱华,侯永峰.美国创新创业教育体系的建设与启示[J].高等工程教育研究,2016(02).
[30] 何建军,石榴花.当前理工科女大学生就业现状分析及对策研究[J].人才资源开发,2017(04).
[31] 何军."互联网+"时代高校创新创业教育[M].北京:北京师范大学出版社,2018.
[32] 胡海洋.构建高校创新创业教育双重识别体系初探[J].东华大学学报:社会科学版,2015(02).
[33] 胡楠楠.基于"大众创业、万众创新"背景下大学生创业教育研究[D].重庆:重庆理工大学,2018.
[34] 胡燕生.大学生创新创业教育模式探析[J].中国高校科技,2017(Z1).
[35] 胡永青.基于计划行为理论的大学生创业倾向影响因素研究[J].教育发展研究,2014(09).
[36] 胡玉清.我国中小企业创新人才的培养与激励[J].商场现代化,2009(13).
[37] 湖北大学课题组.高校应积极服务湖北创新驱动发展[J].政策,2016(01).
[38] 湖北省委党校厅干班课题组.对湖北科技优势转化为创新发展优势的认知与思考[J].党政干部论坛,2015(01).
[39] 户艳领,刘超,李赛.基于多维协同平台项目实践的高校创新创业人才培养研究[J].河北农业大学学报:农林教育版,2018(06).
[40] 黄娟.地方高校大学生创业教育模式的新探索[J].继续教育研究,2017(02).
[41] 黄艳,田辉玉,王建农.高校毕业生就业流向与趋势研究——基于城市二元劳动力市场的视角[J].教育发展研究,2013(09).
[42] 黄兆信,王志强.高校创业教育生态系统构建路径研究[J].教育研究,2017(01).
[43] 黄振霞,周岚峰.大学生就业选择中的家庭因素探析——基于福建省六所高校毕业生的调查研究[J].黑龙江高教研究,2016(01).

[44] 江露露.美国大学生创新创业教育实践—— 基于《创新和创业型大学:聚焦高等教育创新和创业》的分析[J].世界教育信息,2016(21).

[45] 蒋盛益,姜灵敏.大学生创新平台建设的思考与实践[J].广东外语外贸大学学报,2010(03).

[46] 焦健,沈亚强.美国、德国高校创新创业教育的发展历程、特点及启示[J].河南科技学院学报,2016(12).

[47] 金辉.解读美国硅谷地区高校的创新创业教育[J].湖州职业技术学院学报,2009(03).

[48] 亢婷婷.湖北省发展众创空间的创新模式及问题研究[J].科技创业月刊,2016(03).

[49] 黎江.对高等教育领域创业教育模式的认识[J].高等农业教育.2004(12).

[50] 李飞樊,刘姗.创新创业教育模式调查研究与对策分析——基于本科专业特征[J].大学教育,2017(06).

[51] 李杰辉,张杭清,王胜强. 基于大数据时代下学生信息共享平台的构建——以探索应用型本科创新创业基地建设为视阈[J].教育现代化,2019(10).

[52] 李洁. 京津冀协同发展下河北省地方高校创业孵化平台建设的研究[J].经济师,2019(01).

[53] 李士晓:大学生创新创业能力培养研究[J].学校党建与思想教育,2017(06).

[54] 连晓燕.提高在校大学生征兵工作实效性的研究[J].党史博采(理论),2017(09).

[55] 梁秀生.大众创业、万众创新背景下大学生创业面临的机遇及对策[J].才智,2017(36).

[56] 刘传铁.深入推进高等教育综合改革 全面推动湖北地方高校内涵式发展[J].高等教育研究,2014(06).

[57] 刘军君,徐丽娜,祝国平."互联网+"时代的农村金融人才培养:需求、要素与路径[J].吉林广播电视大学学报.2016(11).

[58] 刘立伟,李兴.人才供给侧改革下推进大学生就业创业教育的路径分析[J].文化创新比较研究,2017(32).

[59] 刘小利,张国磊,刘扬,等. 大学生互联网创业现状及对策研究[J],科技资讯,2015(26).

[60] 刘雨. 供给侧改革视阈下提升高校就业创业指导服务有效性[J]. 山西农经,2017(20).

[61] 陆雄文. 管理学大辞典[M]. 上海:上海辞书出版社,2013.

[62] 吕菊芳,刘怀元. 论就业能力的德性之维[J]. 湖北社会科学,2016(12).

[63] 吕菊芳,彭莉,李巧中. 大学生创业团队结构有效组合实证研究[J]. 青春岁月,2017(21).

[64] 吕菊芳. 需要视域下的大学生就业能力提升研究[J]. 学校党建与思想教育,2017(08).

[65] 吕菊芳. 以就业为导向以能力为中心——民办高校《员工培训与开发》课程教学改革探索与实践[J]. 考试周刊,2017(89).

[66] 曲宏伟. 推进大众创业、万众创新,解决创业难题[J]. 现代国企研究,2018(16).

[67] 商务部国际贸易经济合作研究院课题组,中国(上海)自由贸易试验区与中国香港、新加坡自由港政策比较及借鉴研究[J],科学发展,2014(09).

[68] 邵婷,薛丽梅. 供给侧改革背景下大学生就业创业教育工作推进提升的思考[J]. 现代经济信息,2018(17).

[69] 石岩涛. 我国创新创业人才培养研究综述[J]. 合作经济与科技. 2017(07).

[70] 宋广成. 高校大学生征兵政策体系存在的问题分析[J]. 科教导刊(中旬刊),2017(04).

[71] 宋广成. 完善高校大学生征兵政策体系刍议[J]. 科教导刊(上旬刊),2017(05).

[72] 宋鸿,张培利. 城市人才吸引力的影响因素及提升对策[J]. 湖北社会科学,2010(02).

[73] 苏红丽. "互联网+"视域下高校学生创新创业教育体系构建研究[J]. 价值工程. 2017(01).

[74] 孙明,我国自由贸易区现代服务业人才培养的现状及问题对策分析[J],科学时代,2015(06).

[75] 孙威.基于“供给侧”改革推动高职院校招生就业发展[J].产业与科技论坛，2017(14).

[76] 孙岩，刁鸣，江凌.研究型大学的学生科技创新实践平台建设[J].实验室研究与探索，2010(11).

[77] 孙永钰，黄相亮.对新形势下大学生征兵工作的调查与思考[J].国防，2016(08).

[78] 万菲，上海自贸区背景下产业人才需求培养机制研究，经营管理者，2014(15).

[79] 王爱芳.“大众创业、万众创新”背景下高职院校创业创新型人才培养研究[J].产业与科技论坛，2019(04).

[80] 王林.新时期高校征兵工作困境与对策的探讨[J].淮南职业技术学院学报，2017(01).

[81] 王少英，王松伟，石立叶，等.河北省大学生创新创业现状及对策研究[J].经济师，2019(12).

[82] 王婷，李倩，周冰.创新驱动下大学生“互联网＋”创业的商业模式研究[J].中国商论，2017(07).

[83] 王晓晔.大学生创业团队建设探究[J].教育与职业，2013(15).

[84] 王一丁.大学生互联网创业现状与对策研究[J].经济师，2016(09).

[85] 王营.“大众创业，万众创新”背景下高职院校创业教育的现状[J].科技风，2018(20).

[86] 王营.“大众创业，万众创新”背景下高职院校创业教育工作存在问题及对策研究[J].教育现代化，2018(42).

[87] 王勇，付伟.大学生创新创业教育的探索与实践——以会计与金融学院为例[J].韶关学院学报.2014(11).

[88] 王振武，艺术类大学生创新创业新生态的构建探析[J].创新创业理论研究与实践 2018(23).

[89] 谢小燕.个性化教育与创新人才的培养[J].南京理工大学学报：社会科学版，2001(04).

[90] 谢学.以创新创业能力为核心的高校就业指导模式探析[J].教育与职业.

2017(12).

[91] 徐良,刘晓楠.高校大学生征兵工作双向激励机制的探索[J].教育现代化,2018(37).

[92] 徐幕宏.对新形势下大学生征兵工作的调查与思考[J].国防,2017(06).

[93] 徐娜力.独立学院财务管理课程“工学结合”教学模式浅析[J].知识经济.2016(11).

[94] 杨珩:广州高校大学生创新创业情况调研报告[J].现代商业,2017(33).

[95] 杨明,侯锡铭,周学增,等.“双创”背景下大学生互联网创业的困境和路径研讨[J],黑龙江科技信息,2017(11).

[96] 杨淑君.大学生就业政策存在的问题及对策分析[J].经营管理者,2016(21).

[97] 杨鲜兰,刘怀元.论网络交往的德性诉求[J].湖北大学学报:哲学社会科学版,2015(05).

[98] 翟颖.“供给侧”改革背景下大学生就业创业的路径探究[J].劳动保障世界,2017(36).

[99] 张春颖,王建华.中外高校创业教育模式比较研究[J].北华航天工业学院学报,2017(02).

[100] 张加驰,综合性大学开展创新创业教育改革的探索与实践——以兰州大学物理学院为例[J].大学教育,2019(04).

[101] 张天明,地方高校创新创业教育探讨——以教师素养和教学平台建设为视角[J].中天学刊,2019(02).

[102] 张学梅.高校创新人才培养存在的问题及对策[J].成才之路,2015(06).

[103] 张正军.大学生征兵问题及对策:基于河南省的调查研究[D].郑州:河南工业大学,2017.

[104] 甄晨光,邓树端.关于提高在校大学生征兵工作实效性的思考[J].交通职业教育,2016(02).

[105] 郑秋锦,孔德议,许安心,福建自贸区人才培养研究[J].福建论坛:人文社会科学版,2016(02).

[106] 周保发.供给侧结构性改革下扩大就业的思考[J].纳税,2018(25).

[107] 周静.大学生创业团队可持续发展研究[J].兰州教育学院学报,2016(06).

[108] 周荣荣:应届大学生就业创业情况调研报告——以江苏省为例[J].调研世界,2019(01).